O MITO
DA PROPRIEDADE

O MITO DA PROPRIEDADE
Os impostos e a justiça

Liam Murphy e Thomas Nagel

Tradução
MARCELO BRANDÃO CIPOLLA

Esta obra foi publicada originalmente em inglês com o título
THE MYTH OF OWNERSHIP por Oxford University Press, U.S.A.
Copyright © 2002 by Oxford University Press, Inc.
Publicado através de acordo com Oxford University Press.
Copyright © 2005, Livraria Martins Fontes Editora Ltda.,
São Paulo, para a presente edição.

1ª edição 2005
2ª edição *2021*

Tradução
MARCELO BRANDÃO CIPOLLA

Acompanhamento editorial
Luzia Aparecida dos Santos
Revisões
Ivani Aparecida Martins Cazarim
Mauro de Barros
Dinarte Zorzanelli da Silva
Produção gráfica
Geraldo Alves
Paginação
Studio 3 Desenvolvimento Editorial
Capa
Katia Harumi Terasaka Aniya

Dados Internacionais de Catalogação na Publicação (CIP)
(Câmara Brasileira do Livro, SP, Brasil)

Murphy, Liam, 1960-
  O mito da propriedade : os impostos e a justiça / Liam Murphy e Thomas Nagel ; tradução Marcelo Brandão Cipolla. – 2ª ed. – São Paulo : Editora WMF Martins Fontes, 2021. – (Biblioteca jurídica WMF)

  Título original: The myth of ownership : taxes and justice.
  Bibliografia.
  ISBN 978-65-86016-77-2

  1. Impostos – Incidência – Estados Unidos 2. Justiça distributiva – Estados Unidos 3. Tributação – Aspectos sociais – Estados Unidos I. Nagel, Thomas. II. Título. III. Série.

21-71298
CDU-34:336.2(73)

Índices para catálogo sistemático:
1. Impostos e tributação : Estados Unidos :
Direito tributário   34:336.2(73)

Cibele Maria Dias - Bibliotecária - CRB-8/9427

Todos os direitos desta edição reservados à
Editora WMF Martins Fontes Ltda.
Rua Prof. Laerte Ramos de Carvalho, 133 01325.030 São Paulo SP Brasil
Tel. (11) 3293.8150 e-mail: info@wmfmartinsfontes.com.br
http://www.wmfmartinsfontes.com.br

Índice

Prefácio 1

1. Introdução 5

2. Critérios tradicionais de eqüidade tributária 16

    I. A moralidade política no sistema tributário: justiça 16
    II. Eqüidade vertical: a distribuição dos ônus fiscais 18
    III. O princípio do benefício 22
    IV. Capacidade contributiva: talento pessoal 28
    V. Capacidade contributiva: igualdade de sacrifícios 34
    VI. A capacidade contributiva como uma idéia igualitária 39
    VII. O problema do libertarismo vulgar 44
    VIII. A eqüidade horizontal 52

3. A justiça econômica na teoria política 55

    I. Legitimidade política 55
    II. Conseqüencialismo e deontologia 57
    III. Os bens públicos 62
    IV. Benefícios para os indivíduos 65
    V. Eficiência e utilitarismo 67
    VI. Justiça distributiva, imparcialidade e prioridade dos mais necessitados 72

VII. Igualdade de oportunidades 76
VIII. Os meios legítimos e a responsabilidade individual 78
IX. Recompensas e punições 81
X. Liberdade e libertarismo 85
XI. O significado moral do mercado 89
XII. Motivações pessoais e valores políticos: a divisão moral do trabalho 93
XIII. Conclusão 97

4. Redistribuição e ação pública direta 101

I. As duas funções da tributação 101
II. Quem paga pelos bens públicos 105
III. Quais bens são públicos? 113
IV. Redistribuição 116
V. Transferência ou ação pública? 118
VI. Os deveres públicos 122
VII. Conclusão 124

5. A base tributária 126

I. Eficiência e justiça 126
II. Resultados, não cargas 129
III. O consumo como base e o justo tratamento dos poupadores 131
IV. A justiça como igualdade de liberdade 138
V. O merecimento e a acumulação de capital: o "fundo comum" 146
VI. Riqueza e bem-estar 149
VII. Riqueza e oportunidade 160
VIII. O talento e o valor da autonomia 162
IX. Exclusões e créditos 168
X. Transições 173

6. Progressividade 176

I. Gradação, progressão, incidência e resultados .. 176
II. Avaliações dos resultados 179

III. A tributação ótima	184
IV. Reforma tributária	189

7. Heranças ... 194

I. O "imposto sobre a morte"	194
II. A base tributária do beneficiário	199
III. Nenhuma dedução para os doadores	204
IV. Detalhes e objeções	206
V. A igualdade de oportunidades e a tributação de transferências	213
VI. Conclusão	220

8. Discriminação tributária ... 223

I. Justificativas do tratamento diferenciado	223
II. Um exemplo: a multa matrimonial	229
III. Os efeitos de incentivo e a arbitrariedade	233

9. Conclusão: a política ... 238

I. Teoria e prática	238
II. Justiça e interesse próprio	243
III. Sistemas tributários plausíveis	248
IV. Idéias morais eficazes	258

Referências bibliográficas	261
Índice remissivo	273

Prefácio

No quarto trimestre de 1998, oferecemos juntos um seminário sobre Justiça e Política Tributária na Faculdade de Direito da Universidade de Nova York (NYU). Quando o trimestre terminou, ocorreu-nos que talvez dispuséssemos de material suficiente para escrever um livro sobre o assunto. Começamos a escrevê-lo no verão de 1999 e é este o resultado.

Temos uma grande dívida de gratidão para com os que participaram daquele seminário, tanto os estudantes quanto os colegas professores, que nos ajudaram a explorar um campo e uma bibliografia ainda desconhecidos. Nossos alunos nos ofereceram úteis comentários críticos e fizeram com que dar aulas fosse para nós um motivo de prazer.

Não temos como agradecer, pela indispensável ajuda que nos prestaram, a seis membros ou ex-membros do corpo docente do departamento de direito tributário da NYU, os quais, com toda paciência e generosidade, cuidaram de nos educar nesse campo quando éramos simples amadores: referimo-nos a David Bradford, Noel Cunningham, Deborah Paul, Deborah Schenk, Daniel Shaviro e Miranda Stewart. Além deles, Barbara Fried, de Stanford, estava trabalhando como professora-visitante na NYU no ano em que demos nosso curso; seus conselhos e críticas nos foram utilíssimos no decorrer de todo o processo.

Depois de começarmos a escrever, apresentamos partes do material para diversas platéias e estudamos suas reações. Fizemos isso no Colóquio de Política Tributária da NYU, conduzido por David Bradford e Daniel Shaviro; no Colóquio de Direito e Filosofia da NYU; e a platéias das Universidades Harvard e Duke, da Universidade da Carolina do Norte em Chapel Hill, do University College de Londres, da Universidade Centro-Européia de Budapeste e do Centro di Ricerca e Studi sui Diritti Umani, em Roma.

Janos Kis, Marjorie Kornhauser e Daniel Shaviro nos ofereceram por escrito seus comentários a diversas partes do manuscrito; Ronald Dworkin e Lewis Kornhauser o fizeram ao vivo, através de conversas. Agradecemos imensamente a quatro pessoas que fizeram comentários detalhados sobre o manuscrito inteiro: Barbara Fried, Eric Rakowski, Joel Slemrod e Lawrence Zelenak. Suas críticas penetrantes e mordazes, ao lado das sugestões construtivas, nos permitiram deixar o livro muitíssimo melhor do que teria sido. Sem a generosa atenção que nos foi dispensada por esses especialistas em direito e economia tributária, o resultado de nossos esforços ficaria abaixo da crítica.

Enquanto escrevíamos o livro, nós dois recebemos bolsas de apoio à pesquisa do Fundo Filomen d'Agostino e Max E. Greenberg da Faculdade de Direito da NYU. Durante o ano acadêmico de 2000-2001, Liam Murphy esteve associado ao National Humanities Center.

Originalmente, déramos ao livro o título de *A justiça na tributação*, mas decidimos depois adotar o título mais provocativo que ele leva agora, graças, em parte, às instâncias da nossa diretora editorial na Oxford University Press, Dedi Felman. Achamos que convinha já deixar claro desde o título qual é a nossa posição. O livro, porém, não foi escrito somente para defender uma tese: tem o intuito de ser um compêndio preciso de todas as questões e dos argumentos apresentados por todas as partes envolvidas nesta discussão; e esperamos que até os que discordam de nós acerca da maneira correta de entender a justiça tributária encontrem seus pontos de vista representados aqui de modo correto e imparcial.

Nova York, setembro de 2001
L.M.
T.N.

1. *Introdução*

Numa economia capitalista, os impostos não são um simples método de pagamento pelos serviços públicos e governamentais: são também o instrumento mais importante por meio do qual o sistema político põe em prática uma determinada concepção de justiça econômica ou distributiva. É por isso que a discussão desse tema gera paixões tão fortes, exacerbadas não só pelos conflitos de interesses econômicos como também por idéias conflitantes acerca de o que é a justiça ou imparcialidade.

Diante de um gráfico que mostre a variação das alíquotas, ou a porcentagem de renda paga em impostos pelas diversas faixas de renda, ou a porcentagem da carga tributária total que recai sobre os diversos segmentos da população, qualquer cidadão tende a perder a paciência. Embora as pessoas não concordem quanto ao que é justo e o que não é, todos percebem que a questão da justiça se apresenta de maneira crua e imediata na definição de um sistema tributário. Quanto cada qual deve pagar? Para que deve ser usado o dinheiro? Quais produtos ou serviços devem ser isentos de impostos ou dedutíveis da base tributária? Quais são as desigualdades legítimas e admissíveis na renda líquida da população ou nos impostos pagos por pessoas diversas? São essas as perguntas – carregadas de implicações morais e ardentemente disputadas – acerca das obrigações que temos uns para com os outros através das operações fiscais do governo que nos rege a todos.

Mas, embora esteja claro que essas questões têm alguma relação com a justiça, elas não têm dado azo, do ponto de vista moral, a uma discussão tão sofisticada quanto a que foi desencadeada por outras questões públicas dotadas de uma dimensão moral – questões acerca da liberdade de expressão, da pornografia, do aborto, da igualdade de proteção legal, da ação afirmativa, da regulamentação da conduta sexual, da liberdade religiosa, da eutanásia e do suicídio assistido. É certo que nos últimos anos, depois que *Uma teoria da justiça* de John Rawls chamou a atenção do mundo acadêmico para o assunto, a questão da justiça socioeconômica tem sido muito debatida num nível altamente abstrato; mas essas discussões acerca das teorias gerais da justiça não chegaram a vincular-se de modo expressivo com os combates ideológicos acerca do sistema tributário que são o "arroz e feijão" da política nacional.

Isso ocorre, em parte, porque o sistema fiscal é marcado por um alto grau de incerteza empírica acerca das conseqüências econômicas das diversas opções que se apresentam, e é difícil desvincular as discordâncias sobre a justiça das discordâncias sobre o que poderá acontecer. Uma teoria da justiça, por si mesma, não pode nem aprovar nem condenar uma redução de impostos, por exemplo; é preciso fazer uma estimativa dos efeitos dessa mudança sobre os investimentos, o nível de emprego, a arrecadação do governo e a distribuição da renda depois de deduzidos os impostos. Por outro lado, nas grandes questões relativas aos direitos individuais é bem mais fácil distinguir a dimensão moral, mesmo que também existam questões empíricas a ser resolvidas.

A diferença tem também uma outra razão possível: as batalhas sobre a tributação são travadas no contexto da política eleitoral, em que as alegações retóricas têm uma importância tremenda, e não nos tribunais, onde prevalecem os argumentos detalhados e demorados. É certo que os tribunais norte-americanos, na medida em que definem os direitos individuais mediante a interpretação da Constituição,

INTRODUÇÃO

colaboraram imensamente para introduzir a teoria da moral e da política nesses outros campos de debate público.

Seja qual for a razão, parece haver uma lacuna ou pelo menos uma área de "baixa densidade"na discussão filosófica sobre as dimensões éticas das estratégias de governo; este livro tem o objetivo de começar a ocupar esse território. Isso é mais importante ainda numa época em que a discussão pública e séria sobre a justiça econômica foi substituída, em grande medida, por uma retórica enganadora acerca da imparcialidade tributária. Queremos descrever as questões mais importantes, criticar algumas abordagens já adotadas e defender as conclusões que formos capazes de tirar.

Muitos problemas de que trata o debate político têm relação com o projeto do sistema tributário, mas há também uma questão geral acerca do objetivo desse sistema – acerca de quais são as coisas que o governo deve fazer e que devem ser pagas com o dinheiro dos impostos. Bens públicos como a defesa externa e a ordem interna não são objeto de controvérsia, mas, quando se passa desse mínimo, a disputa começa. Até que ponto a educação, a saúde, os transportes públicos e as artes devem ser financiados por meio da arrecadação de impostos? Acaso a tributação deve ser usada para redistribuir os recursos dos ricos para os pobres, ou pelo menos para aliviar a situação daqueles que não conseguem se sustentar em virtude de uma deficiência, do desemprego ou de uma baixa capacidade produtiva?

É preciso determinar a melhor forma de tributação – se os impostos devem ser cobrados dos indivíduos, das empresas ou sobre as transações econômicas específicas, como é o caso de um imposto sobre as vendas ou sobre o valor agregado. A base tributária deve ser a riqueza e a propriedade ou o fluxo de recursos no decorrer do tempo – e, neste caso, a medida deve ser a renda ou o consumo? Como o sistema tributário deve tratar a transferência de recursos dentro das famílias e de uma geração à outra, particularmente quando alguém morre?

É preciso saber o que *não* deve ser objeto de tributação – qual o nível de renda, se houver, que deve ser isento de tributação, e quais os gastos que devem ser deduzidos da base de cálculo ou devem gerar um crédito tributário. Existe a eterna questão da tributação proporcional ou "fixa" contra a tributação progressiva, e de qual seria a taxa adequada de progressividade. E existem questões bastante conhecidas sobre as diferenças no tratamento de diversas categorias de contribuintes – os casados e os solteiros, por exemplo, e os proprietários e inquilinos de imóveis – e sobre o que é necessário para justificar essas diferenças.

É preciso, por fim, saber se temos de vencer um preconceito generalizado contra a tributação e a favor de que os recursos permaneçam nas mãos daqueles que os criaram ou adquiriram – uma presunção contra a interferência do governo e a favor de que as pessoas possam fazer o que bem entenderem com os recursos que adquiriram mediante a participação numa livre economia de mercado. Se existe essa presunção, ou seja, essas razões aceitas de antemão, isso significa que as alegações em favor dos diversos projetos e objetivos dependentes da receita dos impostos têm de ser muito mais fortes do que de outro modo seriam.

Muitas dessas questões relativas aos impostos se colocam em todos os níveis de tributação – nacional, estadual e municipal; por isso, os impostos são um dos principais objetos de discussão moral e política onde quer que haja eleições, e às vezes chegam até a ser decididos em plebiscito. Para complicar ainda mais o quadro geral, existem outros meios pelos quais o governo pode arrecadar dinheiro: taxas de importação e de concessão de licenças, pedágios, loterias e, é claro, empréstimos; mas teremos de deixar esse assunto de lado. Numa economia não socialista, em que os meios de produção não estão nas mãos da administração pública, os impostos e os gastos do governo são os focos principais de todas as discussões sobre a justiça econômica.

Essas discussões nos conduzem ao território das controvérsias mais abstratas da filosofia política e social, e o nosso tema é exatamente a relação que existe entre essas controvérsias filosóficas e a política tributária. As ditas controvérsias nascem todas da tentativa de se definir os direitos e deveres de um Estado democrático em relação a seus cidadãos, e os direitos e deveres desses cidadãos em relação ao Estado e uns em relação aos outros.

O governo democrático limitado impõe certas obrigações ou constrangimentos aos indivíduos, deixa-os livres em outros campos e concede-lhes certos benefícios, tanto positivos quanto negativos. É geralmente por meio das obrigações ou constrangimentos impostos que ele cria esses benefícios – a conservação da paz e da segurança pública, por exemplo, ou a obtenção de receitas para o cuidado das crianças, a educação pública e os benefícios concedidos aos idosos. As discordâncias sobre o âmbito legítimo dos benefícios e constrangimentos governamentais, e sobre a relação entre esse âmbito e os direitos individuais, estão geralmente por trás das divergências sobre a tributação, mesmo quando aquelas questões não se explicitam. Essas questões dizem respeito à extensão e aos limites da autoridade coletiva que, por meio de nossas instituições comuns, temos uns sobre os outros.

Hoje em dia, muitos crêem que a função do governo vai muito além do fornecimento de segurança interna e externa através da prevenção da violência entre pessoas, a proteção da propriedade privada e a defesa contra ataques externos. O problema é: vai além, mas quanto? Poucos negariam que certos bens públicos positivos, como a alfabetização universal e a proteção do meio ambiente, exigem uma intervenção do governo. Existem diferenças políticas acerca de qual é o nível adequado de intervenção pública nesses domínios. Porém, as maiores controvérsias giram em torno do uso do poder governamental não só para fornecer coisas que são boas para todos, mas também para providenciar recursos para os mais pobres, a partir da idéia de que certas espécies de desigualdade social e econômica são injustas ou de algum modo maléficas e de que todos nós temos, para com nossos concidadãos, a obrigação de corrigir ou aliviar esses problemas.

Em grande medida, o objeto dessa controvérsia é a suposta justiça ou injustiça dos resultados produzidos por uma economia de mercado – a medida real em que esses resultados são uma recompensa efetiva pela contribuição produtiva, ou o grau em que os determinantes do sucesso ou fracasso econômico são arbitrários do ponto de vista moral. Qual é o fundamento moral do direito do cidadão de reter aquilo que ganhou? Num país onde a maior parte da economia está nas mãos da iniciativa privada e o governo é democrático, será no domínio da política tributária que se travará o embate entre essas diversas concepções.

Como cada um de nós é, por um lado, um indivíduo particular que participa da economia de mercado, e, por outro, um cidadão que participa – ou pelo menos pode participar – do processo das decisões governamentais através da política, temos de estabelecer um meio-termo entre nossas convicções de justiça social e legitimidade política e nossas motivações mais pessoais para formar uma concepção estável de o que queremos que o governo faça. Quando nos posicionamos contra ou a favor de uma redução nos impostos, não pensamos somente nos efeitos dessa redução sobre a renda que teremos à disposição, mas também em suas conseqüências sociais e econômicas mais amplas. O tema se complica ainda mais pelo fato de que o sistema tributário não deve ser decidido por forças que se encontram fora da sociedade, mas, de algum modo, pelas forças que a compõem, sendo portanto a resultante política de discordâncias inevitavelmente profundas. Por isso, o meio-termo que se estabelece entre as motivações públicas e pessoais é um elemento importante da discussão.

Antes, porém, de entrar no domínio da filosofia moral e política, temos de dizer algo acerca do modo pelo qual as questões de avaliação foram – e em grande medida ainda são – tratadas na literatura clássica sobre política tributária. Certos conceitos foram desenvolvidos especificamente para

INTRODUÇÃO

ser aplicados à avaliação das propostas tributárias: são exemplos disso a eqüidade vertical, a eqüidade horizontal, o princípio do benefício, a igualdade de sacrifícios, a capacidade contributiva e por aí afora. Começaremos por examinar esses conceitos e procuraremos explicar por que eles não abarcam suficientemente as considerações que devem ser levadas em conta para uma avaliação normativa da política tributária.

Se existe um tema dominante que se faz presente em toda a nossa discussão, ele é o seguinte: a propriedade privada é uma convenção jurídica definida em parte pelo sistema tributário; logo, o sistema tributário não pode ser avaliado segundo seus efeitos sobre a propriedade privada, concebida como algo dotado de existência e validade independentes. Os impostos têm de ser avaliados como um elemento do sistema geral de direitos de propriedade que eles mesmos ajudam a criar. A justiça ou injustiça na tributação não pode ser outra coisa senão a justiça ou injustiça no sistema de direitos e concessões proprietárias que resultam de um determinado regime tributário.

A natureza convencional da propriedade é ao mesmo tempo perfeitamente óbvia e facílima de ser esquecida. Todos nós nascemos no contexto de um sistema jurídico minuciosamente estruturado que rege a aquisição, o intercâmbio e a transmissão dos direitos de propriedade; por isso, a propriedade ou a posse pessoal de bens materiais nos parece ser a coisa mais natural do mundo. Porém, a economia moderna na qual ganhamos nosso salário, compramos nossa casa, temos a nossa conta bancária, economizamos para a aposentadoria e acumulamos bens pessoais, e na qual usamos nossos recursos para consumir ou investir, seria impossível sem a estrutura fornecida pelo governo, que é sustentado pelos impostos. Isso não significa que os impostos não devem ser objeto de avaliação – significa apenas que o alvo da avaliação deve ser o sistema de direitos de propriedade cuja existência eles possibilitam. Não podemos tomar uma distribuição inicial qualquer dos bens materiais – os bens que as pessoas têm sob sua posse, que são delas, antes de qualquer interferência do governo – como um dado imutável, que não precisa ser nem justificado nem submetido a uma avaliação crítica.

Qualquer convenção, se estiver suficientemente difundida no meio social, pode chegar a ser universalmente vista como uma espécie de lei da natureza – um nível básico visto como o critério de qualquer avaliação e não como algo a ser avaliado. Os direitos de propriedade sempre tiveram o poder de provocar essa ilusão. No sul dos Estados Unidos, os proprietários de escravos de antes da Guerra de Secessão ficaram indignados com a violação dos seus direitos de propriedade quando se procurou proibir a importação de escravos para os territórios norte-americanos – sem mencionar as ações abolicionistas propriamente ditas, como as daqueles que ajudavam os escravos fugidos a entrar no Canadá. Porém, a propriedade de escravos era uma criação do sistema jurídico, protegida pela Constituição norte-americana; e o caráter justo ou injusto das intervenções abolicionistas não podia ser avaliado sem que se levasse em conta a justiça ou injustiça da própria instituição escravocrata.

Quando estão suficientemente arraigadas, a maioria das convenções adquire a aparência de normas da natureza: seu caráter convencional se torna invisível. É por esse motivo, entre outros, que elas têm tanta força – uma força que não teriam se não fossem a tal ponto interiorizadas pelas pessoas. Podemos tomar outro exemplo bastante difundido: as convenções que definem os papéis diferenciados dos homens e das mulheres em qualquer sociedade. A existência dessas convenções pode ter motivos bons ou ruins, mas isso não nos importa agora; o essencial é que, ao avaliá-las, evite-se cometer o erro de apresentar como justificativa aqueles mesmos direitos ou normas aparentemente "naturais" que na verdade não passam de efeitos psicológicos da interiorização das próprias convenções. Se as mulheres estão sempre subordinadas aos homens, é inevitável que a submissão passe a ser considerada uma característica e uma virtude natural das mulheres e que essa percepção seja por sua vez utilizada para justificar o domínio masculino. Aristóteles confundiu as conseqüências de uma instituição com os fundamentos naturais da mesma instituição quando afirmou que certas pessoas nasciam para ser escravos, e também em suas teses sobre as mulheres[1]. Fazer apelo às conseqüências de uma convenção ou instituição social, considerando-as como um fato natural que justifica a própria convenção ou instituição, é sempre uma tautologia.

No caso dos impostos e da propriedade, a situação é mais complicada e pode chegar a ser até mais absurda. A noção de direito natural gerada pela assimilação irrefletida de direitos de propriedade que na verdade são definidos por convenção pode gerar por sua vez uma certa satisfação com o *status quo*, entendido então como algo que de certo modo se justifica a si mesmo. Pode também, porém, dar origem a uma crítica ainda mais confusa do sistema existente, que, sob essa ótica, violaria certos direitos naturais de propriedade, quando na verdade esses direitos "naturais" são meras conseqüências jurídicas do sistema que está sendo criticado. É ilegítimo, para fins de avaliação de um sistema tributário, fazer apelo a um nível básico de direitos de propriedade numa suposta "renda bruta pré-tributária", pois essa renda é o produto de um sistema do qual os impostos são um elemento inalienável. Não se pode nem justificar nem criticar um regime econômico tomando-se como norma independente algo que, na verdade, é uma conseqüência desse regime.

Como dissemos, não há nada mais óbvio do que isso; mas, como tentaremos demonstrar, também não há nada que se esqueça com tanta facilidade. É difícil saber qual deve ser a forma apropriada de um sistema de direitos de propriedade e como ele deve ser moldado pela estrutura tributária; para tentar resolver essas questões, temos de resolver também certas questões relativas à liberdade indivi-

---

1. Ver a *Política* de Aristóteles, livro 1, capítulo 5.

dual, à obrigação dos cidadãos uns para com os outros e à responsabilidade pessoal e coletiva. Os direitos de propriedade não são o ponto de partida dessa discussão, mas sua conclusão.

Nosso objetivo é que as questões teóricas aqui discutidas possam ter uma aplicação universal; porém, para discuti-las, faremos referência a exemplos mais ou menos conhecidos do público norte-americano. Falaremos mais sobre a tributação federal do que sobre a estadual e a municipal, e mais sobre os impostos cobrados de pessoas físicas do que os de pessoas jurídicas – muito embora o imposto sobre a renda da pessoa física e os impostos relativos à Previdência Social e ao Medicare* componham apenas metade da receita total dos impostos norte-americanos. É evidente que os impostos específicos devem ser avaliados à luz do quadro econômico geral, que inclui também os demais impostos. Porém, as questões gerais de que nos ocupamos surgem em toda parte.

O livro está organizado da seguinte maneira: nos dois capítulos seguintes, tratamos dos princípios gerais, primeiro na opinião dos teóricos em tributação e depois na opinião dos filósofos. No capítulo 2 examinamos os principais critérios propostos na literatura tributarista para se avaliar a justiça dos impostos. Trata-se de um trabalho ligado às disciplinas da economia e do direito, e a esta altura já tem uma longa história. No capítulo 3 fazemos um exame crítico das diversas teorias de justiça social, política e econômica propostas pelos filósofos morais e políticos no decorrer de um período ainda mais longo, teorias essas que têm conseqüências para a avaliação do sistema tributário – mesmo que essas conseqüências não tenham sido afirmadas explicitamente. Apesar da grande variedade interna de ambas, as duas abordagens – a dos especialistas em tributação e a dos filósofos – são bastante diferentes. No capítulo 4, expli-

---

* Sistema de cuidados médicos gratuitos fornecido pelo governo norte-americano, tendo por alvo principalmente a população idosa. (N. do T.)

camos uma distinção fundamental entre duas funções da tributação, distinção essa que é muito importante para se identificar os valores que devem ser levados em conta na avaliação dos múltiplos efeitos do sistema tributário. Nos capítulos 5, 6 e 7 tratamos, segundo o ponto de vista da justiça, de três questões essenciais para o projeto do sistema tributário: a base tributária (sobre o que se devem cobrar impostos); se as alíquotas de impostos devem ser progressivas e, em caso afirmativo, em que proporção; e a tributação da riqueza herdada. No capítulo 8 discutimos algumas acusações específicas de discriminação entre os contribuintes efetuada por determinadas formas de tributação. No decorrer de todo o livro, procuramos apresentar com imparcialidade toda uma gama de concepções diferentes acerca dessas questões, sem porém ocultar nossas preferências. No último capítulo, recapitulamos os resultados das discussões precedentes, resumimos nossas concepções e dizemos quais são, ao nosso ver, os resultados práticos que elas poderiam ter se fossem aplicadas e submetidas às limitações políticas do mundo real.

2. Critérios tradicionais de eqüidade tributária

I. A moralidade política no sistema tributário: justiça

Há muito se reconhece que o sistema tributário tem de levar em consideração a moralidade política ou justiça[1]. Embora a teoria econômica forneça informações essenciais acerca dos efeitos prováveis de diversos esquemas tributários possíveis, ela não pode, por si só, determinar uma escolha entre eles. Todo aquele que defende um sistema tributário que seja simplesmente "o melhor para o crescimento econômico" ou "o mais eficiente" tem de fornecer não somente uma explicação de por que o sistema de sua predileção tem essas virtudes, mas também um argumento de moralidade política que justifique a busca do crescimento ou da eficiência sem que se levem em conta outros valores sociais.

Além da eficiência econômica, o valor social a que tradicionalmente se dá peso na formulação de um sistema tributário é a justiça; a tarefa daquele que formula o sistema é a de inventar um esquema que seja ao mesmo tempo eficiente e justo[2]. A justiça, em sua acepção tradicional, é concebida especificamente como um critério para que se

---

[1]. Para uma apresentação histórica da corrente político-moral de análise dos sistemas tributários até o final do século XIX, ver Seligman (1908).

[2]. Às vezes, a simplicidade é apresentada como um critério a mais; consideramo-la um aspecto da eficiência entendida em sentido amplo.

avaliem as diferenças no tratamento tributário de pessoas diferentes: o princípio de que as pessoas que se encontram na mesma situação devem arcar com o mesmo ônus, e que as pessoas em situações diferentes devem arcar com ônus diferentes.

No decorrer da história, as discussões sobre a justiça na tributação muitas vezes tomaram a forma de tentativas de se interpretar essa exigência, e essa maneira de encarar a questão continua a exercer grande influência sobre os debates políticos (ver, por exemplo, a insistência do presidente Bush em que, por ocasião de uma redução dos impostos, a carga tributária de todos fosse reduzida aproximadamente na mesma proporção).

Desde o começo houve aqueles que discordaram dessa maneira de encarar o problema; atualmente, vários tributaristas eminentes a rejeitam. Não obstante, começaremos por explicar detalhadamente o que, a nosso ver, há de errado com esse enfoque exclusivo na distribuição das cargas tributárias, e por que outros valores políticos têm obrigatoriamente de ser levados em conta em qualquer discussão adequada sobre a justiça na tributação. Com isso, poderemos também distinguir nossas objeções das de outros críticos contemporâneos da abordagem tradicional.

Também dentro do seu próprio quadro conceitual se levantam objeções decisivas contra a discussão tradicional sobre a justiça. Não obstante, o exame dessas idéias tradicionais é um meio excelente para se pôr em relevo a natureza e a complexidade das questões de moralidade política que têm de ser contempladas pelo sistema tributário[3]. Por

---

3. Entre os economistas especializados em finanças públicas, ainda parece predominar a idéia de que a justiça na tributação consiste na justa distribuição das cargas tributárias; ver, p. ex., Slemrod e Bakija (2000), cap. 3; Bradford (1986), cap. 8; Stiglitz (2000), cap. 17. A mesma idéia é um pressuposto implícito de textos polêmicos como o de Hall e Rabushka (1995).

Essa mesma abordagem, porém, tem sido objeto de fortes críticas, pelo menos desde o final do século XIX; ver Wicksell (1896). Em se tratando de obras mais recentes, ver, p. ex., Gordon (1972); Bankman e Griffith (1987); Griffith (1993); Kornhauser (1996a); Fried (1999a).

isso, começaremos nossa discussão a partir de dentro da estrutura tradicional.

II. Eqüidade vertical: a distribuição dos ônus fiscais

Todos concordam com a idéia de que o sistema tributário deve tratar os contribuintes de maneira eqüitativa, mas discordam quanto ao que seja esse tratamento eqüitativo. Ao se tratar dessa questão, é costume traçar-se uma distinção entre eqüidade vertical e eqüidade horizontal. Segundo essa concepção, a eqüidade vertical são as exigências da justiça quanto ao tratamento tributário de pessoas com níveis diversos de renda (ou de consumo, ou de qualquer que seja a base tributária), e a eqüidade horizontal são as exigências da justiça quanto ao tratamento de pessoas com rendas iguais. Do ponto de vista analítico, a eqüidade vertical é mais importante, uma vez que a igualdade de renda só tem significado para a formulação do sistema tributário quando temos a crença de que as pessoas com rendas diversas devem ser tributadas de maneira diversa[4]. Por isso, trataremos primeiro da eqüidade vertical.

Consideremos, como caso-limite, a forma mais simples de imposto, que é o imposto fixo individual: cada pessoa paga de imposto a mesma quantia em dólares, indepen-

---

Ver também Kaplow (1989, 1995a e trabalho a ser publicado). Embora concordemos com Kaplow em que as normas tradicionais de eqüidade tributária devem ser abandonadas, não aceitamos sua idéia de que o utilitarismo ou qualquer outra medida ponderada do bem-estar individual total seja a única diretriz da política tributária. Há pouco tempo, Kaplow ampliou sua defesa do "bem-estarismo" (*welfarism*) de modo a abarcar com ela todos os campos de ação do governo; vide Kaplow e Shavell (2001). No capítulo seguinte deixaremos claro que, embora concordemos com Kaplow e Shavell em que os resultados sociais são extremamente importantes, não pensamos – como pensam eles – que a única questão a ser levada em conta em qualquer avaliação de uma lei ou plano de ação social é o seu efeito sobre o bem-estar dos indivíduos.

4. Ver Musgrave (1959), 160.

dentemente de sua renda. Além de ser simples, o imposto fixo individual tem a pretensão formal – e superficial, bem entendido – de ser eqüitativo, uma vez que trata todos os contribuintes literalmente da mesma maneira. Se isso fosse justo, seria fácil resolver a questão da eqüidade vertical: as pessoas com rendas diferentes não devem pagar de imposto quantias diferentes, mas todas a mesma quantia. Porém, mesmo os adversários mais ferrenhos de toda redistribuição que não a garantida pela renda pré-tributária recusam-se a aceitar o imposto fixo individual; quase não há quem o defenda como forma apropriada para um imposto de renda nacional[5].

Dada a eqüidade superficial de um esquema que tira de cada pessoa a mesma quantia em dinheiro, por que o imposto fixo individual é visto por quase todos como evidentemente injusto? Uma das respostas é que existem diferenças pertinentes entre os contribuintes que justificam que se lhes dê um tratamento diferenciado – com efeito, injusto seria tratá-los da mesma maneira[6]. É aí que entra em cena a questão da eqüidade vertical – quando nos perguntamos quais são essas diferenças pertinentes entre os contribuintes que podem justificar uma carga tributária diferenciada.

Vamos examinar algumas respostas tradicionais a essa pergunta. Nosso objetivo, porém, é explicar por que a própria pergunta está mal formulada. A injustiça do imposto fixo individual tem raízes mais profundas.

Convém esboçar desde já dois grandes temas de nossa discussão. Em primeiro lugar, as teorias da eqüidade verti-

---

   5. Schoenblum (1995) é, como ele mesmo reconhece (270), uma raríssima exceção. E até ele defende uma isenção para os cidadãos de baixa renda (270-1).
   Em 1990, a tentativa do governo britânico de introduzir o imposto fixo individual, mesmo na limitada esfera do governo municipal, provocou tumultos violentos e, segundo o consenso geral, colaborou para que Margaret Thatcher viesse por fim a perder o cargo de primeiro-ministro.
   6. Para uma discussão geral da idéia de diferenças pertinentes, ver Hart (1994), 158-63.

cal costumam sofrer de "miopia", na medida em que tentam tratar a justiça na tributação como um assunto político isolado e auto-suficiente. O resultado não é simplesmente uma noção parcial da justiça governamental, mas uma noção falsa[7]. Isso porque a justiça tributária não pode ser determinada sem que se examine o destino que o governo dá a seus recursos.

Nos Estados Unidos de hoje em dia, o processo legislativo é afligido por essa miopia de modo simples e dramático, sob a forma de tabelas que determinam a distribuição das cargas de impostos associadas a diversas reformas tributárias[8]. A maioria das transferências do governo são excluídas dessas tabelas de cargas; os casos mais importantes de exclusão são os dos pagamentos da Previdência Social e do Medicare[9]. Essa prática tem sido severamente criticada. Como escreve David Bradford, "há muito que os economistas reconhecem a equivalência essencial entre os impostos e os pagamentos de transferências"[10]. Parece evidente que uma carga tributária associada a uma transferência equivalente não é, nesse sentido, uma carga de modo algum.

Porém, o problema não seria resolvido nem mesmo se todas as transferências monetárias fossem incluídas nas tabelas de cargas. Isso também seria arbitrário, na medida em que ficariam de fora os benefícios fornecidos em espécie, como estradas, escolas e policiamento, sem falar no sistema jurídico como um todo, que define e protege os direitos à propriedade de cada um. Entretanto, se fossem levados

---

7. Ver Graetz (1995), 63-8, que critica o Joint Committee on Taxation (1993).

8. Ver os ensaios em Bradford (1995); essas tabelas são preparadas pelos profissionais do Departamento do Tesouro, do Comitê Conjunto de Tributação do Congresso e da Secretária de Orçamento do Congresso.

9. Ver Graetz (1995), 65-6. O que tipicamente se inclui nas tabelas é o Crédito Tributário sobre a Renda (*Earned Income Tax Credit* – EITC). Graetz escreve que "a explicação mais provável dessa prática é que os pagamentos do EITC são regidos por uma cláusula do código da Receita e não por outros títulos do código civil norte-americano" (66-7).

10. Bradford (1995), 3.

em conta todos os benefícios prestados pelo governo, sem exceção alguma, constataríamos que quase ninguém tem de arcar com um ônus líqüido imposto pelo governo. Seríamos obrigados a concluir que a questão da justa distribuição das cargas tributárias não pode ser separada de uma questão mais geral: a de saber se o governo efetua ou não a justiça distributiva[11]. Poderíamos descrever o problema geral como uma questão acerca da distribuição entre os cidadãos dos diversos *benefícios* da tributação, dos gastos e de outras políticas governamentais, mas isso nos afastaria muito de nossa questão original.

A única maneira de evitar essa conclusão consiste em adotar uma distribuição hipotética de bem-estar ou de recursos, à qual se atribui uma espécie de privilégio moral, e em tomá-la como a base a partir da qual são avaliados os ônus impostos pelo governo. E a segunda grande objeção que levantamos contra as teorias da eqüidade vertical é que, em geral, elas fazem exatamente isso. Nessas teorias está implícita uma concepção do governo como um prestador de serviços cujas exigências de pagamento intrometem-se indevidamente numa economia de mercado capitalista do tipo *laissez-faire*, a qual supostamente produziria uma distribuição legítima dos direitos de propriedade. Então, a justiça na tributação é vista como a justa partilha dos ônus tributários entre os indivíduos, uma partilha *avaliada a partir daquela base*.

A suposição de que os resultados pré-tributários do mercado são justos e de que a justiça tributária trata daquilo que pode justificar um *desvio* em relação a essa base parece nascer de uma noção libertária irrefletida ou "vulgar" acerca dos direitos de propriedade. É certo que a aplicação cabal de uma teoria política libertária sofisticada teria resultados profundamente implausíveis, que quase ninguém

---

11. É a essa conclusão que Graetz chega em sua crítica do uso de tabelas de distribuição. Ele recomenda que os esquemas tributários sejam avaliados pelos seus efeitos sobre a distribuição de renda depois de cobrados os impostos; ver Graetz (1995), 30.

aceitaria; mas em sua versão ingênua e vulgar, o libertarismo é tacitamente aceito em muitas análises de política tributária. Ensaiamos um diagnóstico dessa situação na seção VII, onde apresentamos nossas objeções teóricas mais gerais à doutrina das cargas tributárias.

Embora nosso principal objetivo seja o de que explicar que, com a exigência de um princípio de eqüidade vertical, a questão foi erroneamente formulada desde o início, nas quatro seções seguintes desenvolveremos estas críticas da idéia de eqüidade vertical examinando diversas respostas tradicionais dadas a essa pergunta – ou seja, diversas concepções acerca de quais características dos contribuintes devem ser usadas para determinar a diferenciação das cargas tributárias. Na seção III, falaremos do princípio segundo o qual os impostos devem corresponder aos benefícios recebidos do governo, e nas seções IV, V e VI trataremos de três interpretações do princípio de que os impostos devem estar subordinados à capacidade de pagá-los.

III. O princípio do benefício

Há uma diferença entre os contribuintes que sem dúvida parece pertinente: o quanto eles se beneficiam dos serviços governamentais. Muitos chegaram à conclusão de que a justiça na tributação requer que os contribuintes paguem impostos na proporção dos benefícios recebidos do governo[12]. Em geral, pensa-se que as conseqüências práti-

---

12. No decorrer da história, o apelo aos benefícios do governo serviu a dois interesses muito diferentes. Nas mãos de seus primeiros defensores – um grupo muito seleto, do qual faziam parte Grócio, Pufendorf, Hobbes, Locke, Rousseau e Smith (Seligman [1908], 158-204; Musgrave [1959], 61-8) – o princípio do benefício era compreendido como uma solução para o problema da justa distribuição das cargas tributárias – o problema com que nos defrontamos neste capítulo. Esse uso do princípio durou até o século XX; ver, p. ex., Hayek (1960), 315-16. Mas, a partir do final do século XIX, os economistas começaram a invocar o princípio do benefício de maneira mais restrita para procurar resolver um outro problema, o de determinar o âmbito correto da ação

cas do princípio do benefício não são muito claras, uma vez que não dispomos nem sequer de uma medida aproximada dos benefícios governamentais que cada indivíduo recebe. Na verdade, porém, uma vez corretamente interpretada a idéia de benefícios do governo, a avaliação aproximada desses benefícios já não parece tão problemática.

Para chegar a uma medida ou mesmo uma simples compreensão de qualquer tipo de benefício (ou ônus), temos de nos perguntar: "Em relação a quê?" Precisamos tomar algo como base. A magnitude de um benefício recebido é a diferença entre esse nível básico de bem-estar, antes do benefício, e o nível de bem-estar da mesma pessoa uma vez transmitido o benefício. Neste caso, a base para a avaliação dos benefícios do governo é o bem-estar de que a pessoa gozaria se o governo simplesmente não existisse; o benefício dos serviços governamentais tem de ser compreendido como a diferença entre o nível de bem-estar de alguém num mundo sem governo e o seu bem-estar com a existência do governo.

Que tipo de vida levaríamos se não houvesse governo? Seria errado imaginar a vida mais ou menos como ela é hoje, com empregos, bancos, casas e carros, caracterizada apenas pela ausência dos serviços governamentais mais evidentes, como a Previdência Social, o Fundo Nacional para as Artes e a polícia. O mundo sem governo é o estado de natureza de Hobbes, que ele apropriadamente definiu como uma guerra de todos contra todos. E, nesse estado de coisas, não há dúvida de que o nível de bem-estar de todos seria muito baixo e – o que é importante – aproximadamente o mesmo[13]. Não

---

pública, entendida como oposta à ação privada – quais os benefícios diretos que o governo deve proporcionar, e em quais níveis. Discutimos esse segundo tipo de princípio do benefício no cap. 4. Para uma visão geral dos dois tipos de princípio do benefício, com uma apresentação clara das diferenças entre eles, ver Musgrave (1959), cap. 4.

13. Ver Gibbard (1991). Essa idéia não é contrariada pela possibilidade de cooperação em vista da proteção de todos no estado de natureza – pois é exatamente esse o caminho que leva ao governo; ver Nozick (1974), cap. 2.

podemos nos arriscar a dizer que as diferenças de capacidade, personalidade e riqueza herdada que geram grandes desigualdades de bem-estar numa economia de mercado organizada teriam os mesmos efeitos se não houvesse o governo para criar e proteger os direitos legais à propriedade e o seu valor e para facilitar as trocas reciprocamente benéficas. (Nem sequer mencionamos o fato de que, sem o governo, a Terra só poderia sustentar uma pequena fração da sua atual população humana, de modo que a maioria das pessoas sequer existiria no estado de natureza de Hobbes.)

Se a base cabível para a avaliação dos benefícios é esse nível de bem-estar muito baixo, mais ou menos igual para todos, que as pessoas teriam se o governo não existisse, podemos então usar o nível atual de bem-estar das pessoas, dada a existência do governo, como medida aproximada dos benefícios que este lhes confere. E se a renda (definida de algum modo) fosse uma medida aceitável do bem-estar das pessoas, deduziríamos do princípio do benefício o seguinte princípio simples de eqüidade vertical para um imposto de renda: as pessoas devem pagar impostos proporcionais à sua renda, ou seja, devem pagar todas a mesma porcentagem – uma taxa fixa[14].

Mesmo deixando de lado as dúvidas acerca da renda como medida admissível de bem-estar, essa conclusão não se aplica. Ora, a afirmação de que é justo cobrar impostos na proporção dos benefícios não significa que cada pessoa deve pagar uma determinada quantia em dólares em proporção aos benefícios que recebeu, mas sim que cada pessoa deve ser onerada em termos reais na proporção dos benefícios recebidos[15]. E uma vez levado em conta o fato co-

---

14. Muitos chegaram a essa conclusão. Ver, p. ex., Hayek (1960), 315-16. Para uma discussão geral do argumento segundo o qual a tributação proporcional é deduzida do princípio do benefício, ver Fried (1999a).

15. Fried (1999a) discute uma interpretação muito diferente do princípio do benefício (entendido como um princípio de justiça na tributação): os impostos devem ser compreendidos como os preços pagos ao governo pelos seus serviços, de tal modo que, como no mercado dos bens privados, pouco importa o quanto é útil para uma pessoa o consumo de uma dada quantidade

nhecido da decrescente utilidade marginal do dinheiro, não fica clara qual é a estrutura de alíquotas de imposto de renda recomendada pelo princípio do benefício. Dependendo do modo pelo qual diminui a utilidade marginal do dinheiro, o princípio pode recomendar uma tributação progressiva, proporcional ou até mesmo regressiva*. Logo, mesmo que fosse aceito como um ideal, o princípio do benefício haveria de deparar-se com um problema prático: sua implementação exige um conhecimento da taxa de declínio da utilidade marginal do dinheiro e de o quanto esse declínio varia de pessoa para pessoa[16]. Trata-se de um problema en-

---

de serviços governamentais e o quanto lhe é prejudicial o pagamento de uma certa quantia em dólares a título de impostos; as pessoas devem pagar quantias de dólares proporcionais à quantidade de serviços consumidos. Mas, como ela mesma demonstra de modo muito convincente, não se sabe qual é o princípio de justiça que poderia estar por trás da visão dos impostos como preços "secretos" cobrados pelos "serviços" do governo. Blum e Kalven (1952), 454, referem-se à "velha pergunta retórica: se os ricos e os pobres pagam o mesmo por um pedaço de pão, por que não devem pagar o mesmo pelo governo?". Porém, isso com efeito não passa de retórica, pois o governo, na verdade, não é uma mercadoria que está à venda. Se existe de fato um motivo para se pensar que é justo conceber-se o governo *como se* ele fosse uma mercadoria, precisamos conhecer esse motivo. Fried reconstrói alguns argumentos em favor dessa idéia; concordamos com sua impugnação desses argumentos. A interpretação mais tradicional do princípio do benefício (enquanto princípio de justiça na tributação) depende, pelo contrário, de uma intuição simples e convincente: as pessoas devem ser oneradas pelos impostos na mesma proporção dos benefícios que recebem daquilo que os impostos tornam possível.

Pode até ser que a adequada divisão entre os serviços públicos e os privados possa ser determinada por uma concepção dos serviços governamentais como mercadorias cuja oferta deve ser determinada pela procura. Mas, como já dissemos (ver nota 12), essa questão é muito diferente da questão da divisão eqüitativa das cargas tributárias em geral.

* A tributação é progressiva se a alíquota média aumenta com a renda (ou com qualquer outra base tributária), proporcional se a alíquota média permanece constante à medida que a renda aumenta e regressiva se a alíquota média diminui com a renda. (O termo "tributação progressiva" é usado às vezes num sentido diferente nos textos sobre tributação, referindo-se então a alíquotas marginais *crescentes*.)

16. O princípio do benefício, tal como está sendo interpretado aqui, exige na verdade que as pessoas sejam oneradas pelos impostos na mesma pro-

frentado por muitas medidas de eqüidade vertical; adiante, voltaremos a falar dele num contexto diferente.

Mas o princípio do benefício tem um problema ainda mais fundamental: quer nos recomende a tributação proporcional, quer não, ele não pode nos dizer nada acerca de quais devem ser as alíquotas, pois nada nos diz acerca de qual o nível adequado de gastos do governo. Toma os gastos como dados e distribui os impostos proporcionalmente aos benefícios resultantes. Esse é um exemplo daquilo que chamamos de miopia.

À primeira vista, esse problema passa facilmente despercebido. Acaso não devem as alíquotas ser fixadas num nível suficiente para pagar pelos serviços governamentais considerados desejáveis pelo processo democrático? É a política comum que determina o que o governo deve fornecer; o princípio do benefício nos diz como financiar de maneira justa os gastos governamentais. O problema dessa linha de pensamento, porém, é que ela pretende que a discussão da natureza e da extensão dos serviços governamentais não suscita, por si só, questões de justiça. Uma vez admitida a existência dessas questões, fica claro que o princípio do benefício não pode servir como um critério de justiça tributária.

A confusão se evidencia quando consideramos que, segundo a maioria das teorias de justiça social, um dos principais objetivos do governo é o de fornecer (pelo menos) uma renda mínima e serviços de saúde àqueles que de outra maneira seriam indigentes[17]. Porém, se esse é um dos objetivos

---

porção do seu bem-estar; na prática, portanto, ele é equivalente ao princípio de que os impostos devem cobrar de cada pessoa o mesmo sacrifício proporcional de bem-estar (discutido na seção VI, abaixo). Já demonstramos que esse critério pode acarretar uma tributação progressiva, proporcional ou regressiva dependendo da taxa de declínio da utilidade marginal do dinheiro. Para uma discussão sucinta a esse respeito, com referências, ver Musgrave (1959), 100-2.

17. Mesmo a Lei de Responsabilidade Pessoal e Oportunidade de Trabalho, que determinou o "fim do bem-estar social" nos Estados Unidos em 1996, não tocou nos vales-alimentação e no Medicaid [serviço de auxílio-saúde à população de baixa renda – N. do T.]; quanto às mudanças introduzidas por essa lei, ver Hershkoff e Loffredo (1997); para relatórios atualiza-

do governo justo, ele entra em conflito com o princípio do benefício. Isso porque, se os muito pobres obtêm menos benefícios do governo do que os ricos, eles ainda assim se beneficiam deveras em comparação com seu estado na guerra de todos contra todos – especialmente num país que possui pelo menos um sistema mínimo de bem-estar social. Segundo o princípio do benefício, portanto, os pobres têm de pagar pelo benefício recebido na proporção do tamanho deste. Por outro lado, é absurdo fornecer uma renda mínima e depois exigir um pagamento por esse serviço*. No final, o princípio do benefício, enquanto princípio de moralidade política, é incompatível com qualquer teoria de justiça social segundo a qual o governo é obrigado a oferecer aos pobres um tipo qualquer de complementação de renda ou serviço de bem-estar social (isso sem falar das teorias que postulam objetivos distributivos ainda mais igualitários).

Ora, existem teorias de justiça social que rejeitam todo tipo de apoio aos pobres, entendendo-o como uma forma ilegítima de redistribuição não determinada pelos retornos do mercado. Nesse contexto, pode parecer que o princípio do benefício não sofre de miopia de modo algum, mas antes nasce de uma teoria libertária mais ampla da moralidade política segundo a qual a distribuição de bem-estar pro-

---

dos sobre seus efeitos, ver o *website* do Urban Institute: http://www.urban.org/news/focus/focus_welfare.html (visitado por nós pela última vez em 30 de maio de 2001).

* Noah Feldman afirma que esse absurdo poderia ser contornado por um princípio do benefício encarado de maneira mais ampla e compreendido não somente como um princípio de política tributária, mas antes como um princípio geral de justiça, pelo qual os indivíduos são obrigados a pagar pelos benefícios governamentais não só através dos impostos, mas por uma combinação de lealdade, obediência às leis e disposição de servir ao Estado (aceitando o recrutamento em tempos de guerra, por exemplo). Nesse caso, até mesmo os que recebem uma renda do Estado e não pagam impostos teriam de pagar em espécie, por assim dizer, pelos benefícios recebidos. Não pretendemos avaliar essa interessante idéia como uma teoria de justiça distributiva. De qualquer maneira, não se sabe se ela poderia ser desenvolvida de tal modo que viesse a resultar numa proposta definida para a distribuição de cargas tributárias.

porcionada pelo mercado é supostamente justa e não deve ser perturbada pelo governo.

Na verdade, porém, o princípio do benefício é incompatível com todas essas teorias da justiça. Isso porque, se partirmos do pressuposto de que a base pré-tributária é um dos retornos do mercado que não sofreram a interferência do governo, e supusermos ainda que a distribuição resultante é justa, teremos de considerar injusto o princípio do benefício na tributação, uma vez que ele distorce essa distribuição. Pelo princípio do benefício, aqueles que recebem muito do mercado têm de pagar muito mais, em termos reais, do que os que recebem pouco[18]. Se os resultados de mercado são justos por pressuposto, isso não se justifica; é preciso então encontrar outro método mais eqüitativo para pagar pelos custos do governo e da proteção jurídica da economia de mercado. Examinaremos esse critério – o princípio da igualdade de sacrifícios – na seção V, abaixo. Não se pode, entretanto, procurar salvar da incoerência o princípio do benefício inserindo-o numa teoria mercadológica dos direitos de propriedade. Ele é incoerente com todas as principais teorias da justiça social e econômica.

IV. Capacidade contributiva: talento pessoal

No decorrer da história, a principal alternativa ao princípio do benefício sempre foi o princípio de que o imposto deve ser cobrado de acordo com a "capacidade contributiva" dos cidadãos. Atualmente, é esse o critério de eqüidade vertical mais difundido; na Alemanha, na Itália e na Espanha adquiriu caráter constitucional[19].

---

18. Mais uma vez, estamos falando da forma mais geral do princípio do benefício, baseada no benefício total recebido do governo – e não da forma restrita pela qual ele é usado para determinar a quantidade adequada de serviços a ser oferecida pelo poder público. Ver nota 12 e cap. 4.

19. Ver Vanistendael (1996), 22-4.

Sob este ponto de vista, a iniqüidade do imposto fixo individual está em que ele ignora o fato de que as pessoas são diferentes em sua capacidade de arcar com o ônus do pagamento de impostos. É claro que a noção de capacidade contributiva é muito vaga e foi interpretada de diferentes maneiras. Eis uma das primeiras ambigüidades: acaso ela se refere à capacidade das pessoas de pagar impostos em vista de sua situação econômica atual – dadas as decisões que tomaram na vida e a renda e a riqueza que agora possuem? Ou se refere à sua capacidade contributiva em vista das decisões que *poderiam* tomar e, portanto, da renda e da riqueza possivelmente maiores que teriam a *capacidade* de obter? Segundo esta última interpretação, a idéia de capacidade contributiva leva à idéia de *tributação pelo talento*: as pessoas devem pagar os tributos de acordo com os talentos que possuem, definidos como sua capacidade de obter renda e acumular riquezas. É evidente que a renda potencial pode ser maior do que a renda atual. Por esse princípio, a pessoa que abandona uma carreira de sucesso nos negócios para se tornar um escritor fracassado ganha menos do que poderia ganhar. Sob o princípio da tributação pelo talento, os impostos cobrados dessa pessoa não diminuiriam quando sua renda diminuísse.

Ninguém propõe a implementação efetiva da tributação pelo talento – um dos problemas mais evidentes é a dificuldade de medir a renda máxima potencial de uma pessoa*. Entre os economistas, porém, não é incomum que a idéia de tributação pelo talento seja apresentada como o princípio fundamental de justificação da política tributária. O pensamento é que um esquema tributário ideal, ou o melhor de todo os esquemas, faria uso do princípio do talento; os esquemas tributários efetivamente propostos seriam opções secundárias na medida em que, embora tendam ao ideal, têm de desviar-se dele em virtude de diversas considerações práticas[20].

---

* Outro problema é a possível intromissão na autonomia dos contribuintes – ver capítulo 5, seção VIII.
20. Ver, p. ex., Mirrlees (1986), 1197-8, 1209-17; Atkinson e Stiglitz (1980), 356-62.

A origem do princípio do talento está nas primeiríssimas versões da teoria da capacidade contributiva. Segundo essa idéia original, a capacidade contributiva das pessoas, chamada também de "faculdade", era entendida como uma função da propriedade ou da riqueza[21]. Não há nada de estranho nisso – no sentido literal, a pessoa mais rica é mais capaz de transferir dinheiro para o Estado. Porém, além dos bens materiais, as pessoas têm o que os economistas chamam de "capital humano": os recursos de conhecimento, habilidade, personalidade, relacionamentos etc. que as habilitam a agir produtivamente – sendo o caso mais importante dessa ação a obtenção de salários numa economia de mercado. Por isso, não surpreende que já no século XIX alguns analistas fossem de opinião de que a correta definição da capacidade contributiva era o talento no sentido pleno da palavra, o que inclui a renda potencial da pessoa[22].

Uma vez, porém, que a "liquidação" do capital humano não acontece sem o trabalho, a interpretação da idéia de capacidade contributiva como talento só guarda uma relação indireta com o valor da justiça. Uma coisa é acreditar que as diferenças na renda atual devem determinar a distribuição das cargas tributárias porque as pessoas de mais renda têm mais dinheiro à disposição – e acreditar também que cobrar os mesmos impostos de todos é injusto porque quem tem mais dinheiro deve pagar mais. Como veremos, essa idéia simples e imprecisa não basta como fundamento de uma teoria da justiça na tributação, mas pelo menos tem uma certa plausibilidade intuitiva inicial. Não podemos dizer o mesmo da idéia – muito diferente – de que a renda *potencial* deve determinar a distribuição das cargas tributárias.

Se duas pessoas, Bert e Kurt, ganham atualmente a mesma coisa, mas Bert a ganha em sua plena capacidade e

---

21. Quanto à história da idéia de capacidade contributiva, ver Seligman (1908), 204-89; Kiesling (1992), cap. 2.
22. Ver Walker (1888), 14-16. Para uma reafirmação recente dessa interpretação da capacidade contributiva, ver Bradford (1986), cap. 8.

Kurt a ganha abaixo de sua capacidade, o que haveria de injusto em cobrar de ambos a mesma quantia absoluta? Não podemos dizer que Kurt tem mais dinheiro à disposição, pois não tem. Talvez ele tenha mais tempo livre e por isso esteja em melhor situação do que Bert[23]. Mas isso não é necessariamente assim: pode ser que Kurt e Bert trabalhem o mesmo número de horas, mas Kurt ganha menos do que poderia ganhar porque decidiu ser professor e não advogado.

Porém, quer tenha mais tempo livre, quer tenha uma profissão menos bem paga, Kurt leva uma vantagem sobre Bert no sistema tributário normal: ele tem algo de que gosta e que lhe custa alguma renda, mas só uma renda que ele não chega a ganhar. Por isso, na medida em que os impostos são cobrados sobre a renda atual, Kurt goza dessas vantagens sem ter de pagar impostos por elas, por assim dizer. Não se lhe cobram impostos sobre a renda de que ele abre mão por trabalhar menos ou por ser professor em vez de advogado – ao passo que se cobram impostos de Bert sobre a renda que tem de ganhar para comprar um BMW. Essa distinção pode parecer iníqua e arbitrária. Pode-se pensar que, pelas exigências do tratamento eqüitativo, essa diferença tem de ser levada em conta no esquema tributário e os impostos não sejam cobrados somente sobre os rendimentos em dinheiro, a fim de negar a Kurt o "passe livre" que ele não merece ter*.

A eqüidade, contudo, não é o principal motivo que os economistas contemporâneos apresentam em favor do ta-

---

23. Ver também capítulo 5, nota 67.

* Há uma outra razão pela qual se pode pensar que, por justiça, Kurt tem de pagar uma quantia absoluta maior. Deixando de ganhar toda a renda que poderia, ele está de certa maneira fugindo às suas responsabilidades. Walker (1888), argumentando essencialmente dessa maneira, conclui acerca de Kurt e seus iguais: "Sua delinqüência social e produtiva, longe de aliviá-lo de uma porção qualquer de sua obrigação, justifica antes que se lancem sobre seus ombros fardos ainda mais pesados, para compensar pelos males que seu mau exemplo e seu péssimo comportamento infligiram à comunidade" (15). Walker foi o primeiro presidente da Associação Econômica Norte-Americana, a partir de 1885.

lento como princípio ideal de tributação. A defesa que eles fazem desse princípio não gira em torno da justiça ou da obrigação moral[24], mas sim do fato de que um imposto cobrado sobre o talento, ao contrário do cobrado sobre a renda atual, não desestimula o contribuinte a trabalhar mais*.

O imposto cobrado sobre a renda real tem dois tipos opostos de influências comportamentais. O primeiro é o de encorajar as pessoas a trabalhar mais ou a optar por profissões mais bem remuneradas; é devido ao que os economistas chamam de efeito de renda – os impostos deixam o contribuinte mais pobre e assim reduzem suas oportunidades de consumo. O segundo, chamado de efeito de substituição, é que os impostos, na medida em que diminuem a recompensa por unidade de trabalho, encorajam as pessoas a trabalhar menos. Sem o imposto, uma hora a mais de trabalho pode valer mais do que uma hora de ócio; com o imposto, a hora a mais de trabalho pode valer menos do que a hora de ócio. O imposto cobrado sobre o talento ou a renda potencial, por sua vez, é um imposto de valor fixo e, assim, só tem o efeito de renda. O efeito de substituição não existe, pois, quer se trabalhe uma hora a mais, quer não, o mesmo imposto tem de ser pago.

E por que é preferível um imposto sem o efeito de substituição? A resposta não tem nada que ver com a justiça. Antes, baseia-se num argumento essencialmente utilitário[25]. O utilitarismo como teoria moral exige que cada pessoa faça o que for necessário para promover o bem-estar do maior número. Porém, aplicado à política tributária, o utilitarismo não quer saber se as pessoas estão cumprindo o seu dever enquanto tal, e na verdade não dá nenhuma importância à questão da responsabilidade moral indivi-

---

24. Bradford constitui uma notável exceção a essa regra; ver nota 22.

* No capítulo 5, seção VIII, discutimos os argumentos baseados na justiça em favor de um imposto sobre o talento.

25. Ignoramos aqui as diferenças entre a teoria política utilitarista e os pressupostos da economia de bem-estar. Para uma discussão desse ponto, ver, p. ex., Atkinson e Stiglitz (1980), 333-65; ver também capítulo 3, seção V.

dual. Procura, isto sim, determinar a forma das instituições como meio de afetar o comportamento das pessoas. O utilitarista tem um interesse puramente instrumental pelo comportamento humano. Aplicado ao problema do projeto tributário, o utilitarismo nos diz que o melhor sistema tributário é o que promove de maneira mais eficaz o bem-estar do maior número, quer por meio de incentivos, quer por outros meios: o objetivo é projetar um esquema tributário que estimule as pessoas a agir da maneira que melhor sirva a esse bem conjunto. Sob esse ponto de vista, o efeito de substituição é sempre mau, pois pode fazer com que uma pessoa que em outras condições decidiria trabalhar uma hora a mais prefira não fazê-lo, desestimulando assim uma troca reciprocamente benéfica. Assim, no que diz respeito aos efeitos sobre o comportamento, o imposto de valor fixo é o ideal. É claro que o imposto fixo individual também é um imposto de valor fixo, mas é fácil perceber por que os utilitaristas preferem o imposto sobre o talento: ele dá às pessoas mais produtivas mais incentivo para trabalhar do que às pessoas menos produtivas. Do ponto de vista utilitarista, é melhor que os mais produtivos renunciem ao ócio[26]. Como já várias vezes se observou, o utilitarismo é compatível com o que Marx disse na "Crítica do Programa de Gotha": "de cada um segundo a sua capacidade, a cada um segundo suas necessidades".

Podemos concluir que a defesa econômica clássica do princípio do talento como princípio ideal para a política tributária não deve ser compreendida como uma interpretação do princípio de "capacidade contributiva", uma vez que este último termo pretende ser uma resposta ao problema da eqüidade vertical – o problema de determinar a justa distribuição dos ônus fiscais entre pessoas em situações diferentes. A justificativa clássica não é a justiça, mas a utilidade coletiva.

---

26. Ver, p. ex., Tuomala (1990), 51-7; Stiglitz (1987), 993-6.

V. Capacidade contributiva: igualdade de sacrifícios

Já vimos que, se a base tributária é a renda obtida de fato, a eqüidade de se cobrar mais impostos dos que têm mais renda pode ser defendida por um raciocínio simples: os que têm mais dinheiro têm mais capacidade de contribuir. Embora pareça perfeitamente plausível, essa idéia não deixa de ser ambígua. Há pelo menos dois sentidos diferentes segundo os quais se pode dizer que o rico tem mais capacidade contributiva do que o pobre. Em primeiro lugar, podemos dizer que as pessoas mais endinheiradas podem se dar ao luxo de se desfazer de mais dinheiro porque o excedente de dinheiro que possuem vale menos para elas em termos reais. Assim, elas podem pagar mais do que os pobres – às vezes, muito mais – sem sofrer uma perda maior de bem-estar. Por outro lado, podemos dizer que as pessoas mais endinheiradas podem se dar ao luxo de se desfazer de mais dinheiro porque, mesmo que façam um sacrifício real maior, a quantia que lhes vai *sobrar* será também muito maior: em certo sentido, elas ainda terão o suficiente – e ainda serão mais ricas do que os que tinham menos desde o começo. John Stuart Mill declarou-se explicitamente a favor da primeira dessas possibilidades; é a ele que devemos a idéia do famoso princípio da igualdade de sacrifícios[27]. (Voltaremos à segunda possibilidade na próxima seção.)

De acordo com o princípio da igualdade de sacrifícios, o justo esquema tributário distingue os contribuintes de acordo com sua renda e pede mais dos que têm mais, de modo a garantir que cada contribuinte arque com a mesma perda de bem-estar – ou seja, de modo que o custo real, e não o custo monetário, seja o mesmo para todos. Neste caso, a suposição factual fundamental é a da diminuição do valor marginal do dinheiro; o princípio da igualdade de sacrifícios pode motivar um esquema tributário progressivo

---

27. Ver Mill (1871), livro 5, cap. 2.

ou proporcional dependendo da taxa segundo a qual diminui a utilidade marginal da renda.

Não sabemos o quanto essa utilidade marginal diminui, mas o fato de o princípio da igualdade de sacrifícios exigir talvez um tanto de especulação empírica para ser implementado não é sinal de que ele é incorreto. Toda teoria plausível de justiça tributária terá como uma de suas partes um cálculo aproximado, e é um erro grave preferir uma teoria da justiça a outra *pelo simples fato* de a primeira parecer mais fácil de implementar. Como disse o economista Amartya Sen, "é melhor acertar aproximadamente do que errar com precisão".

Por enquanto, nossa questão é um pouco mais fundamental: queremos saber se o princípio da igualdade de sacrifícios é plausível enquanto princípio de moralidade política. Um sacrifício é uma carga ou um ônus; como no caso dos benefícios, nossa compreensão da natureza dos ônus depende da base que tomamos como critério de comparação. Está claro que a base de comparação para o princípio da igualdade de sacrifícios não é o mundo sem governo e a guerra de todos contra todos. Seria essa a base correta se o princípio visasse à igualdade de sacrifícios *líqüidos* – os ônus do governo menos os seus benefícios. Entretanto, sabemos que o governo, na verdade, não impõe um sacrifício líqüido a ninguém; em se tratando dos governos que não escravizam, assassinam nem perseguem partes da população, cada cidadão de uma sociedade dotada de governo está em melhor situação, depois de pagar seus impostos, do que estaria se não houvesse governo. Por isso, evidentemente, não é a igualdade de sacrifícios líqüidos em relação ao nível miserável do mundo sem governo que é defendida pelos adeptos do princípio de justiça tributária pela igualdade de sacrifícios. A idéia deles é que a justa tributação cobrará de cada qual o mesmo sacrifício, medido este pela base da renda prétributária, sendo essa renda possível somente com a existência do governo.

Nossa principal objeção a essa idéia é que ela trata a justiça das cargas tributárias como se esta pudesse ser separada da justiça dos padrões de gastos do governo – o problema que já chamamos de miopia. Trata "o conjunto dos impostos como se eles fossem somente uma calamidade pública – como se o dinheiro dos impostos, uma vez coletado, fosse lançado ao mar"[28]. Na verdade, os impostos são cobrados em vista de um objetivo, e todo critério adequado de justiça tributária deve levar em conta esse objetivo. O que importa não é se os impostos – considerados em si – são cobrados justamente, mas se é justa a maneira global pela qual o governo trata os cidadãos – os impostos cobrados e os gastos efetuados.

Em geral, os tributos não são como as multas criminais, que, segundo uma interpretação possível, impõem custos simbólicos ou morais que superam seus custos monetários. Assim compreendidas, as multas criminais consideradas em si mesmas *devem* ser impostas com justiça, uma vez que as multas injustas ofendem ou defraudam uma pessoa mesmo que esta não tenha dificuldade para pagá-las ou que elas sejam compensadas, em matéria de dinheiro, por fundos transferidos pelo Estado. É certo que existem certas práticas tributárias possíveis que são intrinsecamente injustas em virtude de seus objetivos ou efeitos discriminatórios; nenhuma transferência monetária compensaria suficientemente as vítimas desse tipo de injustiça fiscal. Porém, esses casos excepcionais – falamos deles no capítulo 8 – não devem ser considerados representativos em relação ao assunto de que ora tratamos; no que diz respeito aos seus efeitos puramente econômicos, a justiça na tributação é uma questão que deve ser inserida na categoria mais geral da justiça social como um todo.

Uma vez que a justiça na tributação não é uma realidade isolada, não podemos afirmar com segurança que o Estado deve cobrar sacrifícios tributários iguais de todas as pessoas, tendo por base a renda pré-tributária, e ao mesmo tempo não nos pronunciar acerca de qual seria a justa

---

28. Blum e Kalven (1952), 517.

política de gastos. Como escreveu Pigou há mais de cinquenta anos:

> O bem-estar econômico das pessoas depende de todo o sistema jurídico, que não inclui somente a legislação tributária, mas as leis que regem a propriedade, os contratos e as heranças. É perfeitamente arbitrário exigir que a legislação tributária afete igualmente as satisfações de pessoas diferentes e deixar que o restante do sistema jurídico as afete de maneira totalmente desigual.[29]

Entretanto, o princípio da igualdade de sacrifícios não pode ser rejeitado tão sumariamente quanto o princípio do benefício, uma vez que, ao contrário deste último, ele de fato é coerente com uma teoria mais ampla da justiça segundo a qual nenhum gasto ou tributo cobrado pelo governo pode alterar a distribuição de bem-estar produzida pelo mercado. Essa teoria libertária da justiça, tipicamente baseada numa noção quer de merecimento dos frutos do trabalho, quer do rígido direito moral aos resultados de mercado pré-tributários, limita o papel do Estado à proteção desses e de outros direitos e, talvez, ao fornecimento de alguns bens públicos incontroversos. Se (e somente se) for essa a teoria de justiça distributiva por nós aceita, o princípio da igualdade de sacrifícios tem sentido.

Ele tem sentido porque a teoria limita os serviços do governo aos serviços necessários para garantir os direitos de todos de uma forma que só o Estado pode fazer. O pagamento por esses serviços mínimos que beneficiam a todos é então compreendido naturalmente como uma divisão dos custos de um ônus comum.

Sob esse ponto de vista, o governo não deve se dedicar a alterar a distribuição de bem-estar, mas seus serviços (policiamento, estradas, regulamentação financeira etc.) têm de ser pagos mesmo assim. Como deve ser distribuído esse

---

29. Pigou (1947), 44.

ônus? Para o adepto do libertarismo, o princípio da igualdade de sacrifícios parece proporcionar a solução natural para esse problema da justiça na tributação – se partimos do pressuposto de que a distribuição de bem-estar produzida pelo mercado é justa, o que poderia ser mais justo do que cobrar de todos o mesmo tanto em termos reais (e não em dinheiro)?

Como vimos, o princípio do benefício não se justifica a partir desse ponto de vista. Extraindo de todos a mesma proporção do benefício total que tiram da existência do governo, ele cobra muito mais, em termos reais, dos mais ricos, e assim altera a distribuição supostamente justa produzida pelo mercado livre. Já o imposto fixo individual não pode ser defendido como uma maneira justa de financiar um governo imposto a todos independentemente dos desejos de cada um, uma vez que ele prejudica alguns mais do que os outros e, na verdade, prejudica mais aqueles que já são mais pobres. Assim, o princípio da igualdade de sacrifícios – a cobrança de impostos diferenciados de modo que todos partilhem igualmente o ônus em termos reais – deve a princípio ser levado a sério, uma vez que pelo menos *existe* uma teoria da justiça na qual pode se encaixar.

Entretanto, convém deixar bem claro que não se pode dizer o mesmo de outras teorias da justiça. A consideração isolada da justiça na tributação como uma partilha eqüitativa do fardo comum entre os cidadãos depende diretamente do pressuposto libertário de que não existe a questão correlata da justiça distributiva nos gastos públicos ou no fornecimento de serviços governamentais. Uma vez rejeitado esse pressuposto, já não é possível tratar os impostos como uma "calamidade pública" que atinge igualmente a todos.

Uma forma irrefletida do libertarismo projeta sua sombra sobre muitas discussões de política tributária; mais adiante falaremos sobre o quanto isso tem sido prejudicial. Por enquanto, observamos somente que são poucos os que se comprometem conscientemente com a teoria libertária da justiça. Quase ninguém acredita realmente na suposta justiça dos retornos do mercado; quase ninguém pensa que, por justiça, o governo não deve fornecer apoio aos cidadãos miseráveis que não têm acesso a alimento, abrigo e cuidados de saúde. Assim, embora o princípio da igualdade de sacrifícios tenha sido defendido por muitos no decorrer dos últimos 150 anos, a teoria da justiça da qual ele depende não foi.

Essa dissonância no nível dos primeiros princípios geralmente desaparece no nível das propostas concretas de reforma tributária. Quando se chega a esse estágio, o princípio da igualdade de sacrifícios é sempre abandonado na prática: ninguém propõe um esquema tributário que não contemple uma substancial isenção pessoal ou não estabeleça um nível de renda livre de impostos. Além disso, praticamente todos os tributaristas defendem uma forma ou outra de transferência de divisas para os que realmente não conseguem se sustentar. Não obstante, a dissonância no nível dos primeiros princípios tem importantes conseqüências políticas; discutiremos extensamente esse ponto na seção VII.

Enquanto isso, vamos rever algumas outras interpretações da idéia genérica de que os impostos devem ser cobrados de acordo com a capacidade contributiva do cidadão – interpretações que não têm as ressonâncias radicais do princípio da igualdade de sacrifícios.

VI. A capacidade contributiva como uma idéia igualitária

Tal como o entendemos até agora, o princípio da igualdade de sacrifícios exige que a tributação imponha a cada contribuinte a mesma perda real de bem-estar. Na literatura tributarista, dá-se às vezes a isso o nome de princípio da igualdade de sacrifícios *absolutos*, o qual se distingue de dois outros princípios, o da igualdade de sacrifícios proporcionais e o da igualdade de sacrifícios marginais[30]. O costume de apresentar esses três princípios como interpretações de uma mesma idéia básica de igualdade de sacrifícios não é muito correto, uma vez que os dois últimos nada têm que ver com a idéia de que um sistema tributário justo deve impor os mesmos sacrifícios a todos; antes, devem ser compreendidos como contestações dessa idéia e de suas conseqüências radicais.

Não precisamos discutir aqui o princípio da igualdade de sacrifícios marginais, uma vez que ele representa uma idéia essencialmente utilitária e não tem nenhuma relação com a justa distribuição das cargas tributárias[31]. Já o princí-

---

30. Ver, p. ex., Musgrave e Musgrave (1989), 228-31. A idéia é discutida em Musgrave (1959), 95-8; Blume Kalven (1952), 455-71; Fried (1998), 153-5. Um dos primeiros defensores do princípio da igualdade de sacrifícios proporcionais foi o economista holandês A. J. Cohen-Stuart; ver Musgrave (1959), 98. Em Edgeworth (1897) temos uma das primeiras defesas do princípio da igualdade de sacrifícios marginais.
31. Isso é posto em evidência por Edgeworth (1897). O princípio da igualdade de sacrifícios marginais preconiza que o último dólar que cada pessoa paga de imposto exija dela o mesmo sacrifício real que exige das demais. Se o valor marginal da renda diminui com o aumento da quantidade de dinheiro, a conseqüência última do princípio da igualdade de sacrifícios marginais é que nenhum dólar deve ser pago por uma pessoa mais pobre enquanto ainda houver contribuintes mais ricos – uma vez que o dólar tributário do mais pobre sempre lhe custará mais bem-estar do que a perda de um dólar custaria à pessoa mais rica. Uma vez que todas as rendas remanescentes forem iguais, porém, todas as pessoas devem pagar a mesma quantia em impostos.
Como os dólares são sempre tirados primeiro daqueles para quem têm menos valor real, esse esquema tributário também minimiza o sacrifício real *total* com que arcam todos os contribuintes. Seria esse, na verdade, o objetivo de um tal esquema. Não se pode crer que a idéia de que cada pessoa faça o mesmo sacrifício com seu último dólar pago de imposto seja uma exigência da justiça. O verdadeiro motivo que explica a aceitação dessa doutrina tributária é a minimização do sacrifício total; assim, o melhor é chamá-la pelo seu nome alternativo, "princípio do mínimo sacrifício" (Edgeworth, 1897, 131).
A idéia de que a tributação deve ser cobrada de modo a minimizar o sacrifício total é sem dúvida uma idéia utilitarista, posto que, ao que parece, não seja uma idéia muito boa, uma vez que, a rigor, o objetivo do governo segundo o utilitarismo é o de maximizar o bem-estar total. Pode ser que, para tanto, seja necessário dispor os tributos de tal modo que o sacrifício total seja mínimo (dada uma certa receita), mas também pode ser que não, uma vez leva-

pio da igualdade de sacrifícios proporcionais é importante neste contexto, uma vez que expressa uma interpretação igualitária da idéia de capacidade contributiva. Embora esse princípio já não seja quase nunca mencionado explicitamente, ele corresponde a uma concepção bastante comum de justiça tributária.

O princípio da igualdade de sacrifícios proporcionais estipula que os indivíduos arquem com cargas tributárias proporcionais ao seu nível de bem-estar[32]. Isso significa que, quanto mais rica é a pessoa, tanto maior o sacrifício real que lhe deve ser imposto pela tributação. A única coisa igual para todos nesse esquema tributário é a proporção de bem-estar perdida pelos contribuintes. E, como é óbvio, proporções iguais não são quantidades iguais; se todos dão a mesma proporção, os mais ricos dão mais em termos reais (muito embora também fiquem com mais). Por isso, a palavra "igualdade" é redundante no rótulo "igualdade de sacrifícios proporcionais" – a expressão "sacrifícios proporcionais" denota a mesma idéia.

Como observamos no começo da seção anterior, a idéia de capacidade contributiva não precisa necessariamente ser interpretada em função da diminuição da utilidade marginal do dinheiro; pode ser entendida como a afirmação política de que os mais ricos podem "se dar ao luxo" de sacrificar mais, em termos reais, do que os mais pobres, uma vez que ainda lhes sobrará mais. Essa interpretação da noção de capacidade contributiva, exigida pelo princípio dos sacrifícios proporcionais, é diametralmente oposta ao princípio da igualdade de sacrifícios. A idéia de que os mais ricos podem arcar com um sacrifício real maior admite a tributação como um meio legítimo de redistribuição separada

---

das em conta as questões relacionadas aos incentivos e outros fatores pertinentes. Contudo, o problema do melhor esquema tributário segundo o ponto de vista utilitarista não nos interessa aqui (voltaremos a esse problema no capítulo 6).

32. Como observamos na nota 16, isso equivale a uma determinada interpretação do princípio do benefício.

dos retornos do mercado, beneficiando os mais pobres às expensas dos mais ricos. Assim, o princípio dos sacrifícios proporcionais contrapõe-se à teoria libertária da justiça que está por trás do princípio da igualdade de sacrifícios.

Uma vez que a idéia-mãe do princípio de sacrifícios proporcionais é simplesmente a de que a tributação deve exigir mais, em termos reais, daqueles que têm mais, a fórmula da proporcionalidade estrita não tem nenhuma prerrogativa especial[33]. A mesma idéia geral poderia motivar, por exemplo, uma concepção ainda mais igualitária, segundo a qual os impostos devem ser recolhidos em proporções cada vez *mais altas* à medida que cresce o nível de bem-estar. Com isso, chega-se a uma concepção da justiça tributária cujo principal atrativo é a flexibilidade: a tributação justa impõe fardos maiores aos mais ricos, mas a taxa exata de aumento desses fardos deve ser decidida por um critério

---

33. Certas defesas do princípio de sacrifícios proporcionais partem da idéia de que a tributação proporcional ao bem-estar não altera os níveis relativos de bem-estar. Assim, duas pessoas, uma com nível de bem-estar 10 e outra com nível de bem-estar 100, tributadas ambas numa redução de bem-estar de 10%, terminam com níveis de bem-estar 9 e 90, de modo que a proporção de 1 para 10 entre seus níveis de bem-estar não é alterada. Isso atenderia a uma certa noção de igualdade de tratamentos ou a "uma noção identificável de igualdade" (Witte 1981, 535). Cohen-Stuart também fez apelo a essas considerações em sua defesa do princípio de sacrifícios proporcionais; ver Musgrave (1959), 98, e Edgeworth (1897), 129-30. De todas as afirmações estranhas que já se fizeram em nome da eqüidade tributária, esta é sem dúvida uma das mais bizarras. Uma coisa é crer que as pessoas merecem ou têm o direito de ser tão ricas, em termos absolutos, quanto conseguem ser no mercado, de tal modo que a distribuição de bem-estar gerada pelo mercado possa ser considerada a base adequada para a avaliação da justa distribuição das cargas tributárias. Outra coisa, muito diferente daquela, é crer que os níveis *relativos* de bem-estar propiciados pela distribuição gerada pelo mercado são dotados de um significado moral intrínseco, de tal modo que, para que a justiça seja preservada, é necessário transformar proporcionalmente essa distribuição. Trata-se de um caso extremo de moralização do mercado, pois parte do princípio de que este tem o poder de gerar uma hierarquia apropriada das pessoas de acordo com o seu grau relativo de merecimento. É provável que essa defesa do critério de sacrifícios proporcionais seja motivada pelo desejo de não afirmar de modo explícito que a redistribuição em benefício dos mais pobres é uma exigência da justiça.

político intuitivo. Não há dúvida de que uma concepção desse tipo – podemos chamá-la de "princípio do sacrifício cada vez maior" – é tacitamente aceita por muitas pessoas de tendência igualitária e as leva a preferir os esquemas tributários progressivos.

Mas também essa abordagem como um todo é falha em seus fundamentos. Se a distribuição produzida pelo mercado não é justa por pressuposto, os retos critérios de justiça distributiva não farão referência alguma a essa distribuição, nem mesmo tomando-a como base. A justiça distributiva não é a aplicação de uma função aparentemente eqüitativa a uma distribuição inicial de bem-estar moralmente arbitrária. Apesar dos pressupostos implícitos de muitas pessoas, a justiça de um esquema tributário não pode ser avaliada pelo fato de as alíquotas médias aumentarem suficientemente à medida que a renda cresce. Além disso, como já vimos, uma vez rejeitado o pressuposto de que a distribuição de bem-estar produzida pelo mercado é justa, já não podemos defender princípios de justiça tributária sem fazer apelo também a princípios mais amplos de justiça governamental. Se a distribuição produzida pelo mercado não é justa por pressuposto, o governo deve empregar os meios tributários e as políticas de gastos que mais atendem aos critérios corretos de justiça; não há sentido em fazer questão de que a política tributária seja justa em si e ao mesmo tempo ignorar a justiça dos gastos governamentais.

Podemos resumir esta seção e a anterior em duas observações: (1) Se a idéia de tributação segundo a capacidade contributiva se concretiza pelo princípio da igualdade de sacrifícios, ela depende da noção radical de que a distribuição de bem-estar produzida pelo mercado é justa por pressuposto. (2) Se, pelo contrário, a idéia de tributação de acordo com a capacidade contributiva é entendida em função da noção de que a justiça exige uma redistribuição outra que não a efetuada pelos retornos de mercado, o objetivo da eqüidade vertical da tributação não tem sentido fora do contexto mais geral da justiça dos gastos do governo. E, quando passamos a tentar resolver essa outra questão, de quais são as metas distributivas de um governo justo, a idéia vaga de uma "capacidade contributiva" já não tem mais nada a nos dizer.

VII. O problema do libertarismo vulgar

Dissemos que o princípio da igualdade de sacrifícios depende da idéia de que a distribuição de bem-estar efetuada pelo mercado é justa por pressuposto. Essa idéia, por sua vez, acarreta a noção de que a justiça não exige que o governo corrija nem mesmo as desigualdades mais graves que o mercado pode produzir, nem que forneça uma subsistência mínima aos que não têm acesso a comida, abrigo e serviços de saúde ou àqueles a quem faltam os meios de adquirir essas coisas.

Pouquíssimas pessoas defendem abertamente essa visão radical da justiça distributiva, mas uma versão disfarçada da mesma teoria infecta muitas idéias vulgares de política tributária. Mesmo os que crêem que o princípio da igualdade de sacrifícios não é suficientemente igualitário em suas conseqüências permanecem com a noção de que a justiça na tributação consiste em se garantir uma justa distribuição dos sacrifícios, avaliados estes de acordo com a base dos resultados do mercado. A dissonância entre essa maneira de conceber a política tributária e as crenças que as pessoas efetivamente têm acerca da justiça distributiva (e, *a fortiori*, as crenças cuja plausibilidade é mais evidente) não é simplesmente uma confusão intelectual inócua. Infelizmente, ela tem conseqüências políticas importantes.

Vamos examinar de perto a visão mercadológica de justiça distributiva que tem de servir de base para o princípio da igualdade de sacrifícios. (As questões levantadas aqui serão discutidas de modo mais profundo no capítulo seguinte.) As doutrinas libertárias assumem formas diversas, mas as duas mais importantes para nossos propósitos podem ser chamadas de libertarismo de direito e libertarismo de merecimento[34]. A primeira é comprometida com a idéia de um rigoroso direito moral à propriedade; insiste em que cada pessoa tem um direito moral inviolável à acumulação de bens resultante de trocas verdadeiramente livres. Aplicado à política tributária, o libertarismo de direito, em sua forma pura ou absoluta, acarreta a idéia de que nenhuma tributação compulsória é legítima; para que o governo exista, ele deve ser financiado por arranjos contratuais voluntários[35]. Nessa versão extrema do libertarismo, a questão da justa distribuição das cargas tributárias obrigatórias jamais se levantaria, uma vez que todas essas cargas seriam ilegítimas. Entretanto, como explicamos na seção anterior, uma posição libertária menos absoluta autorizaria a tributação compulsória a fim de sustentar um governo que possibilite a operação do mercado, e isso justificaria a divisão da carga por igual entre todos[36].

Segundo o libertarismo de merecimento, por outro lado, o mercado dá às pessoas o que elas merecem, recompensando suas contribuições produtivas e o valor que elas têm para os outros. Essa doutrina implica que a distribuição efetuada pelo mercado é justa, mas não opõe nenhuma objeção à tributação compulsória – desde que, também neste caso, as cargas sejam partilhadas por igual.

Nos capítulos 3 e 5 discutiremos as teorias da justiça baseadas no merecimento. Por enquanto, faremos apenas uma observação. A noção de merecimento pressupõe a de responsabilidade; ninguém merece algo pelo qual não foi responsável de modo algum. Assim, na mesma medida em que os resultados de mercado são determinados pela sorte genética, médica ou social (em cuja categoria se inclui

---

34. Para uma visão geral excelente, que trata também de versões do libertarismo que aqui ignoramos, ver Kymlicka (1990), cap. 4.
35. Conclusão explicitamente adotada por Nozick (1974), 110-3, 169-72, 265-8.
36. É essa a opinião de Epstein (1985 e 1987).

a herança), o mérito moral deles não recai sobre ninguém. Como ninguém nega que esses tipos de sorte determinam, ao menos em parte, o sucesso de cada pessoa numa economia capitalista, o libertarismo de merecimento, em sua forma simples e não-qualificada, pode ser rejeitado desde já.

Ambas as formas de libertarismo têm conseqüências radicais demais para serem aceitáveis. Porém, essa visão da justiça tributária tem um problema ainda mais fundamental – um problema conceitual. O uso do libertarismo para explicar o princípio da igualdade de sacrifícios baseou-se, até agora, no seguinte pressuposto: enquanto o governo não leva a cabo uma política de gastos redistributiva, a distribuição pré-tributária de recursos pode ser concebida como a distribuição produzida por um mercado livre. Na verdade, porém, essa idéia é profundamente incoerente.

Não existe mercado sem governo e não existe governo sem impostos; o tipo de mercado existente depende de leis e decisões políticas que o governo tem de fazer e tomar. Na ausência de um sistema jurídico sustentado pelos impostos, não haveria dinheiro, nem bancos, nem empresas, nem bolsas de valores, nem patentes, nem uma moderna economia de mercado – não haveria nenhuma das instituições que possibilitam a existência de quase todas as formas contemporâneas de renda e riqueza.

Por isso, é logicamente impossível que as pessoas tenham algum tipo de direito sobre a renda que acumulam antes de pagar impostos. Só podem ter direito ao que lhes sobra depois de pagar os impostos sob um sistema legítimo, sustentado por uma tributação legítima – e isso demonstra que não podemos avaliar a legitimidade dos impostos tomando como critério a renda pré-tributária. Pelo contrário, temos de avaliar a legitimidade da renda pós-tributária tomando como critério a legitimidade do sistema político e econômico que a gera, o qual inclui os impostos, que são aliás uma parte essencial desse sistema. A ordem lógica de prioridade entre os impostos e os direitos de propriedade é inversa à ordem suposta pelo libertarismo.

Não se pode, para evitar esse problema, mudar de base: da renda real pré-tributária para uma hipotética base de renda num mercado sem governo. O mercado natural ou ideal não existe. Existem muitos tipos de sistemas de mercado, todos igualmente livres, e a escolha entre eles depende de uma variedade de juízos políticos independentes.

Para florescer, a economia capitalista precisa da imposição do direito criminal, contratual, empresarial, proprietário e civil, mas isso só não basta. (Mesmo esses direitos não são naturais, mas envolvem teorias mutáveis e controversas acerca da limitação de responsabilidades, da falência, da obrigatoriedade dos contratos, das soluções para os delitos contratuais e civis etc.) Para a maioria dos economistas, é preciso além disso pelo menos um regime de legislação antitruste para promover a competição e um controle sobre as taxas de juros e a oferta de dinheiro para estimular ou retardar o crescimento econômico e controlar a inflação. Depois disso ainda vêm questões como a regulamentação dos transportes e das ondas de rádio e o modo pelo qual o governo alivia os chamados fatores negativos externos ao mercado, como a degradação ambiental.

Todas essas funções do governo são tacitamente aceitas, até mesmo pelos mais ardorosos partidários do mercado. Nesse contexto, o problema da doutrina dos sacrifícios é que as decisões tomadas pelo governo no desempenho de suas funções afetam os retornos de mercado. O lucro de um empresário da siderurgia depende, por exemplo, do regime vigente de legislação ambiental. O sucesso de um investidor no mercado de títulos depende da flutuação das taxas de juros, a qual é influenciada pelo governo. A conseqüência disso tudo é que, mesmo que os indigentes sejam entregues à própria sorte, não se pode dizer que os resultados pré-tributários dependem exclusivamente do mercado. São, na verdade, os resultados de um mercado regulado de acordo com um certo conjunto de princípios políticos estabelecidos pelo governo.

Para tomar decisões a respeito desses assuntos, é preciso fazer apelo a valores sociais substantivos que vão além da pretensa lógica interna da idéia de um mercado competitivo. Sendo assim, a idéia de um mercado politicamente neutro que pode servir de base para o princípio da tributação como um sacrifício não passa de uma fantasia. Toda distribuição pré-tributária – real ou imaginária – já é moldada em parte por juízos de moralidade política, e é impossível tratar das questões de justiça tributária sem fazer uma avaliação desses juízos.

No conjunto, as razões contrárias ao uso da renda pré-tributária como critério de avaliação da justa distribuição das cargas tributárias são tão fortes que ficamos a nos perguntar como alguém pode ter se sentido atraído por essa maneira de pensar a justiça tributária. A resposta está no intenso apelo daquilo que chamamos de libertarismo vulgar. Muito embora as idéias do direito moral rigoroso e absoluto à propriedade e do merecimento dos retornos de mercado não resistam a uma avaliação crítica sumária, é difícil expulsá-las do nosso modo comum de pensar. Em ambos os casos, segundo cremos, a ilusão é provocada pela extensão ilegítima de conceitos mais restritos, os quais são levados para além dos limites dentro dos quais realmente se aplicam.

Pense primeiro na idéia do direito moral à propriedade da renda pré-tributária. Todos sabem que as pessoas têm o pleno direito *jurídico* à sua renda *líquida* (pós-tributária); dentro dos limites das obrigações contratuais ou familiares que assumiram, esse dinheiro legalmente pertence a elas, que podem fazer com ele o que bem entenderem. O direito legal à propriedade da renda líquida não é, evidentemente, um direito moral absoluto à propriedade de coisa alguma (e muito menos dos retornos do mercado antes de aplicada a tributação). Porém, na vida cotidiana, é difícil impedir que a entranhada noção do direito legal se transforme na noção de um direito muito mais fundamental.

Desse ponto de vista, não basta que o governo, por uma espécie de bom senso pragmático ou econômico, proteja nossos direitos legais atuais; não basta nem mesmo que, depois de criar esses direitos legais, o governo tenha a obrigação moral de proteger as expectativas legítimas geradas pelos mesmos direitos. No nível da existência cotidiana na economia capitalista em que vivemos e trabalhamos, a noção do direito à renda líqüida vai muito além disso – nossa tendência é sentir que aquilo que ganhamos pertence a nós de modo absoluto, ou seja, que, do ponto de vista moral, tudo o que se vai fazer com aquele dinheiro depende *totalmente* do nosso arbítrio. Embora todos saibam que até mesmo o nosso direito de gastar o dinheiro que temos no bolso é limitado, por exemplo, pela obrigação de pagar os impostos legítimos que incidem sobre a venda de quaisquer produtos, a noção instintiva de uma propriedade absoluta tem uma tenacidade admirável.

Se as pessoas sentem intuitivamente que têm o direito moral absoluto à sua renda líqüida, não admira que os políticos possam dizer descaradamente que os aumentos de impostos (os quais diminuem a renda líqüida) tomam do povo aquilo que lhe pertence. Não é difícil passar daí à idéia de que os cortes de impostos nos devolvem "nosso dinheiro"*, e mesmo que todos os tributos tomam de nós o que é nosso por direito; aquilo a que fundamentalmente temos direito é a nossa renda *pré-tributária*.

É claro que quase ninguém crê realmente que toda tributação é ilegítima porque nos toma o que nos pertence sem o nosso consentimento. Como dissemos, o libertarismo vulgar é uma versão confusa ou disfarçada do verdadeiro libertarismo. Não obstante, a idéia confusa de que a renda líqüida é o que nos sobra depois de o governo tomar algo que *na verdade* nos pertence ajuda a explicar a convicção de que a distribuição pré-tributária do bem-estar material é supostamente justa (como poderia ser injusta uma distribuição que dá às pessoas exatamente aquilo a que elas têm um direito moral?) e que, portanto, a questão da justiça tributária se resume propriamente à determinação de

---

* George W. Bush disse várias vezes acerca do superávit orçamentário federal: "O superávit não pertence ao governo, pertence ao povo."

qual seria a justa distribuição dos sacrifícios, avaliados sempre a partir dessa base.

Podemos tecer comentários mais breves acerca da outra influência poderosa, a idéia de merecimento. Em certa medida, os retornos do mercado são afetados pelo esforço da pessoa e por sua disposição a arriscar-se. Sendo assim, aos que trabalham duro e são mais ricos pode parecer absurda a idéia de que eles não merecem receber mais do que outros que talvez sejam preguiçosos e medrosos. E, talvez porque as pessoas percebam mais agudamente os males injustos que recaem sobre elas do que os benefícios injustos que recebem, é fácil para elas ignorar o fato de que alguns dos fatores que contribuem para o seu sucesso econômico não dependem delas de modo algum e, portanto, segundo certo ponto de vista, deram-lhes vantagens imerecidas. A idéia natural de que as pessoas merecem ser recompensadas pela parcimônia e pela diligência transforma-se imperceptivelmente numa idéia muito mais ampla, a de que toda a renda pré-tributária pode ser considerada uma recompensa por essas virtudes. Também neste caso, um conceito normativo é transferido para um campo ao qual legitimamente não se aplica.

Assim, as idéias irrefletidas de que temos o direito moral absoluto ao que recebemos do mercado e de que os retornos mais altos assim obtidos são de algum modo merecidos como recompensa surgem naturalmente na mentalidade vulgar daqueles que participam de uma economia capitalista. É verdade que quase ninguém leva às últimas conseqüências a idéia de que a distribuição de bem-estar gerada pelo mercado é intrinsecamente justa – praticamente todos admitem a necessidade de *algum* tipo de ajuda pública aos indigentes, e nem mesmo os políticos mais radicalmente antiigualitários chegam a propor um sistema tributário que não contemple um grau significativo de isenção pessoal. Não obstante, o libertarismo vulgar distorce as coisas, pois essas exceções ao ponto de vista libertário tendem a ser vistas como gestos de caridade que não põem em xeque os pressupostos básicos da justiça distributiva. Depositando o ônus da prova sobre todos os desvios em relação aos resultados do mercado, o libertarismo vulgar desvirtua o debate público acerca da política tributária e da justiça distributiva.

A análise tributária tem de libertar-se do libertarismo vulgar; este caracteriza-se como um conjunto de pressupostos irrefletidos e geralmente tácitos que não resistem a um exame atento, e tem de ser substituído pela concepção dos direitos de propriedade como algo que depende do sistema jurídico que os define. Uma vez que os impostos são um elemento absolutamente essencial desse sistema, a idéia de um direito natural à propriedade da renda pré-tributária – renda que nem sequer existiria sem o governo sustentado pelos impostos – simplesmente não tem sentido. A renda pré-tributária que cada um de nós "tem" inicialmente, e que o governo deve tirar de nós eqüitativamente, só tem realidade nos livros de contas. Não afirmamos que a questão da eqüidade não se imponha nesse contexto; pelo contrário, a justiça é um elemento essencial do sistema de direitos de propriedade. Mas afirmamos que essa questão não deve ser colocada dessa maneira.

O sistema tributário não é como uma "vaquinha" feita pelos membros de um departamento para comprar um presente de casamento para um colega. Não é algo que se impõe sobre uma distribuição de bens proprietários já supostamente legítima. Antes, conta-se entre as condições que *criam* um conjunto de bens proprietários, cuja legitimidade só pode ser aferida pela avaliação da justiça do sistema como um todo, do qual fazem parte os impostos. Dentro desse contexto, é certo que as pessoas podem reivindicar legitimamente para si a renda que obtêm pelos meios usuais, o trabalho, o investimento e as doações – todavia, o sistema tributário é um elemento essencial do quadro estrutural que cria as expectativas legítimas nascidas dos contratos de emprego e outras transações econômicas; não é algo que se intromete *a posteriori* nesse quadro.

Não há uma resposta pronta para a pergunta de qual é o correto sistema de propriedade – não há um método supostamente justo de distribuição, os desvios em relação ao qual teriam de ser justificados. O mercado tem muitas virtudes, mas não nos desobriga da tarefa de definir os verdadeiros valores que devem ser contemplados pela política tributária e pela teoria da justiça distributiva. Não existem soluções evidentes para o grande número de problemas de justiça distributiva que apresentaremos no próximo capítulo; mas uma coisa, pelo menos, se há de evidenciar: que esses problemas têm de ser enfrentados pela teoria tributária.

VIII. A eqüidade horizontal

Ao passo que o rótulo "eqüidade vertical" se refere a uma questão normativa, o rótulo "eqüidade horizontal" afirma uma conclusão normativa: as pessoas que têm a mesma renda (ou qualquer outro critério de avaliação econômica) devem pagar a mesma quantia em impostos. Entretanto, a verdade é que essas duas dimensões da eqüidade tributária não são realmente distintas. A eqüidade horizontal é simplesmente uma conseqüência lógica de qualquer resposta tradicional à questão da eqüidade vertical. Se a justiça tributária é plenamente atendida por um critério que orienta o governo a cobrar de cada nível de renda uma certa alíquota de impostos, chega-se naturalmente à conclusão de que as pessoas que têm a mesma renda pré-tributária devem ser tributadas pela mesma alíquota.

O motivo pelo qual os teóricos da tributação têm dado tanta atenção ao problema da eqüidade horizontal é que, na maioria dos regimes tributários, existem muitas transgressões aparentes da norma de se cobrar impostos iguais das pessoas de mesma renda. Existem também muitas violações possíveis que, mesmo que não se evidenciem, precisam ser previstas e evitadas. Na literatura tributária, uma das principais questões que se impõem é a de saber se as aparentes violações da lei da eqüidade horizontal são violações de fato, uma vez levada em conta a questão da incidência dos impostos. Para tomar um exemplo famoso, as isenções tributárias concedidas aos títulos estaduais e municipais nos Estados Unidos não são citadas como um exemplo de violação da eqüidade horizontal, uma vez que o mercado de títulos se adapta e aumenta o preço dos títulos isentos de impostos. Em conseqüência, não há iniqüidade no nível dos contribuintes que compram títulos (mas fica a pergunta: por que os governos estaduais e municipais devem ser economicamente privilegiados pelo código tributário?)[37]. Em outros casos de aparentes iniqüidades horizontais, porém, não é tão fácil resolver o problema da incidência.

Há outro motivo pelo qual os acadêmicos dão atenção à eqüidade horizontal: na ciência econômica, existe controvérsia quanto à medida operacional adequada dos graus de eqüidade horizontal. Como dizem Alan Auerbach e Kevin Hassett: "Depois de Musgrave... todos concordam em que a eqüidade horizontal é importante, mas discordam quanto ao que ela é."[38]

Porém, se o que dissemos acerca dos critérios tradicionais de eqüidade vertical está correto, pode-se opor também uma objeção fundamental à preocupação tradicional com a eqüidade horizontal. Dissemos exatamente que a justiça tributária não pode ser reduzida a um critério que obriga o governo a impor certas alíquotas tributárias a certas faixas de renda (com base em algum princípio de sacrifício ou benefício). A justiça tributária tem de ser inserida no contexto de uma teoria global da justiça social e dos objetivos legítimos do governo. Sendo assim, não podemos afirmar como princípio fixo e imutável que as pessoas com

---

37. Pode haver também um problema de eqüidade vertical: o ajuste de preços pode dar uma vantagem aos mais ricos caso os títulos tenham de ter o seu preço fixado para garantir que sejam adquiridos também pelos não tão ricos; ver Slemrod e Bakija (2000), 195-6.

38. Auerbach e Hassett (1999), 1; referência a Musgrave (1959).

a mesma renda ou nível de bem-estar pré-tributário têm de pagar os mesmos impostos[39]. O forte poder de atração de uma tal regra parece ser devido, mais uma vez, ao libertarismo vulgar; se partirmos da idéia de que a distribuição pré-tributária constitui a base moral a partir da qual se deve começar a avaliar o problema da tributação, é natural pensar também que seria injusto que as pessoas com a mesma renda ou o mesmo nível de bem-estar não pagassem os mesmos impostos.

Uma vez deixado de lado o pressuposto do valor moral intrínseco do mundo pré-tributário, percebemos que, dependendo de qual seja a nossa teoria global da justiça, o tratamento diferenciado de pessoas com a mesma renda pode ser justificado ou não. Se o estímulo à aquisição da casa própria é um objetivo social legítimo, por exemplo, pode-se isentar os proprietários de uma renda equivalente à do aluguel e permitir que os pagamentos da hipoteca habitacional sejam deduzidos da base tributária; e, se essas práticas forem consideradas inocentes do ponto de vista da justiça distributiva (uma premissa contestável), a desigualdade de tratamento entre os que têm casa própria e os que moram de aluguel estará plenamente justificada.

Isso não quer dizer, entretanto, que "vale tudo" na política tributária. Certas formas de discriminação entre os contribuintes serão consideradas injustas mesmo que atendam a outros objetivos legítimos. Lembramo-nos aqui das categorias sempre suspeitas de raça, sexo, orientação sexual e religião. Porém, proibir que o sistema tributário seja usado como meio de discriminação injusta é diferente de proibir indistintamente que os que ganham o mesmo paguem impostos desiguais. Falaremos detalhadamente do tema da discriminação tributária no capítulo 8.

---

39. Ver também Kaplow (1989 e 2000).

3. A justiça econômica na teoria política

I. Legitimidade política

Neste capítulo, falaremos sobre os problemas de teoria moral e política que mais diretamente se aplicam à avaliação de um sistema tributário. Faremos, nesse contexto, uma apreciação geral das doutrinas contemporâneas acerca da justificação e da crítica das instituições políticas e sociais.

Nesta seção e na seção seguinte, apresentaremos alguns conceitos que proporcionam a estrutura geral dessas avaliações morais. Nas seções III e IV, estabeleceremos uma distinção entre dois modos importantes pelos quais o governo pode usar os impostos para beneficiar os cidadãos. Nas seções V, VI e VII enfrentaremos o problema da justiça distributiva e consideraremos diferentes respostas à pergunta de como os custos e benefícios devem ser distribuídos entre muitos indivíduos cujos interesses estão em conflito; falaremos também da relação que existe entre a justiça, de um lado, e a igualdade e a desigualdade, de outro. Nas seções VIII e IX, trataremos dos modos pelos quais os valores da liberdade e da responsabilidade individual podem ser incorporados a um sistema social e econômico. Nas seções X e XI, discutiremos diversas atitudes em relação à economia de mercado; e na seção XII defrontar-nos-emos com o problema de saber se os valores políticos e os motivos econômicos privados podem se combinar para fazer valer uma ordem social moralmente coerente.

O quadro teórico de toda essa discussão é a questão da relação apropriada entre o indivíduo e a coletividade através das instituições do Estado*. O Estado tem o monopólio quase total do uso da força dentro do seu território e tem a autoridade necessária para coagir os indivíduos a obedecer às decisões tomadas por meio de um procedimento de escolha que não é unânime. Quais são os objetivos legítimos em vista dos quais esse poder deve ser exercido? E o que – se é que existe algo – pode limitar e condicionar o uso legítimo desse poder sobre os indivíduos?

Pode-se dizer que essas perguntas dizem respeito, em primeiro lugar, àquilo que devemos aos nossos concidadãos; e, em segundo lugar, à soberania que podemos conservar sobre a nossa própria pessoa, livres da autoridade do Estado, mesmo sendo membros dele e estando sujeitos ao seu controle sob certos aspectos. Essas questões definem o problema da legitimidade política. Quais são, pois, os fins legítimos do governo, e quais são os meios legítimos pelos quais esses fins podem se realizar, particularmente no que diz respeito ao poder de cobrar impostos?

Ao se pensar nessas questões, é essencial ter sempre em mente que o governo não se limita a *regular* a vida das pessoas. Proporcionando as condições institucionais sem as quais a civilização e a economia modernas não poderiam existir, o governo é substancialmente responsável pelo tipo de vida que as pessoas podem levar. A questão da legitimidade política, portanto, aplica-se a essa estrutura considera-

---

* Existe também o campo da teoria política internacional, que trata da justiça global e no qual se postula até a idéia de uma tributação internacional, mas não trataremos dessas questões aqui. No estado atual das coisas, a tributação é um problema dos Estados nacionais e de suas subdivisões, mesmo que o desenvolvimento político e a aplicação prática de certas considerações de justiça venham um dia a motivar a criação de estruturas supranacionais que tenham o poder de cobrar impostos de indivíduos. A Comunidade Européia, por exemplo, é sustentada por contribuições dos Estados-membros e não pela contribuição tributária direta dos cidadãos.

da em si mesma, e não às opções, decisões e tipos de vida que ela possibilita; tampouco se aplica ao controle do governo sobre a conduta dos indivíduos dentro dessa estrutura.

Isso significa que, quando nos perguntamos o que devemos aos nossos concidadãos em matéria de ajuda positiva ou restrições recíprocas, não se pode entender que essa pergunta se dirige a nós enquanto seres pré-políticos, que usarão o Estado como um instrumento pelo qual cumpriremos nossas obrigações interpessoais. Partimos, antes, do ponto de vista dos membros de uma sociedade já existente – seres formados numa civilização e cujo tipo de vida seria inconcebível sem ela –, e o que nos cabe é decidir quais normas o projeto e a regulamentação dessa estrutura social devem respeitar, como expressão tanto da consideração que devemos uns aos outros como membros comuns de um mesmo corpo social quanto da independência que podemos ainda assim guardar uns em relação aos outros.

Os impostos fazem parte dessa estrutura, mas não podem ser avaliados somente como exigências legais que o Estado impõe aos indivíduos; têm de ser considerados também como contribuições à estrutura dentro da qual todos esses indivíduos vivem. Em última análise, a questão da legitimidade política resume-se ao seguinte: dentro de qual estrutura todos nós consideramos moralmente aceitável viver? É a essa questão que se devem aplicar valores como os da liberdade, responsabilidade, igualdade, eficiência e bem-estar.

II. Conseqüencialismo e deontologia

Todos esses debates são marcados por uma cisão entre dois tipos de teorias normativas – as que se centram nos resultados, convenientemente chamadas "conseqüencialistas", e as que se centram nas ações, convenientemente chamadas "deontológicas" (da palavra grega que significa "dever"). Segundo as teorias conseqüencialistas da justificação, o critério máximo para a avaliação de um curso de ação ou de uma instituição é o valor de suas conseqüências globais – os benefícios menos os custos, para todos os afetados. Segundo as teorias deontológicas, existem outros critérios, independentes das conseqüências globais, que determinam como o governo pode ou não pode tratar as pessoas. Esses critérios identificam os direitos individuais, as exigências da imparcialidade ou da igualdade de tratamento, a proibição das discriminações arbitrárias etc. e prescrevem o que se deve e o que não se deve fazer de um modo que, pelo menos em parte, independe das conseqüências. Existem variações e desacordos dentro de cada uma das duas linhas e existem também teorias que combinam elementos de ambas. Porém, essa divisão geral das atitudes em relação à natureza da justificação última é importante.

Uma vez que esse desacordo se dá no nível teórico, ele não resulta inevitavelmente em desacordos no nível dos cursos de ação. Tanto os conseqüencialistas quanto os deontologistas não terão dificuldade alguma para explicar por que o assassinato deve ser considerado um crime. O conseqüencialista dirá que os benefícios de segurança e tranqüilidade mais do que compensam os custos do policiamento, e o deontologista dirá que um dos usos legítimos do poder do Estado é o de proteger os indivíduos contra as violações do seu direito à vida.

Na verdade, as teorias conseqüencialistas geralmente aceitam a existência dos direitos, mas negam que os direitos sejam moralmente fundamentais. Antes, asseveram que eles devem ser justificados pelos benefícios globais de um sistema que os reconheça. Sob este ponto de vista, os direitos e outras exigências, que para os deontologistas são fundamentais, têm de ser deduzidos de algo ainda mais fundamental e só são válidos na medida em que podem justificar-se pelas suas conseqüências.

Para ilustrar esse ponto, podemos considerar a diferença entre duas explicações dos direitos de propriedade – a categoria moral que mais diretamente se liga à política tributária. Todas as teorias morais e políticas, com exceção das mais radicalmente utópicas, reconhecem a legitimidade dos direitos de propriedade e a importância de que eles sejam definidos e protegidos por uma sociedade justa. Mas as teorias deontológicas, derivadas da tradição de Locke, sustentam que os direitos de propriedade são determinados em parte pela nossa soberania sobre a nossa própria pessoa, que inclui o direito fundamental ao livre exercício de nossas capacidades, o direito de cooperar livremente com os outros em vista de um benefício recíproco e o direito de dispor livremente daquilo que legitimamente adquirimos[1]. Sob este ponto de vista, os direitos de propriedade são substancialmente moldados por um direito de liberdade individual que não precisa de uma justificação conseqüencialista.

As teorias conseqüencialistas, por outro lado, derivadas da tradição de Hume, sustentam que os direitos de propriedade se justificam pela utilidade social maior de um conjunto de convenções e leis bastante rígidas que protegem a segurança da propriedade[2]. Só numa sociedade em que esses direitos são reconhecidos, o roubo é proibido e os contratos e testamentos são amparados pela lei pode haver a cooperação econômica, o planejamento de longo prazo e a acumulação de capital que possibilitam o crescimento econômico e a prosperidade. Sem um sistema de direitos legais, estaríamos no estado de natureza de Hobbes e não numa sociedade civilizada e tecnologicamente avançada. Segundo o pensamento conseqüencialista, a avaliação de sistemas alternativos de propriedade depende por completo de qual é o sistema que melhor promove o bem-estar geral ou algum outro bem coletivo que seja tomado como o objetivo da organização social. Sob esse ponto de vista, os direitos de propriedade não são nem naturais nem pré-institucionalmente inerentes ao indivíduo: antes, são conseqüências de leis, re-

---

1. Ver Locke (1690), cap. 5. Para uma versão moderna da mesma teoria, ver Nozick (1974).
2. Ver Hume (1739), livro III, parte II.

gras e convenções feitas para promover outros valores, como a prosperidade e a justa satisfação das expectativas.

Uma vez que os impostos são essencialmente modificações dos direitos de propriedade, que autorizam o Estado a controlar parte dos recursos gerados pela vida econômica de seus cidadãos, a determinação do sistema tributário é muito afetada pela adoção de uma concepção conseqüencialista ou deontológica. A diferença essencial é a seguinte: sob a doutrina deontológica, é provável que se postule uma forma ou outra de direito natural que determina o que é seu ou meu e o que não é, e esse postulado básico tem de ser anulado ou sobrepujado por outras considerações para que a apropriação dos impostos por parte do governo se justifique. Sob a doutrina conseqüencialista, por outro lado, o sistema tributário é simplesmente uma parte do projeto de qualquer sistema moderno e sofisticado de direitos de propriedade. Não há nenhuma presunção inicial contra a tributação, pois não há nenhuma concepção pré-institucional de o que venha a ser a "minha" propriedade. Tudo é convencional. Todo sistema tem de ser avaliado por uma comparação com sistemas alternativos (que envolvem outros impostos ou até mesmo a propriedade estatal de alguns setores), sempre tomando-se como critério a sua eficácia para promover resultados sociais e econômicos desejáveis.

Esta distinção entre as abordagens deontológica e conseqüencialista pode se tornar um pouco turva nas discussões que vêm a seguir, mas não deve ser esquecida, sendo uma classificação sumária de dois tipos básicos de justificação e crítica[3]. Há de evidenciar-se tanto em nossa discussão dos fins legítimos da ação governamental quanto na discussão dos meios legítimos pelos quais se podem realizar esses fins. Se os direitos de propriedade são totalmente convencionais e os impostos são simplesmente um dos elementos jurídicos que definem os seus limites, a avaliação da política tributária assume uma forma bastante diferente

---

3. Sobre essa distinção, ver Scheffler (1982) e Nagel (1986), cap. 9.

da que pode assumir quando se considera que os direitos de propriedade têm uma fundamentação natural na liberdade e na inviolabilidade do indivíduo. Gostaríamos de mencionar também uma terceira corrente que pode ser qualificada como deontológica, embora seja muito diferente da concepção lockeana. Trata-se da teoria de Hegel de que os indivíduos têm o direito de possuir uma quantidade mínima de propriedade a fim de expressar sua liberdade corporificando sua vontade em objetos externos[4]. É uma concepção mais positiva do direito à propriedade do que a teoria de Locke, a qual é essencialmente negativa, uma vez que se baseia na liberdade em relação a qualquer interferência externa na aquisição e no uso da propriedade.

A visão hegeliana não tem tanto destaque nos debates políticos contemporâneos, mas seu espírito pode ter sido assimilado por algumas correntes conseqüencialistas que postulam um mínimo social como um direito positivo. De qualquer modo, essa concepção nos parece importante porque identifica um núcleo básico de direitos puramente pessoais à propriedade que, embora sejam essenciais para a liberdade individual, não favorecem a presunção generalizada contra a intromissão estatal na propriedade privada, presunção essa que freqüentemente foi deduzida da concepção lockeana dos direitos naturais à propriedade. Na concepção hegeliana, a esfera moralmente necessária do arbítrio individual sobre a propriedade pessoal não se estende tanto a ponto de ter algum tipo de influência sobre a formulação do sistema tributário.

Na nossa opinião, que logo se evidenciará, os direitos de propriedade são convencionais, mas em sua concepção e justificação há espaço para a inserção não só de valores conseqüencialistas, mas também de outros direitos e valores deontológicos que, estes sim, são mais fundamentais. Embora a proteção de alguma forma de propriedade priva-

---

4. Ver Hegel (1821), seções 41-53.

da seja um elemento essencial da liberdade humana, a estrutura geral do sistema de direitos de propriedade deve ser determinada em grande medida pela consideração de outros fatores.

III. Os bens públicos

Passando agora a examinar de modo mais sistemático o leque de valores que podem determinar a legitimidade das instituições políticas, teremos de dividir a discussão em alguns temas básicos. Comecemos com a grande divisão entre fins e meios, e consideremos primeiro os fins. Os fins que se podem considerar legítimos para o Estado e que afetam a política tributária podem ser classificados em três categorias: os bens públicos, os benefícios aos indivíduos e a justiça distributiva.

Os bens públicos são o tópico menos controverso, uma vez que consistem nas condições mínimas que, em qualquer teoria do governo, são consideradas necessárias para todas as demais vantagens da civilização: paz e segurança dentro do país, algum tipo de sistema jurídico e proteção contra as invasões estrangeiras. Os bens públicos são definidos como aqueles que não podem ser fornecidos a ninguém a menos que sejam fornecidos para todos. Se os crimes violentos, a poluição ambiental, o risco de incêndio e a ameaça de doenças transmissíveis são mantidos sob controle dentro de um território, todos os que vivem nesse território beneficiam-se disso automaticamente e ninguém pode ser excluído desses benefícios. Caso se tentasse criar esses bens por meio da subvenção privada, não haveria meio de excluir os "clandestinos" que gozariam deles sem pagar por isso – o único meio seria o exílio. A tributação imposta por coerção é o meio mais óbvio de fazer com que cada um pague a sua parte.

O fornecimento de bens públicos, encarado como um fim, é o que menos exigências impõe às condições de legitimidade política, pois não acarreta nenhuma suposição de o quanto temos de nos preocupar uns com os outros enquanto concidadãos. Pressupõe somente que cada qual se preocupe consigo mesmo. Cada indivíduo tem um interesse pessoal direto na conservação dessas condições desejáveis e não pode gozar delas se as mesmas não forem fornecidas de modo a beneficiar também a todos os demais. Por isso, a motivação que está por trás desse fornecimento é a menor de todas as motivações, o interesse próprio coletivo – uma convergência dos interesses individuais para um fim comum; apesar disso, muitas outras questões surgem quando chega a hora de dividir os custos do sistema.

Há margem para se discutir o que deve ser incluído na categoria dos bens públicos a serem simplesmente fornecidos pelo Estado. Além dos bens públicos no sentido mais estrito – aqueles dos quais ninguém pode ser excluído –, há também outras instituições que claramente contribuem para o bem público, a tal ponto que seu fornecimento por parte do Estado pode ser motivado pelo interesse próprio coletivo. Estradas, o controle do tráfego aéreo, algum tipo de regulamentação das ondas de rádio (dependendo da situação tecnológica), uma educação que garanta a todos ou quase todos uma alfabetização básica, a conservação da saúde pública, um sistema confiável de direito civil – todos esses bens representam possíveis condições sistêmicas que trazem benefícios para todos os cidadãos através dos efeitos amplos que têm sobre a segurança, a economia e a agilidade das instituições sociais. Alguns gostariam de incluir nessa lista de bens públicos a prevenção da pobreza abjeta como uma condição para a paz social. Outros diriam que a preservação da natureza virgem e da arquitetura histórica, o fomento das artes e a existência de museus também devem ser consideradas, pelo menos em parte, como bens públicos, uma vez que todas essas coisas contribuem para aumentar o orgulho que os cidadãos sentem de seu país. Esses exemplos parecem associar uma vantagem concedida a determinados indivíduos (p. ex., os músicos subsidiados pelo Estado e os que assistem a seus concertos) a um benefício público mais generalizado (nesse caso, a preservação de uma identidade cultural nacional).

De qualquer modo, quando se somam alguns desses bens coletivos suplementares ao núcleo básico de defesa e preservação da lei e da ordem, os custos podem ser consideráveis. E assim suscita-se uma questão mais controversa: como esses custos devem ser divididos entre os cidadãos, que se beneficiam igualmente dos bens mas cujos recursos são diferentes? Acaso deve-se procurar tornar a contribuição proporcional à quantidade de benefícios, ou deve ser ela proporcional aos recursos, ou deve ser a mesma para todos?

Todavia, essa formulação da questão é simples demais, porquanto pressupõe uma distribuição de montantes de recursos anterior ao fornecimento dos bens públicos; e, como deixamos bem claro no capítulo 2, essa distribuição anterior não existe. A questão que realmente se impõe é a de decidir entre diversos sistemas de fornecimento dos bens públicos financiados pela tributação. Para se tomar essa decisão, é preciso comparar as diversas conseqüências desses sistemas para as vidas dos indivíduos a eles sujeitos, e os recursos que lhes sobram depois de pagos os impostos devem ser levados em conta na comparação. A linguagem da distribuição dos custos é uma maneira simplificada e potencialmente enganadora de se falar dessa comparação entre sistemas de financiamento da coisa pública. Mas aqui já não estamos falando de fins, e sim de meios; estamos falando também da justiça distributiva como um fim.

É preciso saber também quais os critérios para se decidir a *quantidade* desses bens públicos que a sociedade deve querer. Uma vez que eles são financiados através de impostos que desviam das mãos dos cidadãos particulares uma parte do produto nacional bruto, é necessário um método de avaliação das virtudes próprias de cada proposta de emprego dos recursos. Será que, para gastar aquele dólar que sobra, é melhor deixá-lo nas mãos de um indivíduo particular, ou será que é melhor empregá-lo para melhorar o sistema de estradas ou projetar um bombardeiro supersônico? Voltaremos a essa questão no capítulo 4.

IV. Benefícios para os indivíduos

O tópico seguinte é bastante amplo: a ação estatal que visa a beneficiar indivíduos, não por meio de um bem público que pode ser fornecido a todos indistintamente, mas pelo fornecimento de certas vantagens aos indivíduos considerados separadamente. Essas vantagens podem até ser oferecidas a todos, mas essa não é uma condição da sua possibilidade, como é o caso em se tratando dos bens públicos.

Nessa categoria destacam-se os serviços sociais, como o seguro-desemprego, o seguro-deficiência, a pensão de aposentadoria, creches, sistemas de saúde, sistemas de ajuda a crianças dependentes, vale-alimentação, merenda escolar e assim por diante. Incluem-se aí também diversos tipos de apoio à educação: universidades públicas, empréstimos subsidiados para os estudantes, bolsas de estudo fornecidas pelo Estado e o apoio financeiro direto e indireto (por meio de deduções tributárias, por exemplo) às instituições particulares de ensino.

De modo mais direto ainda, certos indivíduos podem ser beneficiados pelo sistema tributário por ter de pagar menos impostos do que os outros e ainda receber benefícios custeados pelos impostos de todos. Uma das formas que essa vantagem pode assumir é a isenção tributária de toda a renda abaixo de um certo montante. Outra forma é a possibilidade de se deduzir ou excluir da base tributária certos tipos de gastos ou espécies de renda. Outra ainda é o oferecimento de créditos tributários para certos tipos de gastos, ou medidas como o crédito tributário sobre a renda (*earned income tax credit*), que é na verdade um imposto de renda negativo para os cidadãos de baixa renda. E é evidente que as diferenças na própria estrutura de alíquotas podem ter efeitos consideráveis. Todas essas medidas deixam alguns indivíduos com mais recursos à sua disposição do que teriam se a distribuição tributária fosse diferente, e outros com menos.

Porém, se o que nos interessa são os efeitos das ações do governo sobre o bem-estar dos indivíduos, a provisão direta de benefícios, quer através de instituições públicas, quer através do alívio fiscal, é apenas um elemento do problema. As pessoas são beneficiadas e prejudicadas das mais diversas maneiras, nem todas as quais resultam diretamente da ação governamental. Mesmo estas, porém, podem ainda ser afetadas pelas políticas do governo: os efeitos da política tributária sobre o emprego na iniciativa privada, a produtividade, o crescimento econômico, a poupança e os investimentos, e assim sobre o padrão de vida de todos os cidadãos, são tão importantes para o bem-estar individual quanto as ações diretas do governo.

Isso significa que, do ponto de vista moral, a noção de "considerações pertinentes" tem de ser ampliada de maneira que não se faça uma distinção entre benefícios diretos e indiretos. A esta altura, a questão normativa a respeito dos fins adequados do governo deve ser a seguinte: acaso a promoção do bem-estar das pessoas, ou de alguns aspectos do seu bem-estar, e a prevenção das infelicidades individuais devem ser contadas entre esses fins? Será que os cursos de ação do governo devem ser planejados com o objetivo explícito de eliminar a pobreza, curar as doenças, elevar os padrões de vida médio ou mínimo, aumentar a expectativa de vida das pessoas e torná-las mais felizes? Ou se deve pensar que as pessoas buscarão realizar esses objetivos individualmente e que eles não devem ser assumidos como uma responsabilidade coletiva – que, em especial, não devem ser impostos aos outros por meio de uma coerção governamental que obriga alguns cidadãos a colaborar tributariamente para o bem-estar de outros? (Ou para dizê-lo de modo mais neutro: que, depois de cobrados os impostos, deixa alguns cidadãos com menos recursos para que outros possam ter mais?)

Vemos aí algo muito diferente do raciocínio em favor do fornecimento estatal de bens públicos, que beneficiam a todos indistintamente e em que todos, por isso mesmo, têm um interesse direto e pessoal. A concepção do Estado como um instrumento para a realização do interesse próprio coletivo põe entre os objetivos do Estado o fornecimento dos bens públicos cujo benefício é maior do que o custo, uma vez que assim não terão de ser fornecidos pela iniciativa privada. Essa concepção do Estado nasceu com Hobbes, que pensava que o poder soberano se justificava para impor aquelas condições de relações interpessoais (como as leis relativas à propriedade) que, embora beneficiassem a todos caso todos a elas aderissem, teriam de ser impostas de forma coerciva, pois ninguém teria o interesse de aderir a elas individualmente[5].

As considerações relativas ao bem-estar geral, por outro lado, não podem fazer apelo somente ao interesse próprio de cada indivíduo. Se pensamos que nosso objetivo, através da ação do Estado, não é somente o nosso próprio benefício, mas sim o benefício de todos, temos de aduzir como razão o fato de o bem-estar das outras pessoas ser um bem que temos motivo para prezar, pelo menos no contexto das escolhas políticas.

Com isso abre-se outro tópico bastante amplo: o de como se deve interpretar a idéia de bem-estar ou benefício para uma coletividade de indivíduos, cada um dos quais pode ser afetado diversamente por um mesmo curso de ação política.

V. Eficiência e utilitarismo

A concepção mais conservadora de benefício para vários indivíduos é a concepção do ótimo de Pareto, também chamada eficiência de Pareto. Uma situação "A" é, segundo

---

5. Ver Hobbes (1651), caps. 13 e 14.

Pareto, uma melhora em relação a uma situação "B", ou é dita superior a esta última segundo Pareto, se pelo menos uma pessoa está em melhores condições em A do que em B e ninguém está pior. É claro que ninguém poderia objetar à mudança de B para A, a não ser que fosse por uma questão de imparcialidade ("Por que não eu?"). É evidente que uma melhora segundo Pareto é um tipo de melhora do bem-estar geral. Uma situação é ótima ou eficiente segundo Pareto se for impossível passar dela a uma situação que lhe seja superior, sempre segundo Pareto – se não houver nenhum meio pelo qual alguém possa ficar em melhor situação sem que outro fique pior.

O problema dessa concepção é que ela não tem utilidade alguma para a avaliação dos cursos de ação do governo. É claro que a ineficiência é algo a ser evitado; mas na vida real, para quaisquer dois cursos de ação que possam ser comparados quanto aos seus efeitos sobre os indivíduos, cada qual será melhor para alguns e pior para outros. Uma política generosa de fornecimento de creches públicas beneficiará mais as famílias que têm filhos do que as que não têm; uma política oposta fará o contrário; praticamente qualquer mudança que se opere sobre o código tributário ajudará alguns e prejudicará outros, e assim por diante.

Se a eficiência fosse o único critério, não seria possível escolher entre dois cursos de ação dos quais um não fosse melhor para todos do que o outro. Por isso, os teóricos da moral e da política geralmente lançam mão de concepções mais complexas do bem-estar geral, concepções que permitem que as vantagens e desvantagens que recaem sobre os diversos indivíduos se combinem para a avaliação de um resultado geral e a comparação de alternativas[6]. Essas con-

---

6. Muitos economistas ainda pensam que as comparações interpessoais de bem-estar "não têm sentido", ou pelo menos que é impossível fazer tais comparações. Ver, p. ex., Slemrod e Bakija (2000), 56. Para uma discussão desse pressuposto e das limitações que ele impõe à ciência econômica do bem-estar, ver Sen (1997), 1-23, 112-4; ver também Scanlon (1991). Entretanto, hoje em dia também se costuma revogar a proibição da comparação in-

cepções são verdadeiras teorias da justiça social, pois determinam a estruturação dos sistemas sociais em função dos efeitos globais destes sobre a vida de seus membros, e não se limitam ao simples critério de eficiência.

Dentre as teorias desse tipo, a mais simples e a mais conhecida é o utilitarismo[7]. O utilitarismo toma a felicidade ou o bem-estar dos indivíduos como a medida básica de avaliação moral e, para aferir as conseqüências de um curso de ação, subtrai os custos gerais dos benefícios gerais, sempre usando como medida a felicidade ou o bem-estar. Segundo o utilitarismo, no projeto das instituições e dos cursos de ação política de uma sociedade, deve-se procurar aumentar ao máximo a felicidade total dos membros desta. Trata-se de um critério radicalmente imparcial; segundo o utilitarismo, a felicidade de uma pessoa vale exatamente o mesmo que a felicidade de outra, e, na qualidade de membros de uma sociedade que se preocupa com a justiça de suas instituições, temos de ter tanta consideração pelo bem-estar dos outros quanto temos pelo nosso próprio.

Isso não significa que cada ato oficial deva ter como objetivo o incremento do bem-estar geral, uma vez que algumas das instituições mais úteis para a promoção desse bem-estar, quais sejam, os direitos de propriedade e o sistema

---

terpessoal de modo que os pesos atribuídos aos diferentes níveis de bem-estar possam ser levados em conta pelas funções de bem-estar social; ver, p. ex., Atkinson e Stiglitz (1980), 351-2.

Alguns economistas que se recusam a usar comparações interpessoais mas ao mesmo tempo reconhecem a perfeita inutilidade prática do critério de eficiência segundo Pareto adotam o critério de eficiência de Kaldor-Hicks ou critério da "compensação potencial", segundo o qual uma mudança é uma melhora caso os perdedores possam ter sua perda compensada por transferências vindas dos vencedores e estes, depois de efetuadas as transferências, permaneçam numa condição melhor do que aquela em que estavam anteriormente. Para uma discussão sucinta dessas questões enquanto surgem nas análises econômicas do direito, ver Coleman (1988). Para uma discussão crítica da análise de custos e benefícios, que procura implementar o critério de eficiência de Kaldor-Hicks, ver Kornhauser (2000).

7. Do ponto de vista filosófico, a exposição mais sutil do utilitarismo clássico é a de Sidgwick (1907).

jurídico, dependem da adesão a certas regras sem que o bem-estar tenha de ser levado em conta em cada caso. Mas o critério último, qualquer que seja o objeto de avaliação – atos, leis, convenções ou cursos de ação política –, é o efeito global sobre a felicidade ou o bem-estar das pessoas. Trata-se, portanto, de uma teoria conseqüencialista.

O utilitarismo precisa de uma medida de utilidade que nos permita comparar, somar e subtrair os efeitos que recaem sobre os diversos indivíduos – uma *métrica* (como se diz) que nos diga o que é bom e o que é mau para os indivíduos e o quanto isso é bom ou é mau. Na verdade, não só o utilitarismo, mas todas as teorias políticas que trazem em si um elemento conseqüencialista – teorias que, pelo menos em parte, avaliam os cursos de ação política e as instituições em função dos seus efeitos benéficos e maléficos sobre os indivíduos – necessitam de algum tipo de métrica para poder comparar os resultados de diferentes cursos de ação. É preciso ter uma espécie de "moeda comum" na qual se possa somar o que é bom ou mau para as pessoas a fim de que se possa comparar os efeitos sociais diversos que se exercem sobre muitos indivíduos, com seus diferentes gostos e valores.

A escolha da métrica é objeto de controvérsias. Trata-se de controvérsias normativas ou morais, pois seu objeto é aquilo que se deve levar em conta, na vida dos indivíduos, quando se busca decidir como um governo deve agir em relação a eles. Uma das dúvidas é se a métrica deve ter uma base subjetiva – como a satisfação ou a frustração dos desejos e preferências de cada indivíduo, quaisquer que sejam – ou objetiva – como, por exemplo, uma lista de bens e males tacitamente aceitos como tais, como a saúde e a doença, a longevidade e a morte prematura, a riqueza e a pobreza, o conhecimento e a ignorância, a amizade e a solidão etc. Se aceitamos o objetivo social de maximizar o bem-estar geral sem saber defini-lo, essas questões de medida se tornam importantes para a aplicação de um critério utilitarista.

Porém, de maneira mais geral, a escolha de uma métrica é um ponto importante para qualquer teoria que seja conseqüencialista quer no todo, quer em parte – qualquer teoria que postule a comparação do valor de diversos resultados possíveis. No contexto da teoria política e dos objetivos legítimos de um sistema tributário, é a métrica que vai determinar os tipos de benefícios e proteções que a sociedade tem a incumbência de fornecer a seus membros. Devemos nos preocupar com a satisfação subjetiva das outras pessoas ou somente com certos benefícios mais básicos ou mais concretos? Devemos procurar prover todos os tipos de benefício ou deve a responsabilidade social limitar-se sobretudo à proteção das pessoas contra os males objetivos e ao atendimento de suas necessidades mais essenciais?[8]

Além de usar a felicidade empírica como métrica, o utilitarismo clássico se distingue das outras teorias da justiça por duas características patentes e controversas: a aceitação da agregação e a indiferença à distribuição. Por agregação entende-se a somatória dos benefícios e malefícios presentes nas vidas de diversos indivíduos de modo a chegar-se a um total em vista da avaliação utilitarista dos resultados. Entende-se, em particular, que uma utilidade total constituída de pequenas vantagens para um número suficientemente grande de indivíduos pode superar o prejuízo de um vultoso sacrifício feito por um pequeno número de indivíduos.

Por indiferença à distribuição entende-se que o utilitarismo hierarquiza os resultados unicamente pela diferença entre o total de benefícios e o total de custos, sem dar preferência a uma distribuição mais homogênea dos custos e benefícios entre os indivíduos. O utilitarismo preferiria um total maior de felicidade a um total menor – mesmo que o total maior implicasse uma distância maior entre os extremos, com algumas pessoas no cume da bem-aventurança e outras na mais abjeta miséria, e o total menor resultasse do

---

8. Ver Wiggins (1985).

fato de todos se incluírem numa categoria mais ou menos média.

Essas características levaram alguns críticos a interpor contra o utilitarismo a objeção de que ele não leva a sério as distinções entre as pessoas[9]. Segundo essa objeção, por mais que a agregação e a maximização da felicidade total tenham sentido no contexto das decisões tomadas por um único indivíduo que se depara com a possibilidade de fazer um sacrifício agora para obter recompensas numa etapa posterior de sua vida, a compensação dos custos pelos benefícios, aceitável naquele caso, não é aceitável quando essa compensação se realiza não na vida do mesmo indivíduo, mas na vida de outro, como ocorre nas situações de escolha social. Sacrificar uma pessoa por outra não é o mesmo que sacrificar meu conforto atual pela minha prosperidade futura.

Essas dúvidas motivaram o desenvolvimento de teorias alternativas que incorporam valores distributivos na avaliação e comparação de sistemas socioeconômicos. Esses valores caracterizam-se, em geral, por tenderem de algum modo para o lado da igualdade ou pelo menos à redução de certas formas de desigualdade, quer na distribuição do bem-estar subjetivo, quer na dos recursos objetivos.

VI. Justiça distributiva, imparcialidade e prioridade dos mais necessitados

A forma mais simples dessa preferência é o que se chamou de *doutrina da prioridade pura*, para a qual uma melhora no bem-estar de um mais pobre vale mais do que uma melhora (de mesma magnitude absoluta) no bem-estar de um mais rico[10]. Essa doutrina poderia combinar-se a um critério de maximização do total, calculado dessa nova ma-

---
9. Ver Rawls (1999b), 19-26.
10. Ver Parfit (1991).

neira. A conseqüência disso seria que a prioridade dada à melhora da situação dos mais pobres poderia às vezes ser sobrepujada por melhoras suficientemente grandes para os ricos, ou melhoras para um número suficientemente grande de ricos.

Uma doutrina mais radicalmente igualitária daria uma prioridade estrita à melhora das condições dos mais pobres. É essa a posição que John Rawls chamou de *princípio da diferença*, segundo o qual as diferenças de riqueza e padrão de vida entre grupos sociais diversos só se justificam na medida em que o sistema que gera tais desigualdades também atende aos interesses do grupo mais pobre pelo menos tão bem quanto qualquer outro sistema alternativo atenderia[11]. Esse critério, por comparação com os princípios de maximização, como o utilitarismo, é também chamado *maximini*, que significa "maximização do mínimo". Conquanto o princípio da diferença seja capaz de assimilar grandes desigualdades, a prioridade que dá à condição dos mais pobres é independente do número relativo de pessoas situadas nas diversas posições sociais. Por isso, ele não permite que a agregação de muitas vantagens concedidas aos mais ricos supere em peso as desvantagens de um grupo menor de mais pobres. Numa sociedade em que a classe pobre é relativamente pequena, esse princípio terá conseqüências políticas muito diferentes das do utilitarismo.

Enquanto a doutrina da prioridade pura expressa a idéia de que é simplesmente mais urgente ou mais importante melhorar as condições daqueles que, num certo sentido absoluto, estão em má situação, o princípio da diferença de Rawls deriva de outro ponto de vista moral, que se identifica com uma certa idéia de imparcialidade ou justiça. A noção principal é que, na formação das instituições sociais que constituem a estrutura básica da sociedade, e que portanto moldam a vida de todas as pessoas do nascimento até a morte, existem certas fontes de desigualdade mo-

---

11. Ver especialmente Rawls (1999b), cap. 2.

ralmente arbitrárias – e uma desigualdade moralmente arbitrária não pode ser aceita por uma ordem social justa, a menos que seja inevitável ou se justifique por um fim ou propósito não-arbitrário ao qual serve. Por isso, na opinião de Rawls, as desigualdades de classes socioeconômicas só se justificam se o sistema que as gera também atende melhor às necessidades da classe mais baixa do que qualquer outro sistema mais igualitário.

A idéia é que uma estrutura de classes hereditária distribui desigualmente as oportunidades às pessoas desde o seu nascimento, momento em que não se pode dizer que nenhuma pessoa mereça uma oportunidade melhor do que outra pessoa. O pressuposto que está por trás disso é o de que um sistema idealmente justo daria a todas as pessoas as mesmas oportunidades na vida, e que todo desvio em relação a esse ideal tem de ser positivamente justificado. Não é justo simplesmente deixar que a distribuição desigual de possibilidades se processe sem interferência, a menos que ela sirva a alguma outra finalidade.

Esse ponto de vista suscita uma questão difícil: quais são as fontes de desigualdade na ordem social, se é que existem, que *não* são arbitrárias e assim não precisam ser retificadas?[12] Rawls diz que as preferências familiares e sociais que geram a estratificação de classes produzem desigualdades arbitrárias nas perspectivas de vida das crianças que nascem dentro de uma tal estrutura. Porém, sua afirmação mais famosa e mais controversa é a de que as diferenças de capacidade natural – as desigualdades do que ele chama de "loteria natural" – têm um efeito moralmente arbitrário quando resultam em diferenças de capacidade de obter renda. Assevera ele que, como não se pode dizer que uma pessoa merece as dotações genéticas com que nasceu, o merecimento não pode justificar essa proporção de diferenças de remuneração material entre um trabalhador não-es-

---

12. Ver uma discussão mais ampla sobre esse assunto em Nagel (1991), cap. 10.

pecializado e um profissional liberal plenamente formado que poderiam ser atribuídas às diferenças de dotação genética. Com isso, as únicas possíveis fontes não-arbitrárias de desigualdade são as decisões livres tomadas pelas pessoas, e Rawls duvida de que se possam criar instituições capazes de detectar em que medida a fortuna acumulada por uma pessoa é devida somente às decisões que ela tomou. Essa dúvida, por sua vez, o conduz a sustentar o princípio da diferença, que postula a eliminação de todas as desigualdades até o ponto em que uma igualdade maior só possa ser alcançada às custas de uma piora na situação dos mais necessitados.

Os que não crêem que a solicitude geral pelo bem-estar de todos deve ser um dos fins do governo naturalmente hão de opor-se a essa doutrina, mas mesmo entre os que aceitam esse fim de maneira geral haverá muitos que a considerarão demasiado igualitária. Os utilitaristas, por exemplo, têm motivos sólidos para favorecer um certo grau de igualdade socioeconômica, o mais notável dos quais é a utilidade marginal decrescente dos recursos – que significa que, caso se possa transferir cem dólares de um rico para um pobre, o aumento de bem-estar deste último será muitíssimo maior do que a diminuição de bem-estar do primeiro. Entretanto, esse argumento não basta para justificar a concessão de uma prioridade absoluta à melhoria das condições dos mais pobres independentemente do número de pessoas situadas nas diversas posições sociais.

A diferença essencial está na abordagem teórica. Os utilitaristas e outros partidários da maximização se interessam pela melhora do bem-estar global total, medido por um critério apropriado. Para eles, a redução das desigualdades é somente um meio para a promoção desse fim, e não um fim em si mesma. Já os defensores da justiça pela justiça se preocupam com as condições de interação entre os membros de uma sociedade e com as causas sociais que determinam as suas perspectivas de vida. Crêem que algumas das causas da desigualdade social e econômica são injustas da mesma maneira que a subordinação racial ou sexual é injusta. Também essa idéia está por trás de sua concepção de que a redução dessas desigualdades econômicas é uma exigência da justiça e não um mero elemento do bem-estar geral; logo, ao ver deles, o esforço em prol dessa redução merece receber do governo a mesma prioridade que este atribui à eliminação de outras injustiças, como a discriminação racial, religiosa ou social.

VII. Igualdade de oportunidades

O apelo à justiça não é um argumento conseqüencialista, mas deontológico. Pode assumir outras formas, diferentes da proposta por Rawls. Em vez do princípio da diferença, há quem seja a favor da provisão de um mínimo social decente mas se oponha à concessão de prioridade à melhora da situação dos mais pobres acima desse patamar. Há quem insista no fornecimento de igualdade de oportunidades, como, por exemplo, uma certa garantia de condições materiais decentes, de cuidados de saúde e de acesso à educação para quantos crescem na sociedade em questão; os resultados obtidos dependeriam do uso que as pessoas fazem dessas oportunidades, e o tamanho das recompensas seria proporcional às diferenças de capacidade e de esforço.

Numa estrutura como essa, nossa concepção de justiça e injustiça depende de quais são, ao nosso ver, as causas de desigualdade moralmente arbitrárias, no sentido negativo, e que devem portanto ser eliminadas o mais possível de uma sociedade justa. Na ordem social, as fontes de desigualdade mais evidentemente inaceitáveis são os sistemas de casta deliberadamente impostos ou outras barreiras explícitas pelas quais os membros de certas categorias raciais, étnicas, religiosas ou sexuais são excluídos de posições desejáveis na vida política, social ou econômica. Depois disso viria a estratificação de classes hereditária, na qual as pessoas nascem com oportunidades e perspectivas de vida muito desiguais devido simplesmente ao sucesso ou à sorte de seus pais e avós, e a sociedade nada faz para retificar esse fato. Por fim, mesmo numa sociedade que faz muitas coisas para mitigar essas diferenças de oportunidade, proporcionando cuidado às crianças em idade pré-escolar, um bom sistema de saúde pública e educação pública para todos, ainda restam as grandes desigualdades potenciais devidas às diferenças de talento natural – a capacidade de adquirir as escassas habilidades produtivas altamente valorizadas pelo mercado de trabalho. Na opinião de Rawls, também essas desigualdades econômicas são censuráveis em princípio, uma vez que são devidas a características genéticas que não se podem considerar merecidas, assim como não se pode considerar merecida uma raça, um sexo e a riqueza ou pobreza dos pais.

À parte dessas questões bastante amplas de justiça social, que evidentemente têm relação com o modo pelo qual a política tributária deve tratar as desigualdades de riqueza, de renda disponível, de consumo e de capacidade de obter renda, a meta de evitar as causas arbitrárias da desigualdade pode influenciar também os detalhes da concepção da ação pública do governo. No que diz respeito aos impostos, ela se manifesta em controvérsias que giram em torno da justiça do tratamento tributário diferenciado de pessoas que, embora diferentes entre si, são comparáveis do ponto de vista econômico. A questão se impõe com relação aos que economizam e os que gastam seu dinheiro, aos casados e solteiros, aos que têm filhos e os que não têm e assim por diante. Nos capítulos 5 e 8 discutiremos a relação entre esses problemas menores e a justiça social.

Os exemplos dados até aqui mostram como é amplo o leque de concepções possíveis acerca dos fins legítimos do governo: a proteção dos direitos individuais; o atendimento do interesse próprio coletivo mediante o fornecimento de bens públicos; a promoção do bem-estar geral; a criação da justiça social e econômica pela igualdade de oportunidades ou pela redistribuição. Evidentemente, a posição que assumimos em relação a essas questões terá conseqüências de monta para a política tributária. Quanto mais amplos forem os fins legítimos do governo, tanto mais ele terá o direito de afetar as vidas dos cidadãos e as relações entre eles pelo projeto do sistema de direitos de propriedade. Os efeitos exercer-se-ão em grande escala e os indivíduos ainda terão liberdade para tomar pessoalmente suas decisões e determinar o rumo de suas vidas dentro da estrutura institucional e jurídica criada pelo Estado; mas, dependendo da teoria política que estiver por trás do sistema, essa estrutura poderá ter conseqüências profundas para a gama de possibilidades com que cada cidadão irá se defrontar.

VIII. Os meios legítimos e a responsabilidade individual

Depois de dizer algo acerca dos fins do governo, vamos, obedecendo à classificação grosseira que fizemos, tratar agora da questão dos meios legítimos.

Para começar, está claro que a meta de justiça distributiva que estivemos discutindo dentro da categoria geral dos fins não pode ser separada de uma concepção qualquer da legitimidade de certos meios. Ninguém pode afirmar que o governo deve ter como fim a maximização do bem-estar geral através do fornecimento de benefícios sociais, ou a retificação da desigualdade de oportunidades e da estratificação de classes, sem estar pronto a apoiar também o uso dos impostos para financiar essas atividades; e isso inevitavelmente significa cobrar impostos de certas pessoas para o benefício de outras. Nossos sentimentos a esse respeito dependem da nossa concepção do *status* moral da propriedade privada e das obrigações que, a nosso ver, os membros de uma mesma sociedade têm uns para com os outros.

Segundo uma certa concepção, a tributação é uma apropriação por parte do Estado daquilo que antes pertencia aos indivíduos, e deve por isso contrapor-se a uma objeção inicial à transgressão do direito desses indivíduos de fazer com seus bens o que bem entenderem. Segundo a concepção oposta, aquilo que pertence ao indivíduo é simplesmente definido pelo sistema jurídico como aquilo com que ele pode fazer o que bem entender, depois de cobrados os impostos. Uma vez que não existem direitos de propriedade independentes do sistema tributário, é impossível que os impostos violem esses direitos. Não existe nenhuma objeção inicial a ser vencida; e a estrutura tributária, que, junto com as leis que regem os contratos, doações, heranças etc., entra na própria definição dos direitos de propriedade, tem de ser avaliada em função de sua eficácia relativa à promoção das metas sociais legítimas, entre as quais as metas de justiça distributiva.

Assim, as discordâncias acerca dos meios legítimos se reduzem em parte a uma discordância acerca de como esses meios podem ser descritos. Um lado vai dizer que a tributação em vista da redistribuição toma pela força aquilo que pertence a alguns e o dá a outros; o outro dirá que essa tributação faz uso do sistema das leis para instituir convenções de propriedade que colaboram com a realização de uma ordem socioeconômica justa. Porém, por trás dessa disputa há uma diferença de concepção moral, uma diferença quanto ao papel que se atribui à responsabilidade individual na justificação de um sistema de propriedade.

Como dissemos no capítulo anterior, existem poucos defensores explícitos do *laissez-faire* radical. Mas, mesmo que um sujeito não adote o pensamento rigorosamente libertário de que a propriedade é um conceito moral totalmente pré-político e de que o Estado deve ser estruturado para proteger direitos de propriedade válidos desde o início, ele pode ainda afirmar, num espírito lockeano, que a formulação de um sistema de propriedade deve levar em conta um fator significativo de direitos naturais ou puramente morais, muito embora possa ter também elementos convencionais. A idéia principal dessa linha de pensamento é a de que aquilo que as pessoas possuem, bem como o que recebem em troca do seu trabalho sob uma ordem social justa, deve ter uma relação significativa com os valores da responsabilidade individual e do merecimento. Isso seria um argumento a favor do projeto de um sistema jurídico de direitos de propriedade que refletisse mais o ideal de auto-suficiência do que o ideal da solidariedade social.

O defensor dessa concepção afirmaria que, se uma pessoa trabalha e seu trabalho é regido por um contrato, o resultado moral desse fato, na ausência de quaisquer considerações estranhas à questão, é que ela merece receber o salário combinado e conservar consigo a maior parte desse salário. O envolvimento forçoso de uma terceira parte, como a Receita Federal impondo um desconto na fonte, perturba essa situação moralmente natural e precisa de uma justificação especial. O mesmo valeria para os investimentos que as pessoas fazem com os recursos que possuem na expectativa de obter com isso um retorno, mas correndo também um risco. Não só as perdas mas também os ganhos devem pertencer a elas, em virtude do contrato livre sob o qual foi feito o investimento. E o mesmo se poderia dizer, por fim, do exercício do arbítrio individual nos gastos ou doações feitos com os bens possuídos.

Se é verdade que a responsabilidade e o merecimento devem ter papel de destaque na determinação de um sistema de propriedade justo, isso terá dois tipos de conseqüências. Em primeiro lugar, o sistema terá de oferecer recompensas pelo esforço e pela iniciativa, maiores ainda do que as necessárias para garantir um nível ideal de incentivo. Em segundo lugar, não poderá favorecer esquemas que tirem as pessoas de situações ruins nas quais elas mesmas se meteram por preguiça ou imprudência; mais uma vez, terá de opor-se a tais esquemas com uma força maior do que a necessária para garantir um nível ideal de incentivo. Em outras palavras, uma moral que pregue a auto-suficiência e o merecimento pessoal há de ser contrária, em certa medida, à tendência de reduzir a desigualdade e ajudar os mais pobres.

Esse ponto de vista alia-se naturalmente à idéia de que as pessoas têm o direito de fazer o que quiserem com aquilo que mereceram ganhar – podem até dá-lo a outras pessoas de quem gostem, mesmo que estas, por sua vez, nada tenham feito para merecê-lo. Por isso, conquanto essa linha de pensamento postule uma moral baseada na responsabilidade e no merecimento, ela pode também ser favorável a certas formas relativamente livres de transferência e doação que geram um tipo de desigualdade hereditária que se pode considerar não-merecida. Com isso, corre o risco de cair numa contradição moral.

Mas deixemos essa complicação de lado por enquanto. A questão central é a seguinte: acaso deve a responsabilidade individual ser considerada um fator fundamental no projeto de um sistema de tributação, contratos e direitos de propriedade? É evidente que nenhum sistema viável poderia basear-se totalmente na responsabilidade e no merecimento, uma vez que teria de interferir continuamente nos contratos e nos direitos de propriedade a fim de punir os preguiçosos e recompensar os diligentes. Mas será que a responsabilidade deve ser considerada como um dos fatores? Ou seja, dado um sistema que, conquanto alcance suas outras metas, tira demais dos que merecem ter mais e dá demais aos que não merecem, devemos considerar essa característica como um defeito do sistema?

IX. Recompensas e punições

A oposição entre duas atitudes relativas à idéia de as pessoas merecerem, ou não, aquilo que a economia lhes dá, é análoga a uma discordância com respeito à punição criminal. Neste caso, as duas atitudes são normalmente chamadas de retributivismo e instrumentalismo. O retributivista crê que certas pessoas intrinsecamente merecem ser castigadas por ter feito mal a outras, e que isso justifica em parte a punição determinada pelo direito criminal – a efetuação legal de uma exigência moral natural. É claro que a punição legal também tem um valor instrumental, pois gera temor. Mas, segundo esse ponto de vista, ela também é intrinsecamente justificada.

O instrumentalista, por sua vez, acredita que toda a justificativa de um sistema de punições legais está em sua eficácia para proteger a vida, a propriedade e a segurança. É certo que os criminosos merecem ser castigados, mas só no sentido de que não podem reclamar disso – uma vez que transgrediram regras que têm uma finalidade social útil e cuja violação acarreta penas necessárias para a preservação das próprias regras. Os criminosos, quando pegos, não têm motivos para ter a esperança de não ser castigados.

Segundo uma visão instrumentalista da operação da economia, as pessoas merecem as recompensas de seu trabalho ou de seus investimentos – e também os castigos da preguiça, do imediatismo ou da imprudência –, mas só na medida em que tanto as recompensas quanto os castigos são expectativas legítimas, das quais ninguém pode se queixar. Se é justo o sistema dentro do qual alguém firmou um contrato de trabalho ou de investimento, os resultados de um tal sistema são legítimos e a pessoa que obtém altos rendimentos tem pleno direito a eles. Mas isso não implica nenhum merecimento moral pessoal.

O congênere econômico do retributivista não tem um nome conveniente, mas seria alguém que visse nos direitos naturais de propriedade uma espécie de recompensa pelo trabalho e pelo investimento e atribuísse ao Estado a tarefa de garantir essas recompensas, e não somente a de projetar o sistema de propriedade para atender a esta ou aquela finalidade instrumental. Talvez a versão mais plausível dessa corrente atribuiria um valor intrínseco à preservação de um forte vínculo entre a responsabilidade e os resultados obtidos no sistema econômico, sem porém afirmar que esse vínculo determinaria a estrutura maior do sistema. Assim, haveria uma razão outra que não a mera necessidade de incentivos para se pretender que as recompensas das pessoas fossem proporcionais à sua diligência, parcimônia e capacidade de adiar a satisfação. Mas será que dispomos de razões suficientes para moralizar dessa maneira o sistema econômico? O que queremos saber é se as recompensas se justificam essencialmente por serem incentivos que operam no contexto de um sistema que atende a uma finalidade social maior ou se o dinheiro que as pessoas ganham deve ser considerado propriedade "delas" num sentido mais estrito. A necessidade de incentivos significa que é impossível romper o vínculo existente entre a responsabilidade, de um lado, e o ganho ou a perda, de outro. Porém, essa mesma necessidade seria perfeitamente compatível, em princípio, com uma redução radical das recompensas pelo sucesso e dos castigos pelo fracasso. O que está em jogo não seria mais o certo e o errado, mas uma questão totalmente empírica a respeito dos efeitos econômicos.

O mesmo se poderia dizer, mas com outro fim em vista, acerca de recompensas que são às vezes criticadas por serem grandes demais, como os salários dos grandes atletas, apresentadores de TV e presidentes das megaempresas. Os que pensam que a responsabilidade e o merecimento não devem ser fatores independentes na formulação do sistema responderão que esses salários astronômicos só podem ser julgados caso se faça uma comparação entre a totalidade do sistema que os engendra e alguma outra alternativa abrangente: uma comparação instrumental, tomando-se como critério os resultados que produzem para a sociedade como um todo. As recompensas consideradas isoladamente não podem ser julgadas nem merecidas nem não-merecidas.

No todo, não parece nem necessário nem sequer possível entender em função do merecimento moral o perfil geral da compensação econômica numa sociedade moderna, como se tal compensação fosse um análogo mais positivo do sistema de direito criminal. Mesmo um sistema que determina as possibilidades e alternativas em função de motivos instrumentais mais abrangentes preserva o espaço que cabe ao puro valor da responsabilidade pelas conseqüências das decisões individuais. Com relação a esse contexto de fundo, podemos dizer que duas pessoas que tomam decisões diferentes no trabalho, nas economias e nos investimentos são responsáveis pelos resultados que obtêm, desde que a situação lhes dê motivos suficientes para formar expectativas sobre as quais tais decisões possam se basear. É bom que as pessoas tenham, nesse sentido, algum controle sobre a própria vida, e é bom também que o sistema econômico lhes forneça alternativas em virtude das quais as pessoas possam ser responsabilizadas pelas conseqüências de seus atos[13]. Isso é inseparável do valor da liberdade individual e da autodeterminação, que se preserva até mesmo em ambientes altamente estruturados.

Mas nada disso significa que o valor da responsabilidade individual pode determinar por si só a estrutura socioeconômica básica. A liberdade e a responsabilidade individuais se preservam desde que exista *algum* sistema de propriedade privada e escolha de emprego. Os impostos e as transferências governamentais não eliminam automaticamente a responsabilidade individual: só fazem mudar as condições sob as quais tal responsabilidade deve ser exercida. Sob qualquer sistema, o dinheiro que você ganha é seu porque é fruto do seu trabalho, mas é um erro pensar que o que você realmente ganhou é a renda pré-tributária, e que depois veio o governo e tirou um pedaço do que era seu.

Pode ser que a verdadeira objeção à redistribuição, da parte daqueles que fazem apelo à responsabilidade individual, seja a de que o Estado não tem o direito legítimo de nos constituir coletivamente responsáveis uns pelos outros – pelo bem-estar uns dos outros e pela possibilidade de todos terem oportunidades justas no começo da vida. Temos aí uma discordância sobre os fins, e não sobre os meios. Sob esse ponto de vista, a constituição da estrutura dentro

---

13. Ver Scanlon (1998), cap. 6.

da qual interagimos e tomamos nossas decisões não deve minar a responsabilidade exclusiva de cada qual por si mesmo; por isso, não deve impor uma responsabilidade coletiva pelos outros mediante a implementação de uma concepção igualitária de justiça. E na mesma medida em que o acréscimo de uma responsabilidade pelos outros faz diminuir o âmbito da responsabilidade de cada pessoa por si mesma, pode-se considerar que essa objeção toma por princípio a corrosão da responsabilidade individual. Dar prioridade à maximização da responsabilidade individual entendida nesse sentido, contrapondo-a a outros valores com os quais ela pode entrar em conflito, tais como a promoção do bem-estar geral e a igualdade de oportunidades, equivale essencialmente a negar que, por meio do Estado, todos nós temos responsabilidade uns pelos outros.

X. Liberdade e libertarismo

No entanto, há outro tipo de valor relacionado ao tema da responsabilidade, a saber, o valor da liberdade e da autonomia do indivíduo – o direito de não sofrer interferências nem pressões indevidas ao trilhar o seu próprio caminho. Esse valor é reconhecido como um bem tanto pelas teorias conseqüencialistas quanto pelas deontológicas. Com efeito, em *Sobre a liberdade*, John Stuart Mill afirmou que, se nosso critério máximo de valor social é a promoção da felicidade geral, então a preservação da liberdade individual é um meio essencial para a realização desse fim, uma vez que permite que as pessoas descubram por si mesmas o que as deixa felizes e assim conduz, no decorrer do tempo, ao desenvolvimento de melhores formas e condições de vida. Isso quer dizer que qualquer interferência do governo na vida econômica deve deixar as pessoas livres para manifestar suas preferências do modo mais flexível possível através de suas escolhas econômicas, e não deve diminuir o número de opções, a menos que isso seja inevitável.

Mas a liberdade também pode representar um papel muito diferente nas teorias deontológicas, onde não é um objetivo, mas uma limitação que se impõe sobre as ações admissíveis na busca de outros objetivos. Uma das correntes mais importantes da teoria política moderna é a idéia de que a autoridade do Estado sobre o indivíduo não é ilimitada, por mais digna que seja a meta em vista da qual se exerce o poder estatal. Sob esse ponto de vista, os indivíduos conservam um certo grau de soberania sobre si próprios, mesmo quando são membros de uma ordem social coletiva. A decisão da maioria pode impor-se sobre eles em alguns aspectos, mas não em todos.

Dentre as proteções desse tipo, as mais conhecidas são os direitos pessoais básicos: liberdade de expressão, liberdade de religião, liberdade de associação, privacidade e proteção da pessoa contra a violência física. São esses os elementos básicos de qualquer teoria liberal. Mas também existem aqueles que gostariam de incluir alguma forma de liberdade econômica na categoria das proteções, e isso tem importantes conseqüências para a questão da tributação.

É evidente que uma forma mínima de liberdade econômica é essencial para um sistema liberal: a liberdade de possuir bens pessoais e de fazer com eles o que bem se entender. O que queremos saber, porém, é se uma liberdade econômica muito maior do que essa – a liberdade de trabalhar com impedimentos e condicionamentos mínimos em atividades econômicas significativas, daquelas que movem uma economia de mercado – é um dos direitos humanos básicos e faz parte da autoridade que cada um de nós deve ter sobre a própria vida. Se assim for, a interferência do governo nessa liberdade através da tributação estará sob suspeita e precisará de uma justificativa excepcionalmente forte.

Segundo a versão libertária radical dessa corrente de pensamento, a única justificativa para essa interferência seria a proteção desses direitos individuais e de outros direitos tão importantes quanto esses. Assim, a intervenção do governo na liberdade econômica através da tributação se justificaria pela necessidade de se financiar um exército, um poder judiciário e uma força policial a fim de garantir-se a preservação da liberdade e da segurança e o cumprimento dos contratos e direitos de propriedade. Não se admitiria tributação alguma para promover o bem-estar geral ou assegurar a justiça distributiva e a igualdade de oportunidades.

Porém, mesmo que não se vá tão longe na canonização libertária da liberdade econômica, ainda é possível manter-se uma posição caracterizada por certos elementos libertários, segundo a qual as restrições à liberdade econômica seriam condenáveis em princípio e a tributação em vista do bem geral só poderia justificar-se em casos excepcionais. É evidente que, nos Estados Unidos, a oposição política aos impostos reflete em parte esse ponto de vista. E, como dissemos no capítulo 2, um libertarismo "vulgar" e irrefletido parece determinar tacitamente uma boa parte da literatura tradicional sobre política tributária.

A idéia é a de que o governo, protegendo a propriedade e garantindo o cumprimento dos contratos, deve facilitar para os indivíduos a participação em atividades de cooperação econômica, mas não deve constranger as formas dessas atividades nem sobrecarregá-las de condições colaterais, como impostos, zoneamento e legislação ambiental, a menos que isso seja absolutamente necessário – porque as pessoas têm o direito de fazer o que quiserem com seus bens, desde que não façam mal aos outros. Às vezes, essa política do *laissez-faire* é justificada por argumentos conseqüencialistas – como a melhor para o bem-estar geral –, mas na maioria das vezes reflete uma moralidade política deontológica, baseada na noção de direitos.

Neste ponto, a divisão de opiniões é fundamental. Os liberais igualitários não vêem absolutamente nenhuma semelhança entre o direito de falar o que se quiser, de praticar a própria religião ou de agir segundo as próprias preferências sexuais, de um lado, e o direito de entrar num contrato de trabalho ou de compra e venda sem ter de pagar um tributo, de outro. Na opinião deles, a negação deste último não chega a ameaçar essencialmente o controle que as pessoas têm sobre a própria vida. Certas formas de arbítrio individual – entre as quais o direito hegeliano básico à propriedade pessoal – fazem parte da essência do ser, mas a liberdade econômica total não é uma delas.

Já os libertários estão convictos de que o ato pelo qual o governo se intromete numa transação firmada entre dois indivíduos, aumentando o custo dela pela exigência de que uma porcentagem da troca seja desviada para o erário público, é uma violação grosseira da liberdade pessoal e só poderia justificar-se por motivos graves, análogos aos que justificam o uso da força policial para coibir a criminalidade.

A concepção libertária da propriedade como uma noção moral pré-política não se baseia na idéia de merecimento moral, mas sim na idéia de direito moral. Segundo esse ponto de vista, o indivíduo é inviolável sob certos aspectos. A idéia de que nós merecemos ser o que somos e merecemos as capacidades e talentos com que nascemos pode não ter sentido, mas essas capacidades e talentos são nossos e temos o direito absoluto de usá-los como bem entendermos. Nossa soberania moral original sobre a nossa própria pessoa – um dado moral originário, não criado pelo Estado – nos dá a liberdade de fazer uso de nossas capacidades e deixa claro que os outros não têm o direito de intervir nessa liberdade, a menos que, ao usá-la, venhamos a transgredir os direitos alheios.

O Estado não pode mudar isso. Ele não é um arranjo coletivo pelo qual cada um de nós tem uma participação em todos os demais e que podemos assim explorar para o bem comum. Pelo contrário, cada um tem o direito de decidir o que fazer com as suas capacidades e como usar o produto de qualquer atividade, individual ou cooperativa, que tiver empreendido voluntariamente. Assim como o Estado não tem o direito de exigir que os indivíduos adotem uma determinada religião em troca da conservação da paz e das condições que possibilitam a cooperação, assim também não tem o direito de exigir uma queda nos lucros. Há uma incoerência moral em se defender outros direitos liberais e ao mesmo tempo diminuir o valor da liberdade econômica. É essa a posição libertária. Muito embora não simpatizemos com ela, é evidente que ela tem um apelo considerável e exerce forte influência nos debates políticos.

XI. O significado moral do mercado

Essas discordâncias profundas se expressam em conflitos acerca do significado moral do mercado – uma das instituições mais importantes do mundo social em que vivemos. Boa parte do que se pode dizer sobre ele gira em torno do seu valor instrumental como meio pelo qual se combinam as informações de inúmeras decisões individuais a fim de tornar possível o uso eficiente dos recursos em vista da invenção, produção e distribuição de coisas que as pessoas querem e de que necessitam. Também há muito a se dizer acerca das condições em que o mercado fracassa, o que freqüentemente ocorre em decorrência de fatores externos que pedem uma intervenção centralizada que visa a impedir a produção de um mal, como a poluição, ou a promover um bem, como o transporte público.

Porém, além de produzir e distribuir bens e serviços, a economia de mercado também distribui renda e riqueza através do mercado de trabalho e dos retornos dos investimentos. É essa sua característica que suscita dúvidas morais, algumas das quais já discutimos. No desenrolar de suas outras funções, o mercado gera desigualdades econômicas, em parte por causa das diferenças entre as contribuições produtivas das pessoas, em parte por causa das diferenças de desempenho dos investimentos, em parte por causa da generosidade paterna – e todas essas desigualdades nos levam a nos perguntar se as suas causas são suficientes para torná-las moralmente legítimas. Os que respondem "não" a essa pergunta tendem a ser favoráveis a alguma medida de tributação em vista não só da provisão de bens públicos, mas também da redistribuição.

O significado moral do mercado tem um outro aspecto que permanece mesmo depois de resolvidas as grandes questões da desigualdade socioeconômica. Essas questões distributivas amplas surgem quando examinamos os efeitos de grande escala da economia de mercado. Mas existem também os efeitos de pequena escala, ou seja, o modo pelo qual as escolhas das pessoas numa economia de mercado afetam suas próprias vidas e as tornam pessoalmente responsáveis, em certa medida, pelo curso que sua vida toma entre as diversas opções disponíveis.

É claro que as opções fornecidas pelo sistema são limitadas, e importantes questões de justiça se levantam quando pensamos no que se deve fazer para modificá-las. Porém, uma vez atendidas as condições amplas de justiça distributiva e igualdade de oportunidade, pode ser que a economia de mercado tenha seus méritos não só por ser eficiente, mas também por dar às pessoas uma certa responsabilidade pelo desenho de sua própria vida; o consumo de diversos bens, o lazer, as economias, a energia despendida no trabalho, os luxos materiais de que gozam – tudo isso vai depender das escolhas que elas fazem entre diversas misturas de todas essas coisas.

Também é significativo que o mercado estabeleça, de maneira desejável, uma relação entre as conseqüências das escolhas de cada pessoa e os interesses das demais. Se uso meus recursos para adquirir um bem escasso que muitas outras pessoas também querem, terei de pagar mais do que se quiser algo que não é muito procurado e é fácil de encontrar. Se eu quiser mais coisas iguais às que outras pessoas querem, terei de sacrificar meu lazer e fazer o trabalho que os outros querem a fim de adquirir os recursos necessários para comprar essas coisas.

Em suma, pode-se interpretar moralmente o mercado como um mecanismo que faz de cada ser humano um agente econômico responsável pelo uso do esforço e dos recursos em sua própria vida, e que faz com que os benefícios derivados dessas escolhas dependam sistematicamente dos custos e benefícios para as outras pessoas[14]. Há até quem diga que o mercado coloca as pessoas em pé de igualdade umas em relação às outras, de modo que as diferenças que surgem entre elas resultem todas do exercício de uma mesma liberdade a partir de uma idêntica igualdade inicial[15].

O problema dessa imagem ideal é que, no mundo real, as pessoas não entram no mercado com os mesmos recursos, as mesmas capacidades e os mesmos talentos. Têm alguma responsabilidade pelo que lhes acontece em virtude das suas opções de emprego, investimentos e gastos, mas essa responsabilidade é condicionada por pontos de partida e circunstâncias de escolha bastante desiguais. Mas mesmo que os problemas de igualdade de oportunidades e de justiça distributiva tenham de ser resolvidos em separado, ainda se pode afirmar que a economia de mercado enquanto estrutura de interação tem um valor específico, desde que não seja o único mecanismo a determinar a distribuição dos benefícios econômicos. Isso significa que não existe incompatibilidade entre essa justificação do mercado – como meio de realização da responsabilidade individual – e a inserção, dentro desse sistema, de impostos que modificam as condições básicas de escolha. Os impostos usados para financiar programas que promovem a justiça distributiva ou a igualdade de oportunidades, longe de destruir a relação entre o mercado e a responsabilidade pessoal, ajudam a purificá-la.

Todavia, em qualquer concepção de justiça, a economia de mercado não é um fim em si; pelo contrário, sua função mais importante é a de ser um meio para estimular a produção e gerar riqueza. O sistema de preços é o lugar dos incentivos que motivam as pessoas a fazer o que for

---

14. Para uma discussão crítica da idéia correlata de que o mercado recompensa as pessoas na proporção do que elas produzem, bem como de algumas outras afirmações do significado moral dos mecanismos de mercado, ver Sen (1985); para uma discussão histórica, ver Fried (1998), 130-45. Ver também Gibbard (1985).

15. Ver Dworkin (2000), capítulos 1 e 2.

preciso para sustentar uma economia moderna e produtiva, e é também o mecanismo pelo qual os recursos e o trabalho recebem suas diversas destinações. Por isso, o possível efeito de distorção que os impostos exercem sobre os preços e os incentivos econômicos é um elemento crucial de qualquer debate acerca dos bens e dos males da política tributária.

O debate público se trava, em grande medida, sobre a questão dos efeitos que os diversos impostos terão sobre a produtividade, o emprego e a saúde da economia – que inclui as distorções e as perdas de eficiência. As questões aqui são bem conhecidas: o alegado efeito-cascata da progressividade reduzida – até os assalariados comuns supostamente se beneficiariam do estímulo à inovação e ao investimento se as rendas maiores não sofressem tributação tão pesada; os efeitos sobre a mobilidade do capital quando os ganhos de capital são taxados por alíquotas menores do que os outros tipos de ganhos; os efeitos do imposto de renda empresarial separado e o valor da dedução por depreciação acelerada como incentivo fiscal aos investimentos.

É perpetuamente interessante a questão do efeito das alíquotas diferenciadas do imposto sobre os diversos níveis de renda. Em tese, o imposto deve produzir duas influências comportamentais conflitantes: o efeito de substituição, pelo qual as pessoas trabalham com menos afinco (substituindo o trabalho pelo descanso) quando o retorno pós-tributário por hora de trabalho é mais baixo; e o efeito de renda, isto é, a diminuição da renda disponível, que por sua vez lhes dá um motivo para trabalhar com mais garra[16]. Como um aumento da alíquota do imposto reduz a renda disponível de algumas pessoas e ao mesmo tempo reduz o seu retorno pós-tributário por uma hora extra de trabalho, ele terá ambos esses efeitos e não se sabe qual dos dois tende a predominar, dado um determinado nível de renda e de tributação. É de pensar que o efeito de substituição vai predominar para os que têm muito dinheiro e o efeito opos-

---

16. Ver capítulo 2, seção IV.

to será mais importante para os que têm muito pouco, mas não se sabe o que vai acontecer entre esses dois extremos. Não obstante, deduz-se daí uma certa justificativa para a redução das alíquotas com o aumento da renda, de modo que as desigualdades possam ser resolvidas de modo mais eficaz por transferências diretas de pagamentos e não por uma tributação marcadamente progressiva. Vamos examinar todas essas questões nos capítulos subseqüentes.

XII. Motivações pessoais e valores políticos: a divisão moral do trabalho

Porém, o problema dos incentivos tem um outro aspecto muito interessante para a teoria política normativa: a disparidade que ele revela entre as motivações e os valores pessoais e políticos[17].

Qualquer sistema político que use a tributação como instrumento de realização de uma concepção de justiça social terá atrelado a promoção do bem social coletivo à atividade econômica que ocorre quando os membros individuais da sociedade atendem a seus interesses econômicos isolados e assim criam a riqueza. A renda ou os lucros tributados resultam de uma atividade privada, movida essencialmente pelo interesse próprio; não são gerados a fim de fornir de recursos o erário público. E o projeto do sistema tributário simplesmente parte do princípio de que, quaisquer que sejam os impostos que as pessoas tiverem de pagar, elas, ao tomar suas decisões econômicas, pensarão primariamente nos seus interesses pessoais e não nos da sociedade como um todo.

É por isso que, em se tratando de incentivos, os argumentos podem assumir, por exemplo, a forma da defesa de uma progressividade menor das alíquotas. A alegação é

---

17. Ver uma discussão mais detalhada das questões tratadas nessa seção em Nagel (1991), cap. 6.

que com isso os indivíduos mais inventivos e habilidosos vão se dedicar mais à atividade produtiva e empresarial. Nem mesmo os liberais igualitários consideram razoável a esperança de que as pessoas vão trabalhar com o mesmo afinco independentemente das alíquotas tributárias só para gerar muito dinheiro para a receita federal.

Assim, o típico sistema liberal, que associa uma economia de mercado a diversas ações redistributivas, baseia-se numa nítida divisão entre motivações pessoais e motivações políticas. Na medida em que encara as pessoas como elementos do sistema, ele pede que elas aceitem cursos de ação política que têm por objetivo o bem comum, a justiça, a eqüidade ou uma outra concepção mais precisa de valor social. Na medida em que as encara como indivíduos, por outro lado, parte do pressuposto de que elas vão pensar somente em si mesmas e nas pessoas que lhes são mais próximas e jamais vão levar em conta os interesses de todos, equilibrando-os imparcialmente.

Em outras palavras, no que diz respeito à promoção da justiça social, existe uma divisão do trabalho entre os indivíduos e as instituições sociais. Os filósofos discordam entre si na questão de saber se essa divisão é reflexo de uma divisão mais fundamental entre os princípios morais que regem a conduta individual e os princípios que regem o projeto das instituições sociais. Alguns pensam que as instituições têm o dever intrínseco de demonstrar uma imparcialidade em relação aos interesses individuais ou uma disposição a combater determinados tipos de desigualdade, mas que essas preocupações são muito diferentes das que se exige que os indivíduos tenham em relação a seus semelhantes quando não estão atuando no papel de cidadãos.

Pode-se dizer grosso modo que, segundo essa doutrina da "descontinuidade", os indivíduos como tais podem pensar muito mais em si mesmos e em suas famílias do que nos estranhos, desde que não façam mal aos outros diretamente nem lhes violem quaisquer direitos; mas o Estado tem de atender aos interesses de todos os seus cidadãos de acordo com algum padrão de imparcialidade ou igualdade e pode obrigar os indivíduos a contribuir para com esse fim imparcial através da tributação e de diversos sistemas de redistribuição. Além disso, na qualidade de cidadãos, os indivíduos são obrigados a apoiar essas instituições públicas imparciais, muito embora possam ser parcialíssimos em sua vida particular. Em outras palavras, existem duas morais: uma para o indivíduo e outra para a sociedade.

A doutrina da "continuidade", oposta àquela, reza que os mesmos padrões morais fundamentais impõem-se igualmente aos indivíduos e às instituições, mas que a divisão do trabalho entre as instituições sociais e a responsabilidade individual é o meio mais eficaz de se promoverem os fins da moral – sendo estes uma condição decente de vida para todos, a eliminação das desigualdades sociais mais graves e uma oportunidade para que cada pessoa possa buscar a realização de suas metas e interesses individuais dentro da estrutura de um sistema justo. Em outras palavras, existe uma moral única, que no entanto justifica uma divisão complexa de responsabilidades entre os indivíduos e a sociedade[18].

Ambas as doutrinas procuram dissolver algo que à primeira vista parece ser um paradoxo no funcionamento das instituições democráticas liberais modernas: a separação radical entre as motivações invocadas nos pedidos de apoio político, especialmente os dirigidos aos mais ricos, e as motivações que, segundo se supõe, regem os indivíduos em sua vida privada e profissional. Qual a coerência psicológica da idéia de que as pessoas, em sua vida particular, são gananciosas, competitivas e só pensam em defender os seus próprios interesses e os de sua família, ao mesmo tempo em que, nas escolhas políticas, preocupam-se imparcialmente com os interesses de todos e com a redução da desigualdade entre as famílias, ao ponto, por exemplo, de ser favoráveis à imposição de um tributo sobre elas mesmas para o benefício de outros?[19]

---

18. Ver Murphy (1998).
19. Ver Cohen (2000).

Mesmo que não seja incoerente, a contraposição entre a parcialidade privada e a imparcialidade pública cria problemas quando se trata de obter apoio político para os programas que buscam garantir a justiça socioeconômica. Numa democracia moderna típica, tais programas não sobrevivem se não forem apoiados não só por aqueles que se beneficiam deles, mas também por pelo menos alguns daqueles cujos impostos os financiam e que, sob um regime menos generoso, teriam mais dinheiro à disposição. Parte-se do princípio de que, na conduta individual, essas pessoas, como todas as outras, vão lançar mão de todos os recursos legais para minimizar seus impostos. Nesse caso, por que elas às vezes prestariam seu apoio a leis que aumentam esses impostos? Fazem isso em parte por que querem que as leis imponham tributos a outras pessoas; mas sua motivação não se resume a isso. Há muita gente que parece se sentir à vontade com uma divisão moral do trabalho que delega ao sistema tributário a tarefa de expressar seu compromisso com a justiça social e ao mesmo tempo a deixa livre, na vida particular, para pensar em si mesma o quanto quiser.

O problema político dos impostos é que é arriscado, para um político, fazer apelo a esses anjos em forma humana – os homens e mulheres motivados pela justiça e pela imparcialidade. Pelo menos nos Estados Unidos, quando o assunto são os impostos, os apelos ao egoísmo e à ganância dos eleitores parecem vir sempre em primeiro lugar. Não se sabe como se poderia realizar uma transformação da consciência pública que tornasse a justiça socioeconômica um argumento menos perigoso em prol da tributação. No atual estado de coisas, a alternativa consiste em evitar programas que beneficiem especificamente os mais pobres e oferecer formas mais amplas de assistência social que possam ser entendidas como benéficas para a maioria das pessoas.

Por outro lado, esse estado de coisas pode ser o reflexo de uma convicção moral largamente disseminada: a convicção de que não só como indivíduos, mas também através do Estado, nós não somos obrigados a prestar ajuda aos outros nem a nos preocupar com a imparcialidade, e de que cada um de nós tem o direito de constituir suas preferências políticas com base nos mesmos fundamentos de interesse próprio que regem nossas escolhas econômicas particulares. De qualquer modo, essas questões devem ficar bem claras.

XIII. Conclusão

Os valores que influenciam a avaliação do agir público são bastante diversos, e por isso existem muitos motivos para discordâncias. Em primeiro lugar, existem questões a respeito dos fins legítimos da ação pública – se devem ser definidos pelo interesse próprio coletivo, pelo bem-estar geral ou por alguma concepção de imparcialidade, que inclui a igualdade de oportunidades. Cada um desses conceitos, por sua vez, precisa ser definido de modo mais preciso, particularmente no que diz respeito à maneira correta de se combinar ou equilibrar os diferentes interesses de muitas pessoas. Em segundo lugar, existem questões acerca do limite da autoridade do Estado sobre o indivíduo. É preciso saber ainda se os direitos de propriedade participam da definição desses limites ou se são meras convenções elaboradas em vista de outros fins. Em terceiro lugar, existem questões acerca do papel que cabe à responsabilidade e ao merecimento na determinação das recompensas econômicas das pessoas – e é preciso saber pelo que os indivíduos podem ser responsabilizados e pelo que não podem. Em quarto lugar, existem questões a respeito da importância da igualdade de oportunidades e da relação desta com a desigualdade econômica hereditária – e uma questão mais ampla acerca de quais são as causas sociais da desigualdade distributiva que devem ser consideradas afrontosamente arbitrárias. Por fim, é preciso saber qual é a importância da liberdade de escolha na vida econômica.

A definição da tributação, especificamente, depende da interpretação econômica tanto da autonomia individual quanto da responsabilidade interpessoal – os dois grandes pólos do problema da legitimidade política e da justiça. Quais são os deveres que temos para com nossos concidadãos e que aspectos de nossa vida devem permanecer livres do controle coletivo? São esses valores, associados a determinados pressupostos factuais, que devem ser invocados como justificativa de uma estrutura tributária e do sistema global de direitos de propriedade do qual aquela é uma parte inextricável.

A convicção que determina nossa atitude perante todas as questões mais específicas é a de que não existem direitos de propriedade anteriores à estrutura tributária. Os direitos de propriedade são produtos de um conjunto de leis e convenções do qual o sistema tributário faz parte. A renda pré-tributária, em particular, não tem nenhum significado moral independente. Ela não define algo a que o contribuinte tem um direito natural ou pré-político e que o governo expropria do indivíduo quando cobra seus impostos. Todas as questões normativas acerca de quais impostos são justificados e quais não são devem antes ser interpretadas como questões acerca de como o sistema deve definir os direitos de propriedade que surgem em virtude das diversas transações – emprego, legado, contrato, investimento, compra e venda – sujeitas à tributação.

Essa formulação da questão suscita muitas considerações semelhantes às que surgem em versões mais tradicionais do debate, mas neste caso elas serão aplicadas à avaliação de todo o sistema de regras e de seus resultados, e não à justificativa da transgressão de um direito supostamente natural. As pessoas têm, de fato, direito à renda que recebem, mas a força moral desse direito depende da estrutura de procedimentos e instituições no contexto da qual elas adquiriram essa renda – procedimentos esses que só são justos na medida em que incluem a tributação que promove diversas formas de igualdade de oportunidade, bens públicos, justiça distributiva etc. Uma vez que a renda só configura um direito moral inequívoco na medida em que é justo o sistema dentro do qual é adquirida (e que inclui os impostos), o direito à renda não pode servir de pressuposto para a avaliação da justiça do sistema tributário.

Conquanto esse convencionalismo nos pareça uma simples manifestação de bom senso, admitimos que ele contraria uma ilusão natural que surge sempre que as convenções que regem uma determinada prática são tão disseminadas e entranhadas que acabam por tornar-se invisíveis. Isso vale para as convenções da linguagem, por exemplo, que nos parecem naturais embora saibamos que são altamente arbitrárias. Dizer que é correto chamar o porco por esse nome – por causa dos seus hábitos alimentares e do hábito de chafurdar na lama – seria uma piada: tratar o sentido convencional do nome como um fato natural e usá-lo para justificar a convenção, ou, em outras palavras, para justificar a si mesmo.

O caráter convencional da propriedade é ainda mais difícil de perceber do que o da linguagem; é fácil perder de vista a idéia de que o salário em troca do qual você concorda em vender o seu trabalho, e que seu empregador concorda em lhe pagar, é uma mera cifra a ser registrada nos livros de contabilidade. Só guarda uma relação indireta com os direitos de propriedade sobre a renda disponível que resultarão da transação dentro do sistema legal vigente; e esses direitos só são moralmente legítimos em virtude da legitimidade do sistema. A visão convencionalista, porém, é soterrada por uma intuição simples e inadvertida do que é meu e do que é seu. Mas o fato é que essa intuição depende de todo um sistema de leis que regem a propriedade: ela não pode ser usada como critério de avaliação do sistema.

Essa avaliação tem de decidir como determinar os conceitos de "meu" e "seu"; não pode partir de um conjunto de pressupostos acerca do que é meu e do que é seu. A resposta correta será dada por aquele sistema que melhor atender aos fins legítimos da sociedade através de meios legítimos e sem impor custos ilegítimos. É esse o único modo pelo qual pode ser justificado um sistema de propriedade essencialmente convencional, e portanto um esquema tributário. A justificativa pode fazer referência não só às concepções de bem-estar geral, igualdade de oportunidades etc., mas também às de liberdade individual, merecimento e responsabilidade. Só não pode, no nível dos princípios, fazer apelo aos direitos de propriedade.

4. Redistribuição e ação pública direta

I. As duas funções da tributação

Para começar a discutir temas mais substantivos de política tributária, vamos tratar de uma grande divisão entre dois tipos de contribuição dadas ao caráter de uma sociedade por qualquer regime tributário – conseqüências essas que, juntas, suscitam boa parte das questões filosóficas de justiça social que já identificamos.

A tributação tem duas funções principais. (1) Ela determina que proporção dos recursos da sociedade vai estar sob o controle do governo para ser gasta de acordo com algum procedimento de decisão coletiva, e que proporção será deixada, na qualidade de propriedade pessoal, sob o arbítrio de indivíduos particulares. Essa é a *repartição entre o público e o privado*. (2) Ela é um dos principais fatores que determinam de que modo o produto social é dividido entre os diversos indivíduos, tanto sob a forma de propriedade privada quanto sob a forma de benefícios fornecidos pela ação pública. Essa é a *distribuição*.

Embora muitos programas financiados por impostos desempenhem ambas as funções, as duas são conceitualmente distintas. É importante não perder de vista essa distinção quando se pensa sobre impostos, pois ela não é só uma distinção conceitual; é também normativa. As razões pró e contra a colocação de recursos nas mãos do governo não são necessariamente razões pró e contra a redistribuição desses recursos entre grupos ou indivíduos, e vice-versa. A retórica política tende a identificar o *big government* com a redistribuição igualitária, mas não existe um vínculo necessário entre essas duas posições.

Há quem seja a favor de uma política distributiva fortemente igualitária, de transferências de dinheiro ou subsídios em moeda, mas seja contra toda ação pública direta que vá além de um certo mínimo – deixando os indivíduos totalmente livres para determinar como gastar sua parte do produto social. Por outro lado, há quem seja a favor de uma extensa ação pública direta na educação pública, na saúde, nos gastos militares, no controle ambiental e social, no apoio às ciências, às artes, aos esportes, ao entretenimento e à cultura, mas não seja a favor de nenhuma redistribuição, exceto a que ocorre como um efeito colateral inevitável do financiamento desses bens por meio da tributação desigual de pessoas dotadas de recursos desiguais. É claro que pode haver alguém hostil tanto à redistribuição quanto à ação pública direta, ou favorável a ambas; o que queremos frisar é que a correlação não é necessária e que não teremos uma visão clara das razões concernentes às duas questões se não distinguirmos uma da outra.

Porém, existe mais uma razão para distinguirmos a distribuição da repartição entre o público e o privado: não podemos avaliar as diversas respostas à questão da repartição se não tivermos antes uma resposta à questão da distribuição, pois não podemos comparar o valor do uso público ou privado dos recursos se não soubermos como o controle privado desses recursos, se eles não forem postos para uso público, será distribuído entre os indivíduos.

A eficiência exige que os recursos não sejam empregados publicamente se o uso privado der melhores frutos, e vice-versa; o ideal é que a fronteira entre os dois seja desenhada de modo a igualar o valor marginal dos gastos públicos e privados, estimado esse valor segundo uma medida apropriada. Porém, se a distribuição privada que serve de alternativa para os gastos públicos for injusta, a comparação ficará distorcida: o valor dos gastos públicos será comparado com o valor de gastos privados "errados". O que queremos, num caso ideal, é poder comparar os gastos públicos e privados sob um regime de distribuição entre os indivíduos que possa ser considerado justo.

Alguns gastos públicos por si mesmos têm efeito redistributivo; mas, mesmo no caso dos que não têm, a questão da repartição entre o público e o privado só pode ser resolvida à luz de alguma resposta ao problema da distribuição. Esse problema, como vimos no capítulo anterior, é um dos que mais dão margem a discordâncias. Existem diversas concepções de justiça distributiva, que são igualitárias, utilitaristas e/ou liberais em diversos graus. Além disso, a implementação delas sempre vai exigir algum gasto público, pelo menos para a manutenção do sistema jurídico e o fornecimento de segurança interna e externa – freqüentemente, muito mais do que isso. Mesmo assim, temos de obter pelo menos uma solução esquemática para o problema da distribuição a fim de podermos avaliar os possíveis níveis e métodos de financiamento de gastos públicos como esses.

Essa será uma distribuição puramente imaginária dos recursos entre os indivíduos, representativa de uma determinada concepção de justiça. Uma distribuição real, por sua vez, resultará de alguma combinação de interações econômicas privadas no contexto de condições adequadas de liberdade e oportunidade, de algum grau, talvez, de tributação e transferência, de algumas formas de ação pública direta e de uma tributação diferenciada. Mas a forma que se deseja dar a esses mecanismos não pode ser determinada independentemente de alguns pressupostos sobre a distribuição, pois o único meio para se avaliar um gasto público é compará-lo com o valor do uso privado que os mesmos recursos teriam caso não tivessem sido transferidos – e, para fazer isso, temos de saber quem receberia os tais recursos.

Não se sabe qual a melhor maneira de conceber essa interdependência dos dois elementos da tributação. A implementação de qualquer objetivo distributivo depende de alguma forma de repartição entre o público e o privado, e qualquer repartição entre o público e o privado só pode ser justificada no contexto de algum postulado distributivo. A questão não é tão simples quanto resolver duas equações simultaneamente. As inter-relações são por demais complicadas.

Em primeiro lugar, se pudéssemos supor uma distribuição justa como ponto de partida, poderíamos ajustar o grau e o tipo das ações públicas não distributivas – essencialmente, os bens públicos – de tal modo que as pessoas recebessem o equivalente do valor pago em dinheiro, deixando a cargo do setor público somente aquele tanto que não poderia receber um uso melhor se fosse deixado nas mãos de particulares (pressupondo-se sempre uma distribuição justa). Em segundo lugar, qualquer que seja a nossa concepção de justiça distributiva, não podemos implementar um sistema justo de distribuição sem alguns gastos públicos, de modo que esses gastos específicos não podem ser avaliados tomando-se como critério a distribuição justa da qual eles mesmos são uma condição. Em terceiro lugar, alguns tipos de ação pública direta, talvez a maioria, reúnem em si as funções distributiva e não-distributiva, especialmente pela espécie de tributação diferenciada que as financia; assim, elas ao mesmo tempo criam as condições de fundo para a sua avaliação e podem ser avaliadas segundo esses critérios. Em quarto lugar, todos os impostos arrecadados para financiar a ação pública direta a partir do pressuposto de uma distribuição justa terão efeitos secundários (os chamados efeitos de distorção) sobre a produção e a distribuição, e por isso talvez tornem falso o pressuposto e provoquem a necessidade de se fazer ajustes compensatórios. Tudo isso enreda a justificação num emaranhado quase impenetrável.

E, mesmo assim, parece desejável que a distribuição e a repartição entre o público e o privado sejam tratadas separadamente, pelo menos em certa medida – parece desejável dispor as coisas de tal modo que os indivíduos recebam sua justa cota do produto social e o dólar marginal dos gastos públicos, pelos benefícios produzidos, valha o sacrifício dos gastos privados que de outro modo seriam possíveis sob uma distribuição justa. Para resolver esse problema, os teóricos clássicos, como Knut Wicksell e Erik Lindahl, limitaram-se a pressupor uma distribuição justa entre os indivíduos sem especificar como ela era produzida, e a avaliar a política tributária e a política de gastos como se fossem desvios em relação àquela justa distribuição[1].

II. Quem paga pelos bens públicos

Qualquer alocação de todo o produto social entre os indivíduos é uma ficção, quer se a presuma justa, quer não. São precisos alguns gastos públicos para sustentar qualquer tipo de ordem jurídica e econômica. Mas, só a título de hipótese, vamos supor que os indivíduos que compõem uma sociedade dividem o controle sobre os recursos da sociedade, e vamos deixar por enquanto entre parênteses a questão da distribuição, pressupondo simplesmente que, avaliada por um critério qualquer, essa divisão é justa.

Esse critério pode até ser o critério mínimo associado ao libertarismo, de acordo com o qual a distribuição do

---

1. Ver em Musgrave (1959), cap. 4, uma discussão sobre esses textos. Em Musgrave e Peacock (1958) podem-se ler as traduções de alguns originais para o inglês. Ver, especialmente, Lindahl (1919). O próprio Musgrave propôs uma divisão tripartite das funções do governo: os ramos de Alocação, Distribuição e Estabilização. Os dois primeiros têm relação com nossa distinção entre distribuição e ação pública direta.

Para discussões mais recentes, com referências ao que foi escrito depois de Musgrave (1959), ver Kaplow (1996); Slemrod e Yitzhaki (2001). Somos particularmente simpáticos ao artigo de Kaplow porque ele insiste em separar os efeitos redistributivos da tributação ao determinar o nível ideal dos bens públicos, em vez de englobá-los no cálculo de custos e benefícios mediante o acréscimo de um fator distributivo – como se costuma fazer.

produto social é justa desde que seja efetuada em condições de liberdade natural – através de transações econômicas livremente consentidas e doações e trocas livres sob um sistema jurídico que permita a participação de todos e proteja igualmente todos os direitos de propriedade. Para os fins que agora temos em vista, não o concebemos em sua forma libertária rigorosa, que proibiria a tributação compulsória, mas antes como uma base distributiva para o financiamento dos bens públicos. Essencialmente, isso significaria que não existem critérios substantivos de justiça distributiva, mas somente critérios de procedimento, e que a justiça considerada em si não requer redistribuição alguma, nem mesmo para garantir a igualdade de oportunidades[2].

Mas poderíamos também supor que a justa distribuição exige um mínimo social, ou a igualdade de oportunidades, ou algum princípio mais firme de igualdade. Vamos somente supor que, por mais igualitária que a concepção seja em espírito, uma distribuição justa sempre vai envolver uma substancial desigualdade de recursos. É uma questão de simples realismo. Mas deixaremos indeterminada, por enquanto, a natureza de uma distribuição justa, a fim de podermos tratar da ação pública direta. Como qualquer concepção substantiva de justiça distributiva terá na prática de realizar-se parcialmente através da ação pública direta, os dois temas terão de ser reunidos mais à frente.

Quando se supõe como pano de fundo alguma solução para o problema da distribuição, o motivo principal da ação pública direta passa a ser o fornecimento de bens públicos – ou seja, aqueles dos quais nenhum indivíduo pode ser excluído, uma vez que não podem ser fornecidos a ninguém a menos que sejam fornecidos a todos. Entre eles incluem-se coisas como a segurança externa e interna e a manutenção do sistema jurídico, o qual permite que a liberdade natural governe a criação e a distribuição dos recur-

---

2. Uma concepção como essa é defendida em Epstein (1985), 7-18, 283-305; e Epstein (1987).

sos; mas incluem-se também, talvez, diversos outros bens culturais, sociais e ambientais que afetam positivamente a qualidade de vida.

Há uma complicação que notaremos agora e depois deixaremos de lado: nem todos vão "consumir" na mesma medida cada um desses bens públicos. A Guarda Costeira e o serviço de previsão de furacões, por exemplo, não têm grande valor para os moradores de Nebraska – embora o alerta de tornados contribua para equilibrar as coisas. As artimanhas dos políticos podem às vezes lidar com esses problemas de maneira rápida e expedita, uma vez que são muitos os bens públicos que competem pelos recursos disponíveis. A divisão da base tributária entre o município, o estado e o país também pode garantir que as pessoas recebam os bens pelos quais pagam. Entretanto, nas discussões a seguir, vamos deixar de lado essa complicação e considerar como bem público qualquer bem que não possa ser fornecido a indivíduos específicos, mas, para ser fornecido, tenha de ser posto à disposição de todos.

Também poremos de lado, por enquanto, uma outra linha de gastos públicos, que podem ser adequadamente chamados de *deveres públicos*. Embora nem todos concordem com isso, um grande número de pessoas pensa que – independentemente das exigências da justiça distributiva – nós temos, de alguma forma, a obrigação coletiva de contribuir para prevenir ou aliviar grandes desastres, como a fome, as epidemias e a degradação ambiental; e temos talvez, além disso, a obrigação de apoiar certos bens intrínsecos, como a arte (o que inclui a preservação do patrimônio artístico). Essas obrigações, caso existam, transcendem as fronteiras nacionais e podem ser fortes o suficiente para justificar uma imposição do governo sobre os cidadãos. Estaria justificada, por exemplo, a cobrança de impostos para fornecer ajuda a países paupérrimos ou para um programa de apoio governamental às artes. Tal justificação não se basearia nos benefícios que essas coisas proporcionam aos cidadãos, mas no dever que os cidadãos têm de apoiá-las.

Mais tarde voltaremos a esse assunto. Por enquanto, falaremos somente dos bens públicos que são bens *para* o público. E deixamos entre parênteses a questão distributiva, supondo hipoteticamente, como pano de fundo, uma distribuição desigual mas justa.

Ao determinar o nível, o tipo e a forma de financiamento de cada um desses bens públicos, determinaremos também *ipso facto* o que permanece sob o controle privado de cada indivíduo. E se a distribuição anterior é justa, vamos querer que cada pessoa receba aquilo pelo que paga com seu dinheiro quando este é captado pela coisa pública. Uma vez que a exclusão não é possível, não podemos pedir que cada qual só compre aquela quantidade de proteção militar, por exemplo, que ele quer e acha que pode pagar. Também não podemos oferecer a proteção cobrando de todos a mesma quantia – inclusive dos que não pagam. Temos de dar a todos o mesmo nível de proteção ao mesmo custo *per capita* de gastos públicos, muito embora o valor monetário desse custo seja diferente para cada pessoa.

O principal motivo dessa diferença de valor não é que certas pessoas têm mais consciência dos perigos de uma invasão militar, mas que algumas têm mais dinheiro, de tal modo que o dólar com que elas contribuem para a defesa não é um dólar que seria gasto em necessidades básicas, mas em algo menos importante. Quanto mais dinheiro você tem, tanto menos vale para você o dólar marginal; assim, a utilidade marginal dos seus gastos com a defesa ou com seus fins particulares alternativos se iguala num nível mais alto do que se igualaria se você tivesse muito menos dinheiro – sempre partindo do pressuposto de uma distribuição desigual, mas teoricamente justa.

Assim, o melhor que podemos fazer é situar os gastos públicos num nível financiado por contribuições desiguais dos indivíduos, contribuições essas que se aproximem o mais possível de igualar, para cada um deles, a utilidade marginal dos gastos públicos e privados. Para qualquer nível dado de gastos totais com a defesa, a proteção resultante valerá mais dinheiro para os que têm mais do que para os que têm menos, de tal modo que, se os primeiros pagarem mais, o sistema será mais eficiente. É claro que os idealizadores do sistema terão de adivinhar esses valores, uma vez que o mercado não os revelará. É difícil saber se os mesmos valores podem ser revelados pelo processo político.

Isso é completamente diferente da fixação de preços e da distribuição das mercadorias no mercado livre. Se um bem – aspargos, por exemplo – pode ser comprado por um indivíduo sem ser fornecido a todos, e se o seu fornecimento ocorre dentro de um mercado competitivo, as conseqüências serão duas: em primeiro lugar, as pessoas que têm mais ou menos riqueza ou renda mas que gostam igualmente de aspargos comprarão uma quantidade maior ou menor desse bem por um determinado preço; em segundo lugar, todos os compradores poderão comprar aspargos pelo mesmo preço – que, para alguns, é o máximo que eles estariam dispostos a pagar por alguns ramos de aspargos, mas para outros, mais ricos do que eles, está bem abaixo do máximo (ou preço de reserva) que eles estariam dispostos a pagar, mesmo por todos os aspargos que fossem capazes de comer. Por isso, um mercado competitivo de bens privados cria automaticamente um grande excedente – a diferença entre o preço real e o preço de reserva – para as pessoas que têm muito dinheiro. Os pobres só se beneficiam desse excedente no caso de bens privados muito baratos, como o sal ou os relógios digitais. Para eles, a maioria das coisas não parecem baratas, uma vez que fazem a maioria de suas compras bem perto do preço de reserva.

No caso de um bem público, os indivíduos não podem adquiri-lo em diferentes quantidades e não existe a necessidade de cobrar o mesmo de todos; por isso, o excedente não se distribui automaticamente de maneira radicalmente desigual. O que o Estado precisa se perguntar, então, é qual a quantidade *única* desse bem que deve fornecer a todos, e quanto deve cobrar, *separadamente*, de cada um. São perguntas muito diferentes das que se colocam para o produtor de um bem privado: que preço *único* cobrar de todos de modo que o total de vendas, de quantidades *diferentes* para os diversos indivíduos, renda o máximo de lucro? O governo deve operar mais como um monopólio com discriminação de preços. Precisa saber o quanto o bem público vale para cada indivíduo e cobrar de cada um esse tanto, financiando o custo total do bem com a soma dessas avaliações desiguais e estabelecendo o nível da ação pública direta num ponto em que para cada pessoa a avaliação de preço seja igual ou menor que o preço de reserva da pessoa para aquele nível.

Certos níveis altos de ação pública direta não atendem a essa condição, pois custam mais do que a soma de quanto valem para os indivíduos cujos impostos devem financiá-los. Não há meio de distribuir-lhes os custos de tal modo que sua utilidade marginal não seja mais baixa que a utilidade dos usos privados do mesmo dinheiro, pelo menos no caso de alguns contribuintes. Por outro lado, há níveis claramente ineficientes de ação pública direta, que necessariamente deixam nas mãos de alguns contribuintes um dinheiro que teria maior utilidade marginal se fosse tirado deles para aumentar a quantidade do bem público oferecido.

Entre esses dois extremos há os níveis eficientes de ação pública direta e alocação de custos, que não excedem o preço de reserva de nenhum contribuinte. Nessas soluções, não é possível melhorar a situação de ninguém (por meio de uma mudança dos impostos ou do nível de ação pública direta) sem piorar a situação de outro. Entretanto, como existem muitas soluções eficientes nesse sentido, a eficiência por si só não basta para determinar uma escolha entre elas. Mesmo que os contribuintes paguem desigualmente pelo custo dos bens públicos, de acordo com o valor diferente que o dinheiro tem para eles, na maioria dos casos haverá um excedente que pode ser distribuído entre eles de diversas maneiras. Isso ocorre porque, em geral, o custo total de um bem público é menor do que a soma dos preços de reserva dos indivíduos, dado um nível determinado de ação pública. Por isso, há determinados níveis de segurança nacional, por exemplo, ou de limpeza de ruas, cujos custos podem ser cobertos por mais de uma divisão entre os contribuintes sem exceder o preço de reserva de ninguém. Com efeito, pode haver muitas espécies de bens públicos às quais essa regra se aplica para qualquer nível de ação pública até o nível de saturação – ou seja, o nível em que a utilidade marginal cai a zero e ninguém quer mais navios de guerra ou varredores de rua, qualquer que seja o preço que se tenha de pagar por eles.

Vamos supor que exista um nível de saturação para a defesa nacional; que um de nossos contribuintes, chamado Pobre, esteja disposto a pagar um máximo de 10% de uma renda de 20.000 dólares para chegar a esse nível, e que o outro contribuinte, Rico, esteja disposto a pagar até 30% de uma renda de 100.000 dólares; e que o custo desse nível para cada cidadão (por cabeça) seja de somente 10.000 dólares. Evidentemente, o sistema seria ineficiente se tirasse 10.000 dólares do consumo privado de cada um deles, uma vez que com isso Pobre ficaria mais pobre. Também seria ineficiente se optasse por um nível menor de ação pública. Porém, se é esse o nível determinado pelo Estado, será que Pobre deve pagar 2.000 dólares e Rico, 18.000 dólares? Ou será que Rico deve pagar 20.000 dólares e Pobre não deve pagar nada? Ou, ainda, será que cada um deles deve pagar uma parte do total na proporção dos seus preços de reserva – ou seja, 18.750 dólares e 1.250 dólares? (Não que essas sejam as únicas alternativas eficientes.) Essas alocações não só são todas eficientes como também igualam a utilidade marginal da defesa nacional e dos gastos privados para cada contribuinte – uma vez que a utilidade marginal do dólar gasto em defesa para cada um deles depende do quanto o outro está pagando.

A escolha feita pelo Estado nesse seu papel de monopólio com discriminação de preços inevitavelmente suscita não só questões de eficiência, mas também questões de justiça. Essa justiça pode não ser idêntica à justiça distributiva, uma vez que a questão pode se colocar mesmo no contexto de uma distribuição que não esteja sujeita a critérios desse tipo. Mas nem um libertário poderia deixar nas mãos do mercado, ou de um mercado imaginário, a determinação dos preços dos bens públicos[3]. Assim, vemos que questões distributivas estão inevitavelmente envolvidas no problema da ação pública direta, mesmo para aqueles que não acreditam em justiça distributiva no sentido que comumente se dá a essa expressão.

A avaliação proporcional ao benefício, medido pelos diferentes preços de reserva, parece ser um critério plausível, e na verdade redundaria em alíquotas significativamente progressivas. Por isso, nesse contexto restrito, pode-se postular a aplicabilidade de algo que se assemelha ao princípio do benefício, que já rejeitamos como princípio geral de justiça tributária. Contra o pano de fundo de uma distribuição supostamente justa, o financiamento dos bens públicos pode ser arranjado de maneira proporcional aos benefícios. Mas essa é apenas uma possibilidade: há outras teorias de justiça distributiva que podem aplicar-se mais diretamente a essa escolha.

Porém, mesmo que um elemento distributivo tenha de entrar nessas escolhas em virtude dos excedentes, é importante reconhecer que, dado um contexto de distribuição desigual dos recursos, a eficiência considerada em si sempre há de determinar fortes desigualdades na alocação da captação de recursos para os bens públicos por meios tributários. As alocações de custo eficientes, dentre as quais temos de escolher, já são significativamente desiguais, de um modo correspondente à desigualdade de fundo. (No exemplo acima, ficam entre 18.000/2.000 e 20.000/0.)

Em certo sentido, um tal sistema sempre vai parecer redistributivo quanto a seus efeitos, se não quanto às suas intenções. Para tomarmos outro exemplo, se os ricos estiverem dispostos a pagar muito para ter as ruas limpas e os

---

3. Ver Samuelson (1954).

pobres só puderem pagar pouco para o mesmo fim, os pobres terão as ruas limpas de qualquer modo – coisa que por si mesmos eles não poderiam fazer – e a um custo pago em grande medida pelos ricos. Mas só existem duas alternativas: ou os pobres, para ter as ruas limpas, teriam de pagar mais do que esse serviço vale para eles, ou as ruas dos ricos ficariam sujas e, em troca, eles teriam à sua livre disposição uma renda que vale menos para eles do que se fosse usada para limpar as ruas. Por isso, na verdade, o que motiva a solução não é a redistribuição, mas a eficiência.

III. Quais bens são públicos?

Os partidários do mercado tendem a ver uma eficiência maior na minimização dos gastos públicos e no fornecimento do maior número possível de bens através de contratos privados. Thomas Schelling chegou a sugerir que os pobres tenham permissão oficial para constituir aeroportos e companhias aéreas que ofereçam um nível menor de segurança do que o exigido pelos ricos – uma vez que isso, para os pobres, valeria o dinheiro assim economizado[4]. Afinal de contas, do ponto de vista monetário, os ricos dão muito mais valor à vida do que os pobres. Mas existem muitos casos em que não existe um substituto individualizado adequado para os bens públicos – não só os do Estado mínimo, que se limita a pôr um policial nas ruas à noite, mas também outros. Os ricos podem se entrincheirar juntos em condomínios fechados, de ruas limpas, belo paisagismo e segurança perfeita, mas nem para eles isso é suficiente. Também eles querem poder viver e trabalhar em cidades seguras e belas, com pessoas diferentes ao seu lado. Se tudo ficasse a cargo do mercado, de certo modo todos ficariam em pior situação do que de outro modo poderiam ficar.

---

4. Ver Schelling (1984).

Pode até ser que a justificação da ação pública direta não em vista da redistribuição, mas para fornecer bens públicos de maneira mais eficiente – bens que beneficiam indistintamente a todos –, possa ser estendida de maneira a abarcar um bom número desses bens. Os bens públicos clássicos são a defesa externa, a segurança interna, o sistema jurídico, a proteção ambiental e a saúde pública. Mas talvez haja também importantes bens estéticos, culturais e sociais que não podem ser fornecidos pela iniciativa privada. Caso se possa garantir um nível de educação decente para todos, independentemente da sua capacidade de pagar por isso, o resultado será uma sociedade onde quase todos viverão melhor do que viveriam caso uma grande parte da população não soubesse ler, escrever e contar. Quer isso se realize por meio de escolas públicas, quer por meio da facilitação do estudo em escolas particulares por meio de subsídios ou bolsas, os benefícios não ficam limitados aos estudantes. Se os ricos derem um apoio considerável à educação universal, mesmo que a contribuição tributária dos pobres seja mínima, produzir-se-á um resultado social e econômico vantajoso não só para os pobres como também para os ricos.

Coisas semelhantes se poderiam dizer do apoio às artes de espetáculo a fim de se formar um ambiente cultural criativo, do apoio à pesquisa científica e acadêmica etc. Por fim, e em função da mesma consideração de eficiência, podem-se defender também as políticas tradicionais de bem-estar social que garantem um padrão de vida mínimo ou uma renda mínima a todos os membros da sociedade. Esses programas são geralmente considerados atividades redistributivas, mas a alternativa a um mínimo social decente é uma sociedade em que existe uma pobreza real, o que freqüentemente resulta no aumento do crime, da dependência de drogas e do número de filhos de mães solteiras – todos eles fatores que impõem seu custo não só aos pobres, mas a todos. Para dizê-lo de modo sombrio, o custo de um subsídio de renda aos trabalhadores não-especializados, de modo a torná-los capazes de sustentar uma família, pode ser compensado pela diminuição dos gastos com a construção de prisões e com a polícia, diminuição essa produzida por uma tal mudança; isso sem mencionar a mudança do ambiente social, valiosa para todos[5].

Mais uma vez dizemos que esses programas não seriam redistributivos no sentido que comumente se dá ao termo, ou seja, não beneficiariam somente alguns à custa de outros. Os pobres se beneficiariam, mas na mesma medida em que os ricos também se beneficiassem. O tamanho do benefício conferido aos pobres dependeria do ponto de igualdade do benefício marginal oferecido aos ricos por diversas categorias de gastos – com quanto as pessoas endinheiradas poderiam contribuir antes que os usos alternativos de seu dinheiro (o que inclui o consumo privado) passassem a valer mais para elas. Trata-se de algo diametralmente oposto ao princípio da diferença de Rawls.

Assim, a redução da desigualdade social e econômica é vista como um bem público, cujos custos são pagos de acordo com o valor monetário do mesmo bem para os contribuintes individuais. Esse caso difere do caso da defesa nacional, por exemplo, na medida em que é absurdo cobrar impostos dos pobres a fim de aumentar-lhes a renda disponível. Porém, o motivo ainda é a eficiência e não a justiça – um apelo direto aos interesses pessoais de cada um, sem impor-se nenhum sacrifício a ninguém. São evidentes as vantagens políticas de se representar desse modo as medidas de bem-estar social, mas isso não quer dizer que essa representação seja totalmente vazia de sentido.

Se, porém, o argumento da eficiência caminhar na direção oposta e favorecer a construção de prisões de preferência ao fornecimento de um mínimo social – ou se, por um motivo qualquer, os ricos não se sentirem mal de viver numa sociedade cheia de miseráveis (afinal de contas, re-

---

5. Esse argumento baseado na pura eficiência é declarado de modo convincente por E. M. Phelps em sua recente defesa dos subsídios para complementação de salários; ver Phelps (1997).

solve-se assim o problema da obtenção de criadagem), teremos de dar à questão da distribuição uma consideração independente. Até agora, neste capítulo, estivemos querendo saber como determinar o nível adequado de ação pública direta em relação a certos critérios mínimos de justiça que devem ser atendidos por uma distribuição dos recursos entre os indivíduos particulares. Inclui-se aí o critério libertário. Agora temos de considerar outras alternativas de fundo, alternativas que impõem mais restrições. Trata-se novamente, na teoria, de uma questão anterior à da repartição entre o público e o privado, uma vez que uma concepção mais substantiva de justiça distributiva não precisa necessariamente ser implementada por meio do fornecimento público direto dos benefícios: o nível de ação pública direta é logicamente secundário e, como dissemos, só pode ser determinado em função de uma resposta à questão da distribuição.

IV. Redistribuição

Isso é problemático para as teorias de justiça substantivamente redistributivas. Não se sabe como se pode efetuar uma distribuição utilitária ou rawlsiana sem especificar o nível esperado de ação pública direta. Mas vamos deixar essa questão de lado por enquanto e simplesmente observar que muita gente seria a favor de um critério francamente redistributivo de justiça econômica e social. De acordo com um tal critério, as condições libertárias de procedimento não são suficientes para garantir a justiça dos resultados das transações econômicas. Entre as concepções desse tipo, podemos mencionar: (a) aquelas que postulam outras condições de procedimento, como alguma forma positiva de igualdade de oportunidades através da educação, da saúde, do fornecimento de serviços de cuidados para as crianças novas etc.; (b) aquelas para as quais um mínimo social decente é um bem em si; (c) as concepções utilitaristas que exigem a transferência de recursos dos ricos para os pobres em virtude da diminuição da utilidade marginal da maioria dos bens materiais; (d) as concepções liberais igualitárias como a de Rawls, que associam a liberdade de oportunidades à priorização da melhora das condições dos mais pobres. Não vamos avaliar os méritos de cada uma dessas concepções por enquanto, mas vamos nos concentrar na relação delas com a questão da repartição entre o público e o privado, repartição essa que agora tem de atender a duas finalidades ao mesmo tempo: a justiça distributiva e o financiamento dos bens públicos.

A redistribuição não precisa se dar através da ação pública direta, mas pode ser feita dessa maneira, e é importante decidir se as transferências redistributivas serão feitas em dinheiro ou em espécie. Porém, mesmo deixando-se de lado as ações públicas de intenção especificamente redistributiva, haverá também conseqüências para o fornecimento público de bens cuja função não é a redistribuição. O financiamento desses bens pela receita dos impostos não atenderá mais somente à eficiência, como na discussão anterior, mas também a uma finalidade redistributiva. Considerações distributivas vão influenciar a alocação dos custos dos bens públicos entre os contribuintes, e não só a alocação do excedente, que já discutimos. Isso tem de ser feito mesmo que o fator principal para a determinação da quantidade ou *nível* apropriado de bens públicos ainda seja a eficiência medida em relação a uma distribuição de fundo supostamente justa.

Como dissemos, a divisão abstrata do processo de justificação em dois estágios é problemática e altamente artificial. (Quando o princípio distributivo é utilitarista, essa divisão é ainda mais peculiar, uma vez que então dois argumentos utilitaristas se sobrepõem um ao outro.) Entretanto, vamos supor que é possível conceber a solução do problema da distribuição como logicamente anterior, sem especificar como deve ser implementada e sem ainda fazer nenhuma suposição acerca da ação pública direta. Teríamos então uma base para determinar o nível eficiente de um bem público como a defesa nacional, tanto em comparação com outros bens públicos quanto em comparação com os gastos privados. Determinando isso, teríamos já determinado a parcela de custos com a defesa com que teriam de arcar os diversos indivíduos, a partir dos diferentes recursos que eles têm nessa justa distribuição. Por fim, poderemos ajustar pelos impostos os custos com que cada um deles terá de arcar de fato, e essa será uma das maneiras pelas quais criaremos a distribuição justa. Isso significa que a redistribuição geralmente se efetuará por meio de transferências diretas e também por meio da diferenciação das contribuições votadas ao financiamento dos bens públicos. Mas é importante conceber que esses bens são financiados em parte pelos recursos daqueles que se beneficiam da redistribuição.

Vamos supor que Rico tenha uma renda pré-distributiva de 100 e Pobre tenha uma renda de 10, e que a justiça distributiva exija que Rico transfira 10 para Pobre, de modo que eles fiquem com 90 e 20 respectivamente. Vamos supor ainda que, em relação a essa distribuição supostamente justa, um nível de gastos com bens públicos no qual Rico contribua com 30% de 90 e Pobre contribua com 10% de 20 iguale para ambos a utilidade marginal dos gastos públicos e privados. Esse resultado pode ser obtido cobrando-se 29 de imposto de Rico para o orçamento dos bens públicos e transferindo-se outros 8 de Rico para Pobre.

V. Transferência ou ação pública?

Com isso, ainda fica em aberto a questão de como se implementar a redistribuição se não for conjugada ao financiamento dos bens públicos. Como decidir entre a ação pública direta e a simples transferência de recursos privados? A questão se complica ainda mais pelo fato de que certos tipos de ação pública podem cumprir uma dupla função, uma vez que podem justificar-se tanto como bens públicos quanto como formas de redistribuição; as próprias razões daqueles que lhes prestam seu apoio político podem estar mescladas. Isso se evidencia pela discussão anterior dos argumentos em favor de um mínimo social, dos serviços de saúde, da educação universal etc., não motivados por uma finalidade distributiva, mas pela eficiência. Porém, tanto num caso como no outro, parecem haver motivos razoáveis para se fornecer alguns desses benefícios em espécie em vez de fornecer tudo sob a forma de dinheiro vivo. Não é preciso que essa ação pública tome a forma de escolas e universidades públicas ou de um serviço nacional de saúde: certas coisas podem ser feitas com vales dedicados a certos fins, vales para a compra de alimentos ou concessões de moradia – preservando assim algumas das vantagens dos mecanismos mercadológicos de fornecimento e distribuição. Porém, existe mais de um motivo para favorecer o fornecimento de bens em espécie.

O mais importante é aquele descrito por T. M. Scanlon em "Preference and Urgency"[6]. Mesmo que as razões de se ajudar os necessitados sejam declaradamente redistributivas, a medida de valor usada por uma determinada concepção de justiça distributiva deve ser objetiva o suficiente para ser aceita do ponto de vista da diversidade de sistemas de valores presentes na sociedade. A satisfação das preferências individuais, sejam elas quais forem, não atende a esse critério. Podemos até sentir que temos o dever de proporcionar uns aos outros as condições de justa igualdade de oportunidades ou um padrão de vida decente, mas isso não significa que temos o dever de ajudar um indivíduo a obter outra coisa em vez dessas pelo simples fato de ele dar mais valor a ela do que a essas.

No exemplo de Scanlon, se alguém prefere comer mal para construir um monumento ao seu deus, isso não significa que, se nós sentimos que temos a obrigação de contribuir para que ele possa comer o suficiente, tenhamos de nos sentir também no dever de contribuir com uma quantia

---

6. Scanlon (1975).

equivalente para que ele construa seu monumento. Na mesma medida em que o fornecimento de bens em espécie desencoraja essas permutas e garante que a redistribuição se efetue tendo por veículo algo a que todos dão valor, ele tem uma vantagem sobre a redistribuição monetária. Isso se aplica *a fortiori* ao caso em que a redução da desigualdade socioeconômica também se justifica por ser um bem público. A melhora em questão tem de ser considerada valiosa por todos, e benefícios específicos têm maior probabilidade de produzir os efeitos sociais desejados.

Existem também motivos que justificam o paternalismo no que diz respeito ao atendimento de necessidades básicas: saúde, educação, aposentadoria e segurança contra a invalidez física e o desemprego. A comunidade pode ter razão de não confiar em que os indivíduos sejam prudentes quanto a isso, sobretudo quando não têm muito dinheiro. Para fins políticos, o melhor talvez seja fazer com que esses programas paternalistas sejam universais em sua aplicação; mas seus efeitos mais importantes se exercem sobre aqueles que não dispõem de uma quantidade substancial de recursos particulares excedentes que possam ser usados como "câmara de descompressão" contra os efeitos da imprudência.

Não obstante, é difícil ter certeza de que esse é o melhor curso de ação. É possível que, na implementação de uma redistribuição substantiva, a linha da repartição entre o público e o privado tenha de ser desenhada de tal modo que a parte do leão dos recursos distribuídos fique sob controle privado, tanto por um motivo de eficiência quanto para promover o valor da autonomia. A conhecida afirmação retórica dos conservadores, de que as pessoas sabem melhor do que o governo o que preferem fazer com seu dinheiro, associa na verdade duas afirmações distintas: (1) a de que o dinheiro que as pessoas ganham antes de pagar impostos é delas, e portanto não se deve exigir que elas o repartam com os outros; e (2) que, qualquer que seja a quantidade de dinheiro de que disponham, o melhor é deixar a administração e o gasto desse dinheiro nas mãos delas mesmas, a fim de que possam controlá-lo de acordo com seus próprios valores e juízos. A primeira é uma afirmação contra a redistribuição; a segunda é a favor da autonomia. É possível aceitar-se alguma versão da segunda sem aceitar-se a primeira. Ou seja, pode haver quem diga que é melhor que as pessoas decidam individualmente o que fazer com "seu" dinheiro, mas ao mesmo tempo afirme que o governo tem o dever legítimo de, através da configuração do sistema tributário e de propriedade, determinar o que é "delas" – qual a renda e a riqueza que os diversos indivíduos terão à sua disposição depois de todos os impostos e transferências.

A pura distribuição de recursos pode ser implementada por uma substancial isenção de imposto de renda para a pessoa física, por um imposto de renda negativo (ou crédito tributário sobre a renda), por subsídios de complementação salarial, por um salário-família ou por um grande *demogrant** ou dividendo social dado automaticamente a todos. No lado da receita, a distribuição pode ser sustentada de diversas maneiras, das quais a tributação progressiva da renda é apenas uma. Os argumentos contra o *big government* – contra o gigantismo dos serviços públicos e dos programas de ação pública direta – não precisam se voltar também contra a redistribuição, que, em princípio, poderia realizar-se principalmente em dinheiro, de tal modo que as pessoas tivessem liberdade para fazer com ele o que bem entendessem: usá-lo para pagar um seguro-saúde, um plano de previdência privada ou o que quer que seja. Com isso, os programas governamentais teriam a seu cargo somente o fornecimento dos bens públicos, cuja extensão, uma vez garantida uma distribuição justa, poderia ser determinada por considerações de eficiência.

---

* *Demogrant*: Uma complementação de renda ou renda mínima fornecida diretamente a todo cidadão, independentemente de sua classe ou condição social. (N. do T.)

Até aqui não tratamos dos argumentos puramente econômicos contra as transferências redistributivas, quer em dinheiro, quer em espécie: argumentos segundo os quais essas transferências e os impostos necessários para financiá-las têm conseqüências adversas sobre os investimentos, sobre o incentivo ao trabalho tanto dos que ganham muito quanto dos que ganham pouco, sobre os níveis de emprego e sobre a produtividade – os efeitos finais de uma política de não-intervenção seriam muito melhores para as pessoas que queremos ajudar. Quaisquer que sejam os méritos empíricos de afirmações como essas (e voltaremos a esse assunto no capítulo 6), todo argumento sobre a justiça tributária só pode ser desenvolvido fazendo-se referência a algum critério que determine por que um resultado é mais justo do que outro. Segundo certos postulados empíricos, nem mesmo uma concepção de justiça fortemente igualitária, como o princípio da diferença de Rawls, poderia ser implementada por meio da redistribuição de recursos dos ricos para os pobres, pois os efeitos econômicos de uma tal redistribuição seriam maléficos para os pobres – tirando-lhes, por exemplo, o incentivo necessário para procurar um emprego. Se isso fosse verdade, quanto menos transferências houvesse, tanto mais correto seria o pano de fundo distributivo. Isso não abala a estrutura de justificação que esboçamos para se determinar o nível correto e os meios de financiamento dos bens públicos em relação a uma dada concepção de justiça.

VI. Os deveres públicos

Voltemos por fim àquele tipo especial de bem que já mencionamos, que não é nem um bem para determinados indivíduos particulares nem um bem público para todos eles, mas antes um bem em si. O que dissemos é que, se uma tal coisa existe, é justificável que seja sustentada pelos impostos coletados pelo Estado sob a categoria não de bens públicos, mas de deveres públicos. Como exemplos podemos citar a ajuda ao estrangeiro, o apoio às artes e às ciências e a proteção de espécies ameaçadas. Todos esses bens podem ter também os aspectos de bens públicos e privados, e a ajuda a países estrangeiros provavelmente faz apelo a alguma versão da justiça distributiva num nível global, suscitando questões difíceis, e bastante conhecidas, acerca da relação que existe entre a justiça distributiva dentro e fora do país[7].

Entretanto, consideremos essas coisas em seu aspecto de bens que, se possível, todos têm algum dever de promover. Segundo uma das opiniões sobre o assunto, o cumprimento dessa obrigação deve ser deixado a cargo do arbítrio individual através da caridade privada. Porém, caso alguém conclua pela opinião contrária, a de que o Estado tem o direito legítimo de impor uma tal contribuição (no contexto de uma distribuição anterior de recursos que se presume não ser injusta), a questão passa a ser como decidir o que se deve cobrar para tanto das diferentes pessoas em diferentes níveis econômicos, e de quanto deve ser a contribuição total.

Essa questão é semelhante, em estrutura, ao problema dos bens públicos. O nível de obrigação individual gerado pelos deveres públicos é função não somente da importância do bem a ser promovido ou defendido, mas também dos recursos do potencial doador. A determinação dos valores em questão será sem dúvida um motivo de discordâncias morais e políticas, mas tem de ser feita segundo uma medida que permita uma comparação tanto com os bens públicos quanto com os bens privados. O apoio às artes, o alívio da fome nos países empobrecidos, a defesa na-

---

7. Ver, p. ex., Rawls (1999); Beitz (1999); Pogge (1992). A globalização econômica tornou mais urgente a questão de se saber se o governo de um país rico pode adotar cursos de ação benéficos para os países pobres, mesmo que prejudiquem ao mesmo tempo os interesses dos habitantes pobres dos próprios países ricos, que, não obstante, encontram-se em situação muito melhor do que a imensa maioria dos que moram em países pobres.

cional e os diversos bens privados, desde a habitação até as viagens de férias, têm todos de competir normativamente pelo dólar marginal.

O orçamento adequado para a ajuda externa será a soma das quantias que atendam às obrigações dos cidadãos considerados individualmente e sempre comparadas a outros possíveis empregos de seus recursos individuais. E se, nesse caso ou em outro, atingir-se um ponto de saturação em que a soma atingida já seja mais do que suficiente, voltamos então à questão de como dividir o resultante "excedente" moral. Nessas circunstâncias, as pessoas teriam de dar menos do que se poderia em princípio exigir delas caso os custos fossem maiores. Assim, a solução do problema do financiamento do cumprimento dos deveres públicos se encaixa na mesma estrutura do problema dos bens públicos.

VII. Conclusão

Pelo fato de conter tantas variáveis avaliativas e empíricas, a estrutura que apresentamos não postula, por si só, nenhuma conseqüência concreta para a questão dos impostos. Mas deixa bem claro que, se somos favoráveis à diminuição das desigualdades ou ao fornecimento de um padrão de vida mínimo e decente a todos os membros da sociedade, temos de distinguir esse objetivo de todos os pressupostos acerca do nível de ação pública direta, e temos de distingui-lo também de um outro objetivo igualmente desejável por si mesmo: o de financiar os bens públicos de modo a igualar a utilidade marginal dos gastos públicos e privados para todos os indivíduos. A distribuição e a repartição entre o público e o privado são problemas distintos, posto que fartamente interligados. O que procuramos fazer foi, antes de mais nada, distinguir os valores que exercem influência sobre a avaliação tanto de um problema quanto do outro.

Para resumir, gostaríamos de frisar três coisas. Em primeiro lugar, além da justiça distributiva, existem outros excelentes motivos para se dividir desigualmente o custo dos gastos públicos entre os que têm recursos diferentes. Em segundo lugar, além daquelas que à primeira vista se afiguram como bens públicos, existem muitas outras coisas em que se pode ver um aspecto de bem público e que, portanto, são candidatas a ser objeto de uma ação pública direta sem que para isso seja necessário fazer-se apelo à justiça distributiva. Em terceiro lugar, para aqueles que, como nós e muitas outras pessoas, aceitam com seriedade a obrigatoriedade social da justiça distributiva – mesmo que esta se limite ao fornecimento de um mínimo social ou das condições de igualdade de oportunidades –, fica em aberto a questão de saber se essa justiça deve se realizar pela transferência de pagamentos, pelo fornecimento de serviços públicos em espécie ou pela distribuição de vales dedicados a propósitos específicos, a serem usados no mercado privado. Nem uma concepção fortemente igualitária de justiça distributiva exclui a possibilidade de que a ação pública direta se limite, por motivos práticos, principalmente ao campo daqueles bens públicos que beneficiam a todos indistintamente, sendo a redistribuição implementada não através da ação do Estado, mas principalmente pela transferência de pagamentos e pela cobrança de impostos diferenciados para o financiamento dos bens públicos.

5. A base tributária

I. Eficiência e justiça

O que se deve tributar? A questão da escolha da base tributária tem figurado com destaque na literatura tributarista das últimas décadas, sobretudo em virtude de uma controvérsia contínua quanto à oportunidade da substituição do imposto de renda norte-americano por um imposto sobre o consumo[1]. Uma vez que, segundo a definição padrão, a renda é o consumo mais o aumento de riqueza, o debate aqui se reduz à questão – importante dos pontos de vista teórico e político – do tratamento tributário do capital[2].

Como explicaremos de modo mais completo na seção III, a questão da tributação da renda *versus* a tributação do consumo como fonte primária da receita federal é totalmente independente da questão da progressividade. Quando a maioria das pessoas pensa num imposto sobre o consumo, tende a imaginar um imposto nacional sobre as vendas ou talvez um imposto sobre o valor agregado, pago por todos na mesma alíquota – embora possa incidir de forma mais pesada sobre os artigos de luxo e numa taxa mais bai-

---

1. Messere (1998), 3, relata que essa idéia não é mais levada a sério na Europa, embora já tenha sido.
2. Para uma discussão esclarecedora sobre os conceitos de renda, consumo e riqueza, ver Bradford (1986), cap. 2.

xa, talvez nula, sobre os gêneros de primeira necessidade, como os alimentos. Na verdade, porém, um imposto sobre o consumo pode ter qualquer grau de progressividade desde que seja, por exemplo, estruturado de modo idêntico ao do imposto de renda anual, prevendo-se porém uma isenção para todas as economias e investimentos até que sejam sacados para consumo. Os norte-americanos já estão familiarizados com essas isenções, sob a forma das contas de aposentadoria individual (*individual retirement account* ou *IRA*) ou contribuições para planos de aposentadoria, isentas de impostos. Um dos modos pelos quais um imposto pleno sobre o consumo pode ser implementado é a simples expansão dessas isenções de modo a incluir toda a renda não consumida.

Essa não foi a única controvérsia sobre a base tributária que chamou a atenção. Do ponto de vista político, são igualmente importantes as diversas questões de exclusão que se levantam quer se tome a renda como base, quer o consumo – se os contribuintes devem poder deduzir ou receber como crédito o pagamento dos juros de uma hipoteca, de cuidados com a saúde ou de doações feitas para caridade. Num nível mais puramente teórico, os economistas e filósofos querem saber se a base tributária ideal não seriam as oportunidades ou talentos das pessoas – seu consumo ou renda potenciais e não atuais.

A maior parte do debate sobre a base tributária, e particularmente sobre o tratamento tributário do capital, gira em torno da eficiência. Não há dúvida de que, se dois sistemas tributários atingem os mesmos objetivos (levantar fundos para a ação pública direta, assegurar a justiça econômica, talvez proporcionar certos incentivos comportamentais desejáveis), o sistema que custa menos é o melhor. Os custos mais óbvios de um esquema tributário são os da administração, que são pagos tanto pelo governo quanto pelos contribuintes. Quanto a isto, alguns disseram que um imposto sobre o consumo é mais simples que um imposto sobre a renda e, por isso, impõe menos custos administrativos sobre os indivíduos, as empresas e a burocracia de arrecadação tributária[3].

Os custos das "distorções" tributárias são menos evidentes, mas os economistas os conhecem igualmente bem. As distorções são efeitos de incentivo indesejados provocados pelos impostos, efeitos que acarretam por si mesmos um custo social na medida em que obstam certas opções que produziriam benefícios sociais. O exemplo mais básico, já mencionado no capítulo 2, é o efeito de um imposto de consumo ou de renda sobre a escolha entre o trabalho e o lazer[4]. Se a alíquota tributária que se aplica a uma hora extra de trabalho faz com que o benefício dessa hora extra seja menor do que o benefício de uma hora extra de ócio, o trabalhador racional vai preferir não trabalhar. Como veremos no capítulo seguinte, o significado desse "efeito de substituição" não é tão claro na prática. Mas, se impede o trabalhador de trabalhar, o imposto faz mal tanto ao trabalhador quanto ao potencial empregador, ambos os quais perdem uma oportunidade de ganho – e não beneficia ninguém, uma vez que o trabalho não foi feito e nenhum imposto foi arrecadado.

Mas esse exemplo também demonstra que, de uma forma ou de outra, as distorções tributárias são inevitáveis. O problema está em minimizá-las sem deixar de atingir os objetivos do sistema[5]. Nesse contexto, os analistas tributários puseram em evidência as grandes vantagens de uma base tributária "limpa" ou "ampla", que reduza as exclusões ao mínimo e assim minimize a distorção tributária dos investimentos e outras atividades do mercado[6]. Uma das reformas possíveis seria a integração dos siste-

---

3. Ver Bradford (1986), 313-5. Para uma discussão crítica dessa afirmação, ver Paul (1997); para uma resposta a Paul, ver Bradford (1997). Para uma avaliação comparativa global da simplicidade do imposto de taxa fixa e do atual imposto de renda, ver Weisbach (2000).

4. Quanto à semelhança dos efeitos de distorção sobre a força de trabalho dos impostos de consumo e de renda, ver Bradford (1986), 184-5.

5. Ver Bradford (1986), 179.

6. Ver Slemrod e Bakija (2000), 184-97.

mas tributários da pessoa física e da pessoa jurídica de modo a eliminar a atual preferência que o sistema tributário dá às contrapartidas sobre os créditos das empresas e o injustificado tratamento desfavorável dado à pessoa jurídica de maneira geral[7]. Nessa mesma linha, já se disse que, se a base tributária fosse somente a renda ou somente o consumo, isso seria preferível ao atual sistema híbrido, que impõe tributos sobre alguns retornos de investimentos, mas não sobre todos, e assim distorce as opções de investimento[8].

Não tomamos partido nessas questões de eficiência, que são importantes e controversas. O que nos perguntamos neste capítulo é se a escolha da base tributária afeta não a eficiência, mas a justiça das instituições econômicas do governo – e, em caso afirmativo, de que modo a afeta. Conquanto demos atenção às familiares categorias de consumo, renda, riqueza e talento, bem como à questão das exclusões, nossa abordagem será diferente, seguindo as mesmas diretrizes já delineadas nos capítulos 2 e 3.

II. Resultados, não cargas

Boa parte dos argumentos apresentados neste capítulo serão negativos: rejeitaremos outros argumentos contra e a favor da justiça intrínseca desta ou daquela base tributária. Na nossa opinião, no que diz respeito à justiça econômica, a escolha da base tributária só tem um valor instrumental. Como dissemos, o esquema tributário justo é aquele que se insere num conjunto de instituições econômicas que, em sua totalidade, produzem resultados sociais eficientes e justos. Uma vez que a justiça na tributação não depende da justa distribuição das cargas tributárias medidas em relação a uma base pré-tributária, as características pré-tributárias –

---

7. Ver Slemrod e Bakija (2000), 114-7, 239-41.
8. Ver Bradford (1986), 189-94.

que determinam a quantidade de impostos pagos – dos contribuintes não podem ser importantes em si mesmas.

Assim, por exemplo, um argumento em favor da renda como base tributária pelo fato de a acumulação de capital afetar a capacidade contributiva pode ser rejeitado por fazer referência a uma questão que nada tem a ver com o assunto. O mesmo vale para a idéia de que as despesas médicas devem ser deduzidas da base de renda ou de consumo pelo fato de esse tipo de gasto não ser indício de um nível maior de bem-estar pré-tributário, mas sim do contrário.

No capítulo 2, afirmamos que, como a distribuição pré-tributária do bem-estar é ao mesmo tempo totalmente imaginária e moralmente insignificante, não faz a menor diferença que um esquema tributário imponha sacrifícios iguais, proporcionais ou de qualquer outro tipo, medidos em relação àquela base. A menos que a pessoa aceite uma concepção libertária da propriedade privada, não importa que a base tributária capture com maior ou menor precisão a "capacidade contributiva" pré-tributária das pessoas ou seus níveis de bem-estar. E se uma determinada base tributária faz com que a situação das pessoas umas em relação às outras seja diferente em comparação com a hipotética situação pré-tributária, isso não suscita por si mesmo nenhum problema de eqüidade horizontal.

Uma vez rejeitada a idéia de que a justiça na tributação depende de se garantir a justa distribuição das cargas tributárias em relação à base pré-tributária, a questão da base tributária não desaparece, mas assume um significado puramente instrumental no que diz respeito à justiça: as diferentes bases tributárias podem ser mais ou menos compatíveis com a tarefa do sistema tributário, que é a de ajudar a garantir resultados sociais justos. Os critérios de sucesso instrumental dependem evidentemente dos critérios de justiça social, mas essa relação nem sempre é simples. Se a justiça exige, por exemplo, que se dê uma atenção especial ao bem-estar dos mais pobres, e se o consumo é considerado uma boa medida de bem-estar, daí não decorre necessariamente que o consumo seja a melhor base tributária. A renda pode ser uma base tributária melhor se seus efeitos distributivos sobre o consumo forem mais eficazes.

Começaremos, porém, por repassar os argumentos baseados na justiça que já foram apresentados com respeito à escolha da base tributária.

III. O consumo como base e o justo tratamento dos poupadores

Existem muitas versões de impostos sobre o consumo. Os mais conhecidos dos norte-americanos são os impostos estaduais e municipais sobre as vendas no varejo. O Imposto sobre o Valor Agregado conhecido dos europeus e canadenses (neste caso, sob a forma de Imposto sobre Bens e Serviços) é funcionalmente equivalente. Foi recentemente introduzido na Austrália em meio a intensas controvérsias de política partidária (o Partido Trabalhista, de oposição, comprometeu-se a "revogar" o imposto assim que fosse para o governo, com o pretexto de que o mesmo é injusto para com a população de baixa renda). Em todos esses casos, como é óbvio, o imposto sobre as vendas ou sobre o valor agregado não é o único imposto cobrado, mas vem suplementar um imposto de renda. Na atual atmosfera radical que envolve a política tributária nos Estados Unidos, porém, já se viram no Congresso diversas propostas aparentemente sérias para se abolir totalmente o imposto de renda e substituí-lo por um imposto federal sobre as vendas no varejo[9]. Essas propostas incluem também a sugestão

---

9. Uma dessas propostas, chamada National Retail Sails Tax ("It's Time for a Tea Party in America") foi apoiada de forma destacada pelo republicano Billy Tauzin (deputado pela Louisiana), presidente do Comitê de Energia e Comércio. Ver www.house.gov/tauzin/cvr.htm (visitada pela última vez em 4 de junho de 2001). Uma outra, o "imposto justo" (*fair tax*) ("April 15: Make It Just Another Day"), é apoiada no Congresso pelos deputados John Linder (republicano da Geórgia) e Collin Peterson (democrata de Minnesota). Ver www.fairtax.org (visitado pela última vez em 4 de junho de 2001).

de um reembolso para a população de baixa renda a fim de compensar a extrema regressividade da prática de se cobrar de todos igualmente uma porcentagem fixa do dólar de consumo*.

Deve-se levar mais a sério a chamada proposta de taxa fixa (*flat tax*) de Robert Hall e Alvin Rabushka, atualmente defendida no Congresso pelo líder da maioria republicana Dick Armey[10] e que foi um dos carros-chefe das campanhas presidenciais de Stephen Forbes (profusamente financiadas por ele mesmo) em 1996 e 2000. Esse esquema é essencialmente um imposto sobre o valor agregado no qual os salários são tirados da base tributária das empresas e são tributados, em vez disso, no nível individual[11]. O rótulo "fixo" parece ter a intenção deliberada de enganar o público, uma vez que é normalmente usado para designar uma alíquota média fixa ou proporcional. Hall e Rabushka escrevem que "o princípio de eqüidade incorporado no imposto de taxa fixa é que cada contribuinte paga seus impostos na razão direta de sua renda"[12]. Na verdade, porém, a proposta inclui uma isenção pessoal à renda tributável dos indivíduos, de modo que, embora haja apenas uma alíquota tributária (19%) diferente de zero, o resultado é um esquema progressivo, como os próprios autores fazem questão de frisar[13].

---

* Conquanto essas propostas não devam ser levadas muito a sério, também não devem ser ignoradas. Com idéias como essas circulando pelo ar, o imposto de taxa fixa pode vir a assumir ares de proposta sensata e moderada.

10. Ver o "Freedom and Fairness Restoration Act" de 1995, H.R. 2060 e S. 1050, 104º Cong (1995) (patrocinado pelo deputado Armey e pelos senadores Shelby, Craig e Helms).

11. Tanto num caso como no outro, é o empregado que arca com o ônus do imposto; ver Slemrod e Bakija (2000), 205.

12. Ver Hall e Rabushka (1995), 27; ver também pp. 25-6, em que os autores discutem diversas definições do termo "justo" e escrevem que a maioria das pessoas o compreende no sentido de que "todos devem ser tratados da mesma maneira" (26).

13. Ver Hall e Rabushka (1996), 28. Com efeito, na primeira página de Hall e Rabushka (1995), os autores invocam descaradamente uma noção de justiça incompatível com a que apresentam em sua alegação de que um im-

Com efeito, os salários só são tirados da base tributária das empresas e tributados dos trabalhadores individuais para permitir uma progressividade[14] – sem que seja necessária uma devolução ou algum tipo de cartão eletrônico que controle todas as aquisições, coisa que o economista Laurence Kotlikoff propôs para um sistema tributário baseado nas vendas[15]. Há uma variação potencialmente mais progressiva que David Bradford chama de "imposto X". Nele, existe não só um grau de isenção pessoal como também alíquotas graduadas[16]. Como esta breve discussão já deixou claro, as questões da progressão, da graduação das alíquotas e da escolha da base tributária, todas distintas entre si, tendem a se misturar no debate atual[17].

Há um outro modo muito diferente de se implementar uma base tributária de consumo: um imposto sobre o fluxo monetário ou sobre os gastos. Essa é a abordagem defendida no influente livro que Nicholas Kaldor publicou em 1955, *An Expenditure Tax*[18], e tem sido bastante discutida pelos teóricos do direito desde o artigo publicado por William Andrews em 1974, "A Consumption-Type or Cash Flow Personal Income Tax". Junto com o imposto sobre as vendas no varejo, o imposto sobre o fluxo monetário é a idéia que mais naturalmente se associa ao conceito de consumo, uma vez que, sob esse esquema, as pessoas são literalmente tributadas pelo seu consumo ou seus gastos: os indivíduos pagam impostos sobre tudo o que recebem, mas deduzem quaisquer quantias economizadas durante o ano fiscal. Uma vez que todo dinheiro não economizado e gas-

---

posto justo "trata todos da mesma maneira" (ver nota anterior): "Nosso plano é justo para com os americanos comuns, pois permitiria uma renda de $25.500 livre de impostos para uma família de quatro pessoas" (vii).
14. Ver Bradford (1986), 76-8.
15. Ver Kotlikoff (1996), 171-2.
16. Ver Bradford (1988).
17. Ver uma discussão sobre isso em Zelenak (1999).
18. Kaldor (1993). Rawls manifesta alguma simpatia pela proposta de Kaldor, que faria parte de um conjunto geral de instituições projetadas para atender aos seus dois princípios de justiça; ver Rawls (1999b), 246.

to representa consumo, as retiradas de investimentos e os empréstimos se incluem na base tributária. Um esquema desse tipo foi proposto no congresso norte-americano pelos senadores Sam Nunn e Pete Domenici, que o chamaram de "imposto USA" (*Unlimited Savings Allowance*, Dedução Ilimitada das Economias)[19].

Comparados ao imposto sobre o fluxo monetário, não é tão fácil saber por que o imposto de "taxa fixa" ou o "imposto X" são impostos sobre o consumo. Isso decorre de dois fatos. Em primeiro lugar, como num imposto comum sobre o valor agregado, as empresas deduzem imediatamente (sob a categoria de "gastos") o custo das máquinas e de outros bens duráveis em vez de pedir deduções por depreciação no decorrer do tempo, como acontece no caso do imposto de renda[20]. Os gastos são, com efeito, uma dedução das economias. Em segundo lugar, o imposto que incide sobre os indivíduos é só o do salário: todos os retornos de capital – juros, dividendos, ganhos de capital – são isentos. De maneira geral, se as alíquotas forem as mesmas, um imposto que admite a dedução das economias ou investimentos e um que isenta os retornos de economias ou investimentos são financeiramente equivalentes[21].

Essa equivalência nos permite dizer, além disso, que qualquer esquema de tributação do consumo, na mesma medida em que não cobra imposto dos aumentos de riqueza como tais, mas do consumo somente, isenta da tributação os retornos normais dos investimentos[22]. É por isso que se diz que um imposto sobre o consumo é neutro no que diz respeito à escolha entre a poupança e o consumo ime-

---

19. USA Tax Act de 1995, S.722, 104.º Cong. (1995).
20. Como explica Bradford (1986), 60-4, pode haver um imposto de valor agregado sobre a renda.
21. Ver Andrews (1974), 1126; Bradford (1986), 68-9; Graetz (1979), 1602-11.
22. Os chamados retornos supranormais ou extraordinários são tributados por um imposto sobre o consumo; isso é explicado claramente por Bankman e Fried (1998), 539-46.

diato – a existência do imposto não muda o valor nem da primeira opção nem da segunda. É em torno disto que gira boa parte da controvérsia acerca da justiça relativa do imposto sobre o consumo e do imposto sobre a renda.

Suponhamos que Kurt tenha 100 dólares de renda de salários, que ele pode ou gastar imediatamente ou investir para ter um retorno de 10%. Desconsiderando os impostos, ele tem de escolher entre 100 dólares agora ou 110 dólares daqui a um ano. Sob um esquema de imposto de renda, com uma alíquota marginal de 50%, ele tem de escolher entre 50 dólares agora e 52,50 dólares no ano que vem – um retorno de meros 5%, uma vez que paga impostos não só sobre o salário, mas também sobre os juros que recebe. Dependendo da "taxa de desconto" de Kurt – o retorno percentual que ele considera suficiente para que valha a pena adiar seu consumo por um ano –, a diminuição pela metade do retorno dos investimentos, causada pelos impostos, pode vir a afetar sua escolha. Nesse caso, vemos aí o efeito de substituição de um imposto sobre as rendas do capital: o imposto leva Kurt a substituir a poupança pelo consumo imediato. Mas, ao contrário do que acontece no caso do efeito de substituição do trabalho pelo ócio, existe algo que o sistema tributário realmente pode fazer para evitar essa "distorção" – isentar de impostos os ganhos de capital, de tal modo que o sistema seja neutro entre a poupança e o consumo.

Um dos motivos instrumentais pelos quais isso pode parecer desejável é a idéia de que o aumento dos investimentos é bom para o crescimento econômico. Na medida em que isso é verdade, o sistema tributário deve – considerando-se que tudo o mais permanece sem alterações – procurar encorajar e não desestimular a poupança. Todavia, os dados empíricos disponíveis nos mostram que o comportamento dos investidores não é afetado pelas mudanças nas taxas de retorno pós-tributário[23]. Assim, esse argumento

---

23. Ver Slemrod e Bakija (2000), 112-2.

puramente instrumental em favor de uma base tributária de consumo perde sua força.

Mas costuma-se apresentar também, para os mesmos fins, um argumento baseado na eqüidade, que queremos examinar de modo mais detalhado[24]. Imaginemos que Kurt, apesar do imposto de 50% sobre os retornos de investimentos, decide economizar seu dinheiro por um ano[25]. Comparemos sua situação com a de Bert, que tem a mesma renda e a mesma riqueza mas jamais investiria seu dinheiro por um retorno de 10%, mesmo que fosse isento de impostos. Ao contrário de Kurt, Bert não é afetado em absoluto pelo imposto sobre a renda do capital. Afirma-se que é injusto que o imposto de renda lance uma carga sobre Kurt mas não sobre Bert[26]. Quando a questão é apresentada assim, de maneira nua e crua, ela nos deixa algumas dúvidas. Como observa Musgrave, nesse argumento, a idéia de que a melhor base tributária é o consumo e não a renda não é uma conclusão, mas um pressuposto[27]. Isso porque, se a tributação justa cobra impostos dos retornos de investimentos, seria injusto não fazê-lo.

O que vemos aí é um argumento de eqüidade horizontal: afirma-se que Bert e Kurt, num sentido qualquer, estão situados em idêntica posição no mundo não-tributário, mas são tratados de maneira desigual pelo imposto de renda. Já explicamos em capítulos anteriores por que a idéia do "mundo não-tributário" é incoerente. Mas, só para examinar o argumento, vamos supor que a idéia de um mundo em que todos têm o pleno uso de seus recursos pré-tributários não é absurda.

Como o que está em questão é exatamente a base tributária, a suposta iniqüidade de um imposto sobre a renda

---

24. Para uma investigação minuciosa desse argumento, que inspirou o que escrevemos aqui, ver Fried (1992).

25. Nossa ilustração do argumento de eqüidade segue a de Bankman e Griffith (1992), 380; Fried (1992), 963-4, apresenta uma ilustração usando o imposto sobre o fluxo monetário.

26. Ver, p. ex., Andrews (1974), 1167-9.

27. Ver Musgrave (1959), 161-3.

tem de evidenciar-se em alguma outra categoria que não as de renda ou consumo. A categoria mais natural para isso seria a do bem-estar, mas na verdade ela não serve. Isso porque, mesmo que Kurt e Bert estejam exatamente na mesma situação de renda e riqueza, não podemos dizer que eles estejam igualmente bem situados no mundo não-tributário, quer neste ano, quer a longo prazo. O que sabemos é que, dada a taxa de desconto adotada por Bert, ele acha que não vale a pena economizar mesmo que não haja impostos, ao passo que Kurt acha o contrário. Isso não nos diz nada acerca dos níveis relativos de bem-estar de Kurt e Bert – não nos diz nem que são iguais nem que são diferentes[28].

Mas vamos supor que simplesmente declaramos que Kurt e Bert, com a mesma renda e a mesma riqueza, estão igualmente bem situados no mundo não-tributário, apesar da diferença de suas taxas de desconto. Mesmo assim, o argumento de que devem ter de pagar os mesmos impostos de modo a preservar essa igualdade infringe evidentemente nossa alegação fundamental de que não existe motivo algum para que a distribuição pré-tributária do bem-estar seja tratada como uma base dotada de importância ética. Porém, para verificarmos se isso é assim mesmo, vale a pena levar mais adiante o argumento da "justiça para com os poupadores", uma vez que, em sua melhor versão, ele é derivado de uma teoria da justiça que, no fim das contas, parece dar um sentido lógico a essa base pré-tributária. Portanto, na avaliação que faremos a seguir do argumento da justiça para com os poupadores, estaremos dando continuidade a uma discussão pela qual pretendemos saber se existe alguma teoria plausível de justiça na qual possam se encaixar os critérios tradicionais de eqüidade tributária.

---

28. Ver Fried (1992), 1012-5.

IV. A justiça como igualdade de liberdade

Na influente apresentação que Bradford faz do argumento da justiça para com os poupadores, a premissa explícita por ele adotada é a de que a tributação não deve mudar os valores das oportunidades ou opções que os poupadores e os gastadores imediatos têm à sua disposição no mundo não-tributário[29]. Em outras palavras, se o mercado (hipotético, num mundo sem governo) favoreceu mais as preferências de Kurt do que as de Bert e pôs à disposição dele uma opção de investimento que ele decidiria usar, as cargas tributárias não devem perturbar essa vantagem de modo a tornar o mundo real relativamente menos favorável a Kurt. Para dizê-lo de modo mais preciso, a alegação é que, na mesma medida em que duas pessoas como Kurt e Bert são iguais porque, dotadas da mesma renda e da mesma riqueza, deparam-se com as mesmas oportunidades de gastar ou economizar, a eqüidade horizontal exige que os dois sejam igualmente onerados pelos impostos, isto é, que um não seja mais onerado que o outro. Bradford deixa claro que esse argumento não se aplica unicamente à questão dos gastos e investimentos; pela mesma linha de pensamento, seria igualmente injusto impor mais tributos sobre os alimentos do que sobre o vestuário, o que penalizaria mais as pessoas que preferem comer bem do que as que preferem se vestir bem[30].

Não há dúvida de que, aí, a base de resultados pré-tributários de mercado é investida de um significado moral. Isso porque é só se os preços de mercado dos alimentos e do vestuário são, uns em relação aos outros, exatamente aquilo que devem ser, que se pode considerar injusta uma alteração dessa relação por meio dos impostos. A idéia de Bradford não é a de que a distribuição de bem-estar produzida pelo mercado é justa, mas sim a de que são suposta-

---

29. Ver Bradford (1986), 154-67; ver também Andrews (1974), 1167-8.
30. Bradford (1986), 155.

mente justos os preços relativos do leque de oportunidades oferecidas pelo mercado. Ou, antes, ele presume que isso seria assim se todos dispusessem dos mesmos recursos para tirar vantagens dessas oportunidades*.

Esse postulado crucial de igualdade de recursos subentende uma visão de justiça igualitária e baseada no mercado, muito semelhante à de Ronald Dworkin[31]. Tanto os fundamentos quanto os detalhes da concepção de Dworkin são complexos, mas a conclusão evidente que dela se tira é a de que um mundo de mercado igualitário, onde as pessoas começassem a vida com recursos iguais de capital financeiro *e* humano, é sempre justo, qualquer que seja a resultante distribuição de bem-estar. Se uma pessoa prefere alimentos e roupas mais caros do que outra, isso pode afetar o nível relativo de bem-estar das duas, mas não pode ser considerado injusto. Num mundo desse tipo, podemos dizer que aquilo que acontece com as pessoas depende puramente de fatores pelos quais elas são responsáveis; portanto, a redistribuição efetuada pelo Estado não se justifica[32]. Em particular, se Bert termina com um bem-estar menor que o de Kurt no mundo do mercado igualitário em virtude de sua aversão à poupança, foi por uma opção sua. Do mesmo modo, alguém que se dedica em tempo integral ao

---

* Richard Epstein adota esse princípio de "neutralidade tributária" sem postular a igualdade de recursos. "O ideal de neutralidade tributária determina simplesmente que o sistema tributário deve, na medida do possível, preservar as prioridades relativas que os indivíduos atribuem às diversas atividades. A função do Estado é proteger a liberdade e a propriedade, e não ajudar um grupo ou outro a distorcer os usos que os indivíduos dão a seus talentos naturais" (Epstein 1987, 55).

31. Ver Dworkin (2000). Eric Rakowski aplica uma visão desse tipo a questões de justiça tributária; ver Rakowski (1991, 1996 e 2000). Ver Rakowski (2000), 347-57, que apresenta aquela que talvez seja a versão mais clara e abrangente do argumento da justiça para com os poupadores.

32. Deixamos de lado um aspecto complexo e importante da concepção de Dworkin e de outras semelhantes. É aquele que trata das diferentes espécies de sorte e do papel dos seguros na conversão da "sorte bruta" – que pode perturbar a justa distribuição dos haveres – numa "sorte de opção", que não exerce essa perturbação; ver Dworkin (2000), cap. 2.

surfe, que começou com os mesmos recursos e está agora em situação muito pior do que a de ambos em virtude de sua aversão ao trabalho rentável, só pode culpar a si mesmo pelos efeitos de suas decisões.

Não afirmamos que Bradford ou Dworkin concordariam com esta apresentação sumária, mas vamos chamar essa concepção de *libertarismo igualitário*. É igualitário porque insiste na igualdade dos recursos iniciais; é libertário porque considera supostamente justos os resultados de mercado que derivam dessa igualdade inicial. Conquanto se possa dizer que o pressuposto moral por trás dessa concepção é o de que o mercado ideal dá às pessoas as recompensas que merecem, ela é geralmente compreendida como uma teoria baseada no direito. Num mundo em que todos começam com os mesmos recursos – e mesmo que o seu estado final seja marcado por uma forte desigualdade, com advogados bem-sucedidos em situação muito melhor que a de poetas fracassados, e alguns indigentes – a injustiça não existe, porque o que as pessoas recebem depende das escolhas que fizeram. Em outras palavras, dado um ponto de partida verdadeiramente idêntico, as pessoas não podem reclamar das recompensas que o mercado lhes dá quando essas recompensas resultam de decisões livres tomadas no contexto das decisões livremente tomadas por outros, as quais se expressam também através do mercado. Deixaremos de lado a questão de saber se esse critério mercadológico de responsabilidade precisa ser justificado num sentido mais profundo em função do merecimento ou da medida em que as escolhas do indivíduo coadunaram-se com as preferências coletivas dos outros[33].

Uma das conseqüências dessa concepção é que a base tributária ideal seria o talento. Bradford assume explicitamente essa conclusão: idealmente, o surfista teria de pagar os mesmos impostos que Bert e Kurt, uma vez que todos ti-

---

33. Para uma discussão mais aprofundada, ver Fleurbaey (1995); Murphy (1996); Hurley.

veram as mesmas oportunidades na vida[34]. Vamos discutir a tributação do talento separadamente, na seção VIII.

Não acreditamos que essa concepção de justiça seja correta, pois atribui um peso muito grande à responsabilidade individual, mas não vamos desenvolver aqui essa discordância. A conclusão que queremos tirar é que, mesmo que sua idéia moral básica seja aceita, o libertarismo igualitário não justifica, no fim, o argumento da justiça para com os poupadores; tampouco põe em xeque a nossa rejeição do uso de uma base de resultados pré-tributários de mercado na teoria da justiça tributária.

Em tese, o argumento da justiça para com os poupadores se desenvolve da seguinte maneira: afirma-se de maneira geral que, se as pessoas começam a vida com a mesma riqueza e o mesmo capital humano, devem arcar com as mesmas cargas tributárias, medidas pelos resultados pré-tributários do mercado. Apresenta-se depois como conseqüência particular dessa afirmação a idéia de que nenhuma pessoa deve arcar com cargas tributárias mais altas só porque prefere economizar a consumir imediatamente. Se a afirmação geral fosse correta, seria uma refutação direta da nossa idéia de que a justiça na tributação não se resume à imposição de sacrifícios iguais para todos (ou qualquer outra distribuição de sacrifícios), medidos por uma base pré-tributária. Mas isso não é verdade por um motivo muito simples: na ausência do governo, as pessoas não começam a vida com o mesmo capital financeiro e humano.

Para criar uma sociedade libertária igualitária, o Estado teria de tomar medidas de grande vulto a fim de garantir a igualdade dos recursos iniciais[35]. Isso poderia ser feito, em parte, pela redistribuição dos direitos de propriedade da riqueza financeira e pelo fornecimento de educação gratuita

---

34. Ver Bradford (1986), 156.
35. Bradford preconiza um imposto progressivo sobre o consumo exatamente por reconhecer que as pessoas, na realidade, não começam do mesmo ponto. Ver Bradford (1980), 108.

(necessária porque as crianças, por pressuposto, não podem ser consideradas responsáveis pelas opções de gasto de seus pais). Mas quando chegamos aos aspectos de capital humano que a natureza distribui de maneira desigual, o Estado não tem o poder de nos tornar todos literalmente iguais. Antes, por meio do sistema de impostos e transferências, tem de compensar aqueles que tiveram menos sorte no que Rawls chama de "loteria natural". A compensação por meio de impostos e transferências também seria necessária se o sistema de educação pública não conseguisse de fato igualar as oportunidades de todas as pessoas igualmente talentosas e motivadas, o que tende a acontecer em qualquer mundo real que possamos imaginar.

Em suma, não existe uma distribuição pré-tributária real que resulte de uma perfeita igualdade de recursos empregados no exercício de oportunidades perfeitamente iguais, e a justiça tributária não pode se resumir à imposição de cargas iguais medidas de acordo com essa base. A tributação é uma parte necessária do conjunto de instituições estatais que, pela teoria do libertarismo igualitário, seriam indispensáveis para a criação das precondições de um mercado em que tudo o que acontece é justo[36]. Qualquer coisa que se assemelhe mesmo remotamente à idéia do libertarismo igualitário só poderia ser criada no mundo *pós*-tributário. Sendo assim, já não existe uma questão de justiça tributária que seja independente de tudo o mais e que poderia ser resolvida pelo princípio da igualdade de sacrifícios em relação aos resultados pré-tributários.

Entretanto, o libertarismo igualitário dá sentido a um uso muito mais limitado do princípio da igualdade de sacrifícios. Dissemos no capítulo 4 que o problema de se obter a receita para os bens públicos é teoricamente distinto do problema da distribuição, posto que essas duas funções da tri-

---

36. Para a idéia de Dworkin sobre o uso da tributação para garantir a justiça, ver Dworkin (2000), cap. 2.

butação estejam estreitamente ligadas na prática. A abordagem que favorecemos é a de pressupor uma distribuição hipoteticamente justa e determinar uma alocação eficiente dos bens públicos a partir dessa base. A mesma abordagem básica pode ser usada por um adepto do libertarismo igualitário: uma hipotética distribuição justa dos recursos poderia ser tomada como base para aplicação da igualdade de sacrifícios como critério de justiça no financiamento dos bens públicos. É claro que com isso o princípio da igualdade de sacrifícios não fica reabilitado como princípio geral de justiça tributária. A base utilizada não é a dos resultados pré-tributários, mas sim uma hipotética distribuição ideal dos recursos; e a aplicação do princípio se limita a uma das funções da tributação.

Além disso, essa limitada aplicação possível do princípio da igualdade de sacrifícios não é suficiente para sustentar o argumento da justiça para com os poupadores. Mesmo que vivêssemos numa sociedade em que as instituições do governo conseguissem de fato colocar todos os cidadãos no mesmo ponto de partida, não se poderia dizer que um imposto sobre a renda alteraria de maneira injusta o valor das oportunidades nesse mundo hipoteticamente justo. E, como veremos na seção VII, a justiça não nos dá motivo algum para excluir a tributação da renda como um dos melhores meios de obter pontos de partida equivalentes. Assim, o máximo que se pode dizer é que seria injusto aplicar um imposto sobre a renda àquele segmento da carga tributária que fosse especificamente destinado a preencher o orçamento dos bens públicos, e não à redistribuição. Além de ser difícil ver como uma tal conclusão poderia ser posta em prática, o âmbito limitadíssimo dessa acusação de injustiça a torna agora consideravelmente mais fraca.

De qualquer modo, nós não vivemos na sociedade ideal de mercado do libertarismo igualitário nem numa sociedade que esteja tentando por quaisquer meios realizar esse ideal através de suas instituições econômicas. E, nessa mesma medida, não podemos emitir juízos sobre a base tributária partindo da idéia de que as oportunidades que se apresentam em nosso mercado não igualitário são justas e, portanto, não devem sofrer interferência da tributação. O argumento da justiça para com os poupadores, tal como foi apresentado aqui, só se sustenta na utopia do libertarismo igualitário.

Existem dois outros motivos para se rejeitar o argumento da justiça para com os poupadores. Em primeiro lugar, o argumento, tal como foi apresentado, condenaria a tributação da renda salarial pelo mesmíssimo motivo por que condena a tributação das rendas de capital. A tributação do consumo busca fazer justiça aos poupadores (contra os gastadores), mas é injusta para com os trabalhadores porque penaliza os que preferem trabalhar mais e consumir mais em vez de trabalhar menos e consumir menos. Como observa Barbara Fried, é difícil vislumbrar uma justificativa racional qualquer para essa abordagem híbrida[37]. É verdade que a única maneira de evitar a suposta injustiça para com os trabalhadores é estabelecer um imposto de valor fixo – quer um imposto fixo individual, a mesma quantia para todos, quer um imposto sobre o talento, uma quantia fixa para cada pessoa baseada na sua renda potencial. Nenhuma das duas opções tem nem sequer a mais remota plausibilidade. Se, porém, a justiça para com os trabalhadores não é possível por esse motivo, também não temos razão alguma para pensar que a justiça geral será promovida pela insistência na justiça para com os poupadores. A eliminação de um único tipo de injustiça num mundo multiplamente injusto pode contribuir para que, no todo, as coisas fiquem ainda menos justas.

Em segundo lugar, como vimos no capítulo 2, o sistema tributário não é o único meio pelo qual o governo afeta os valores relativos das diversas opções apresentadas pelo mercado. A regulação das taxas de juros afeta os retornos dos investimentos, a política para os transportes afeta o va-

---

[37]. Fried (1992), 999.

lor relativo de diversas opções de investimentos[38]. Assim, mesmo que a igualdade de oportunidades fosse um dado do universo natural e não tivesse de ser assegurada pelas instituições públicas, a idéia de um mundo mercadológico e sem governo que pudesse ser usado como critério da justiça da política econômica governamental não deixaria de ser uma pura fantasia.

Mesmo depois de repassar todas essas razões pelas quais o argumento da justiça para com os poupadores deve ser rejeitado, pode ser que você ainda sinta a força da intuição inicial: acaso não é *evidentemente* injusto que os alimentos sofram uma tributação mais pesada que a do vestuário, deixando os amantes da boa comida em desvantagem em relação aos amantes das belas roupas? E, nesse caso, por que os poupadores não seriam objeto dos mesmos cuidados? Mas as considerações que apresentamos até aqui demonstram que a imposição de tributos mais pesados sobre os alimentos do que sobre as roupas não seria injusta em si. A idéia de que tal coisa seria injusta pressupõe um mercado imaginário no qual os preços relativos dos alimentos e do vestuário são exatamente o que devem ser. É claro que a decisão totalmente arbitrária de impor a certas opções de consumo tributos mais pesados do que a outras seria suspeita, sendo talvez indício do favorecimento injustificado de um determinado setor da economia. Mas se o tratamento tributário diferenciado fosse justificado por objetivos sociais respeitáveis (uma possibilidade remota neste caso), seria perfeitamente legítimo do ponto de vista da justiça.

Do mesmo modo, o retorno pré-tributário dos investimentos, e portanto o custo relativo – e pré-tributário – de se optar por consumir agora ou no futuro, não pode ter uma pretensão de justiça como resultado de um mercado ideal de capitais. Por isso, não há nada de especificamente injusto num imposto que afeta essa relação de custos. Sua justiça ou injustiça depende de suas outras conseqüências.

---

38. Ver Fried (1992), 1007-8; Bankman e Griffith (1992), 382.

V. O merecimento e a acumulação de capital: o "fundo comum"

Mas ainda temos de lidar com uma outra venerável alegação de justiça em favor do imposto sobre o consumo. Nicholas Kaldor escreveu que um imposto sobre o consumo é preferível a um imposto sobre a renda porque "tributaria as pessoas pela quantia que elas tiram do fundo comum (*common pool*), e não pela quantia que a ele acrescentam"[39]. Esse argumento ético em favor da base de consumo, bastante bem definido, tem tido muita influência[40]. Kaldor não se limita a fazer a alegação instrumentalista de que a base de consumo estimula a poupança. O que alega, antes, é que *uma vez que* a poupança e os investimentos são socialmente benéficos, não é justo impor tributos mais pesados sobre os poupadores e investidores.

Existem objeções óbvias que se podem levantar contra a linguagem de Kaldor: a riqueza de uma pessoa contribui para o bem social na medida em que é produtivamente investida, mas isso não a torna parte de nenhum "fundo comum" – como muitos já observaram, ela permanece seguramente nas mãos de seu possuidor[41]. Pode ser usada para fins produtivos, mas continua sob o controle privado. Além disso, não é exato dizer que o consumo "tira" coisas do fundo comum – como se a quantidade de bens de consumo fosse fixa e, se alguém comprasse uma camisa ou um sanduíche, sobrariam menos camisas e sanduíches para os outros. O consumo estimula a produção e é tão essencial quanto os investimentos para o crescimento do produto social.

---

39. Kaldor (1993), 53.
40. A manifestação mais clara de apoio a esse argumento foi dada por Charles Fried (Fried 1978, 147-50); ver também Andrews (1974), 1166. Stiglitz (2000) diz que esse é "um dos argumentos mais fortes contra a renda como base de tributação" (470). Rawls também presta um apoio moderado a esse argumento, chamando-o "um preceito de justiça do senso comum" (Rawls 1999b, 246).
41. Ver Warren (1980), 1094-5.

Há uma interpretação um pouquinho mais plausível do mesmo argumento: o investimento contribui para o bem social na medida em que torna os recursos privados disponíveis para a produção, e deve portanto ser estimulado e recompensado. Mesmo que um imposto sobre o consumo não faça com que os investimentos aumentem na prática, ele é preferível ao imposto sobre a renda por motivos éticos, pelo simples fato de não punir os que preferem investir ou economizar. A poupança faz bem à sociedade e não é correto impor tributos *maiores* a atividades "dignas de louvor"[42].

Temos aí um argumento de merecimento em favor da base de consumo, um argumento que não faz apelo à idéia de que os mercados recompensam o mérito e assim podem servir de critério para as exigências da eqüidade horizontal, mas sim à idéia, muito diferente daquela, de que, entre os poupadores e os gastadores imediatos, os primeiros merecem ficar em melhor situação, ou pelo menos não ficar em situação pior. O argumento da justiça para com os poupadores parte do pressuposto de que o código tributário não deve punir os poupadores por algo que, no fim das contas, não passa de uma opção de consumo. O argumento do fundo comum, por outro lado, insiste em que certas opções de consumo são mais dignas de louvor que outras, e que o código tributário deve refletir esse fato.

A moralização da acumulação de capital tem uma história ilustre. Eis o que Adam Smith disse sobre o assunto:

> Por meio daquilo que economiza anualmente, o homem frugal não só pode sustentar um número adicional de mãos produtivas, naquele ano ou no ano seguinte, como também, à semelhança do fundador de uma fábrica, estabelece um como que fundo perpétuo para a sustentação de um número igual de homens em todos os tempos vindouros... O homem pródigo perverte [esse fundo]... Na medida em que

---

42. Kaldor (1993), 53.

não limita seus gastos a seus ganhos, ele usurpa seu próprio capital. Como alguém que pervertesse e usasse para fins profanos uma fundação piedosa, ele paga o salário da ociosidade com os fundos que a frugalidade de seu antepassado consagrou, por assim dizer, à sustentação da diligência.[43]

Mas Smith não usou a virtude superior da frugalidade como argumento em favor da superioridade da base de consumo.

Mesmo que concordemos que os poupadores são moralmente superiores aos gastadores, a linha de argumentação que leva desse juízo moral até a base tributária de consumo não é convincente. Não pode haver justiça se a tributação for ligada a certos aspectos do merecimento moral e não a outros, e, afora a acumulação de capital, existe um sem-número de outras maneiras de exercer a virtude. Com efeito, o mesmíssimo ideal moral capitalista da diligência parcimoniosa implica que os trabalhadores dedicados não devem ser mais tributados do que os indolentes. Mas é claro que, sob um imposto de consumo, isso ocorre da mesma maneira que sob um imposto de renda, uma vez que os indolentes, por ter menos renda, também consomem menos.

A conclusão geral que daí se tira é que a política tributária não pode ser avaliada por intuições parciais do merecimento. Se o merecimento das pessoas deve ser levado em conta pelo projeto tributário, isso só acontece porque o mesmo merecimento é um elemento importante da justiça social; é preciso apresentar toda uma teoria da justiça baseada no merecimento e uma explicação cabal das implicações dessa teoria para a totalidade das instituições econômicas. O argumento do fundo comum em favor da base de consumo é um exemplo clássico da estreiteza de visão que aflige a teoria da tributação.

Uma última observação histórica: Kaldor atribui o argumento do fundo comum a Hobbes, citando este trecho do *Leviatã*:

---

43. Smith (1789), livro II, c. III.

[A] Igualdade dos Impostos consiste antes na Igualdade do que é consumido, do que na das riquezas da pessoa que consome. Pois por que motivo aquele que trabalha muito e, economizando os frutos de seu trabalho, consome pouco – por que motivo deveria ele suportar uma carga mais pesada do que a daquele que, vivendo na indolência, ganha pouco e gasta tudo o que ganha; sendo que o primeiro não tem mais a proteção da República do que o segundo? Mas quando os Impostos são lançados sobre aquelas coisas que os homens consomem, cada homem paga igualmente pelo que usa: nem tampouco a República é defraudada pelo desperdício luxurioso de homens particulares.[44]

Embora muitos tenham aceito a atribuição de Kaldor, essa passagem não dá apoio à idéia do fundo comum nem a nenhuma outra noção de merecimento que justifique o consumo como base tributária. Na última frase citada, Hobbes parece dar a entender que a tributação da renda encoraja o desperdício e não a economia; esse é o argumento puramente instrumental em favor da tributação do consumo. O restante da citação precisa ser lido em seu contexto. Imediatamente antes dessa passagem, Hobbes proclama o princípio do benefício para a justiça tributária. Por isso, a leitura mais plausível da sua defesa da tributação do consumo é como uma afirmação de que o consumo é uma medida melhor do benefício que a pessoa recebe pela proteção que o Estado lhe dá.

Isso nos leva ao nosso próximo assunto: em que medida a própria acumulação de capital aumenta o bem-estar de uma pessoa? E não será isso um argumento em favor da renda como base tributária, em vez do consumo?

VI. Riqueza e bem-estar

Os opositores do consumo como base tributária dizem às vezes que, como as pessoas de renda alta consomem

---

44. Hobbes (1651), cap. 30.

uma proporção menor de sua renda do que as de renda baixa, a base de consumo é regressiva, o que é censurável[45]. Temos aí um argumento de eqüidade vertical. Como no caso do argumento de eqüidade horizontal em favor da base de consumo, esse argumento peca por petição de princípio se simplesmente parte do pressuposto de que a renda é a melhor medida de comparação. Por isso, temos de interpretar o argumento da seguinte maneira: não só o aumento de consumo, mas também o aumento de renda, faz aumentar o bem-estar; logo, a substituição de um imposto de renda por um imposto de consumo reduziria a carga tributária dos que estão num nível alto de bem-estar, à custa dos mais pobres.

Como observa Bradford, o máximo que esse argumento demonstra é que se um imposto de renda fosse substituído por um imposto de consumo com as mesmas alíquotas, este último seria regressivo[46]. Se a proporção de renda consumida diminui com o aumento da renda, uma estrutura de alíquotas mais progressiva no contexto de um imposto sobre o consumo poderia preservar a distribuição das cargas impostas por um esquema dado de tributação de renda.

Há duas outras maneiras pelas quais o argumento poderia ser apresentado. Em primeiro lugar, poder-se-ia dizer que, na prática, não é tão fácil evitar o efeito regressivo. Se, para garantir a receita e o nível desejado de progressividade, as alíquotas graduadas de um imposto sobre o consumo tivessem de ser tão altas que os legisladores teriam medo de implementá-las, então a mudança para um imposto sobre o consumo seria realmente regressiva na prática. Trata-se potencialmente de uma preocupação muito importante; no capítulo 9 discutiremos essas e outras considerações políticas semelhantes.

Em segundo lugar, o argumento poderia ser apresentado de maneira mais estreita: considerando duas pessoas

---

45. Sobre as diversas proporções de renda investida, ver Hubbard, Skinner e Zeldes (1995), 364-72.

46. Bradford (1986), 162.

com rendas diferentes mas o mesmo nível de consumo*, poder-se-ia dizer que o imposto sobre o consumo peca contra a eqüidade vertical por impor a mesma tributação a pessoas que não estão no mesmo nível de bem-estar[47]. Uma vez que, como já dissemos repetidas vezes, a justiça na tributação não se reduz a garantir uma determinada distribuição de cargas tributárias medidas de acordo com uma distribuição pré-tributária do bem-estar, mas depende, antes, da promoção de um resultado geral justo, até mesmo esse argumento estrito deve ser rejeitado. Mas resta uma preocupação importante. Na mesma medida em que os níveis de bem-estar influenciam a justiça dos resultados sociais, é importante saber se a riqueza tem algum efeito sobre o bem-estar humano. Se a riqueza produz algo que é importante para a justiça social, a escolha da base tributária tem de levar em conta os efeitos desta sobre a resultante distribuição de riqueza.

A maioria das teorias de justiça distributiva trata do quanto as pessoas estão bem economicamente, tanto do ponto de vista absoluto quanto do ponto de vista relativo. Sustentam que o bem-estar é importante e que certos tipos de desigualdade em sua distribuição são indesejáveis. Enquanto certos fatores do bem-estar – como a saúde, a educação, o lazer e a longevidade – podem ser medidos diretamente, muitos tem de ser estimados mediante a medida dos meios que contribuem para a sua realização – meios como a renda, o consumo e a riqueza.

---

* Isso poderia ser verdade mesmo se a base de comparação fossem as vidas inteiras das duas pessoas (ver capítulo 7, seção IV): não se deve supor que a pessoa de renda maior vai consumir toda a sua renda e riqueza antes de morrer.

47. Ver, p. ex., Musgrave (1996), 733-4. Até Andrews, um dos mais influentes defensores de um imposto sobre o consumo na forma do fluxo monetário, escreve: "O uso exclusivo do consumo como base tributária pessoal pode ser inaceitável, uma vez que, para certas pessoas, a riqueza tem um valor de bem-estar que supera o do consumo futuro que ela poderia facultar; e o imposto sobre o consumo só atinge o consumo em suas formas tangíveis. Este é o mais forte argumento contra o uso exclusivo de um imposto sobre o consumo para a pessoa física" (Andrews 1975, 956).

Mas o problema não é um simples problema de medida. Como vimos nos capítulos 3 e 4, a ação econômica do governo tem de fazer uso de algum sistema de medidas para avaliar os efeitos dos diversos arranjos institucionais sobre a qualidade de vida das pessoas, mas não há uma teoria única do bem-estar que seja aceita por todos. Como o governo deve reagir se o povo afirmar que o fornecimento de um serviço público de saúde não melhora a sua vida, mas a construção de um novo monumento ao seu deus a melhoraria?

Uma das opções é trabalhar com uma teoria do bem humano já totalmente montada e inevitavelmente controversa. A outra é abstrair o mais possível as discordâncias acerca dos fatores do bem-estar; é assim que Rawls, por exemplo, defende a métrica dos "bens sociais primários", que incluem a renda e a riqueza, entendidas como meios multifuncionais necessários para a realização de qualquer concepção de bem. As duas opções apresentam sérios problemas; sem dúvida, a melhor solução está em algum ponto entre elas. Não podemos agora tratar a fundo do problema da métrica, mas temos de observar que a pergunta correta a se fazer a respeito da riqueza não é: "Segundo a melhor teoria do bem-estar, a riqueza ajuda a melhorar a vida do ser humano?"; mas antes: "Acaso a riqueza tem alguma participação no sistema métrico mais adequado à avaliação política coletiva dos resultados sociais?" Isso deixa subentendido que a métrica usada deve ser o menos controversa possível.

Com razão, quase todos têm por certo que o *consumo* explícito (ou seja, aquele pelo qual se paga) faz parte da melhor métrica. De acordo com a maioria das teorias do bem-estar, é verdade, pelo menos *grosso modo*, que, quanto mais dinheiro as pessoas gastam em bens e serviços (levando em conta a diminuição do valor de cada dólar gasto a mais), mais bem-estar elas têm. Mas deveria ser óbvio que a riqueza é uma fonte independente de bem-estar, e não só pelo fato de que uma parte dela poderá ser consumida depois.

Em 1938, Henry Simons escreveu a frase famosa: "Num mundo em que a acumulação de capital acontece como acontece hoje, a idéia de que a poupança é um adiamento do consumo é, sob certo aspecto, tristemente insatisfatória."[48] Os comentadores tipicamente mencionam fatores como a segurança, o poder político e a posição social[49].

Mesmo que nunca seja consumida, a riqueza contribui para o bem-estar da pessoa porque se sabe que estará disponível no caso de um desastre econômico pessoal – talvez o desemprego ou uma emergência médica não coberta pelo seguro de saúde. Nos Estados Unidos e em outros países, a atual tendência de desmontar as redes de segurança estendidas pelo governo torna ainda mais evidente a importância da riqueza como um fator de segurança.

Nos Estados Unidos, a riqueza gera poder político, uma vez que a possibilidade de dar contribuições significativas à campanha eleitoral de um político encoraja um tratamento especial por parte deste. Mas isso é menos importante do ponto de vista do bem-estar do que do ponto de vista do processo democrático, cuja corrupção pelas grandes disparidades de riqueza já fora identificada por Aristóteles no século IV a.C.[50] É duvidoso que isso seja razão suficiente para justificar que a riqueza seja alvo de tributação, uma vez que, ao que parece, o remédio preferível seria um controle eficaz do financiamento das campanhas.

Para certas pessoas, ser rico é desejável independentemente do fator de segurança. A satisfação que a riqueza dá a muita gente é essencialmente comparativa[51]; com efeito, a própria idéia de "ser rico" é comparativa. Assim, a "posição social" é uma qualificação plausível de um dos aspectos da contribuição que a riqueza dá ao bem-estar; pelo mes-

---

48. Ver Simons (1938), 97.
49. Ver Schenk (2000), 463-4, e as referências que ele dá. O relatório do Comitê Meade cita "segurança, independência, influência e poder", ver Institute for Fiscal Studies (1978), 351.
50. Ver *A Política*, livro IV, cap. ix; ver também Rawls (1999b), 245-6.
51. Ver Veblen (1899).

mo motivo, a pobreza reduz o bem-estar mediante a consciência de uma privação relativa, isso além de suas desvantagens estritamente materiais.

Embora os efeitos de incentivo sejam talvez economicamente úteis, há algo de lamentável no quanto essas motivações puramente comparativas nos estimulam, particularmente no caso dos que não são pobres. Talvez o fenômeno como um todo seja irracional; talvez os muito ricos não tenham um bem-estar significativamente maior só porque têm mais capital. Não obstante, as desvantagens relativas de posição social geram um mal efetivo para os muito pobres – uma espécie de estigma. Para tratar este assunto como deve ser tratado, seria necessário fazer uma discussão séria do fenômeno geral da classe social; embora não possamos levar esse tópico adiante aqui, podemos dizer que a contribuição das desigualdades de riqueza para a posição social tem de ser levada em conta por qualquer medida razoável de bem-estar. A contribuição de níveis muito desiguais de consumo para a posição social é ainda mais evidente[52], mas é claro também que a riqueza desempenha um papel independente.

É preciso responder a um argumento oposto a esse – o argumento de que a poupança, o investimento e a riqueza são subordinadas ao consumo e dele exclusivamente tiram o seu valor. Tipicamente, as pessoas tomam dinheiro emprestado quando jovens, economizam nos anos em que sua renda chega ao máximo e fazem uso de suas economias na velhice. Assim, uma das finalidades evidentes da economia é a de homogeneizar e estabilizar o consumo no decorrer do tempo de vida da pessoa[53]. Certos economistas disseram que toda a acumulação de capital pode ser explicada desse modo, o que significaria que qualquer riqueza que reste de-

---

52. Ver Frank (1999 e 2000).
53. Considerações úteis acerca das questões mencionadas neste parágrafo e no seguinte, com extensas referências à literatura econômica, podem ser encontradas em Bankman e Fried (1998) e Fried (1999b).

pois da morte seria devida à impossibilidade de se prever com certeza o momento da morte (se isso fosse possível, até mesmo a riqueza guardada por segurança poderia em princípio ser gasta numa última grande orgia de consumo – mas é verdade que, quando a riqueza é muito grande, essa orgia pode colaborar para apressar o trespasse).

Mas esse modelo radical, que entende a poupança em função do "ciclo de vida", não explica o fenômeno dos legados muito grandes ou da exígua demanda por seguros anuais[54]. Os economistas divergem enormemente entre si em suas estimativas da porcentagem de acumulação de capital devida a doações e legados nos Estados Unidos, mas a média das estimativas é de cerca de 50%[55]. Apesar de algumas tentativas fanáticas de explicar todas essas transferências em função do estrito interesse próprio daquele que acumulou a riqueza (invocando a idéia de uma "troca" implícita entre os pais e os filhos), não é crível que se exclua o motivo simples e óbvio de beneficiar os familiares. Essa preferência não é irracional. A capacidade de beneficiar as pessoas a quem se ama é um bem não só para quem recebe, mas também para quem dá – é mais um aspecto da contribuição da riqueza para o bem-estar. Evidentemente, os efeitos da riqueza sobre a segurança, o status social e a capacidade de beneficiar os familiares devem ser reconhecidos por um sistema razoável de medida dos resultados sociais*.

Em princípio, os níveis relativos de riqueza podem ser ajustados por meio de outros aspectos do sistema jurídico, mas o meio mais eficiente é sem dúvida o código tributá-

---

54. Ver Kotlikoff (1989), 79-80; ver também Fried (1999b), 651n.24 e as referências dadas aí.

55. Ver Fried (1999b), 642. Ver em Kotlikoff (1989) uma discussão abrangente conduzida por um dos principais protagonistas desse debate.

* Essa contribuição em particular, porém, pode ser tributada diretamente por meio de um imposto sobre a transferência de riquezas, ou se as transferências forem contadas como um ato de consumo por parte do doador – assunto que deixaremos para tratar no capítulo 7.

rio[56]. Portanto, a conclusão que se tira do vínculo existente entre a riqueza e o bem-estar é que, para as teorias que consideram as desigualdades indesejáveis em princípio, e abstraindo-se todos os outros fatores, um imposto isolado sobre o consumo será um meio inferior de promoção da justiça distributiva porque vai favorecer a acumulação desigual de riqueza.

Com isso fica em aberto a questão de saber qual a alternativa superior: um imposto sobre a renda ou um imposto sobre o consumo associado a um imposto anual sobre a riqueza. Trata-se, porém, de uma questão puramente pragmática, uma vez que o imposto de renda e o imposto sobre a riqueza são mais ou menos equivalentes no que diz respeito à tributação do capital. Um imposto anual sobre o valor bruto de um ativo pode ser substituído por um imposto anual, de alíquota maior, sobre os rendimentos produzidos por esse ativo[57]. Assim, o que se deve perguntar acerca da opção entre um imposto de renda e um imposto de consumo associado a um imposto sobre a riqueza é qual das duas opções, no todo, é a mais eficiente[58]. Como nas outras difíceis questões de implementação associadas à tributação do capital – como a exigência de realização e o esquema separado de imposto de renda para as empresas –, também nesta nós não tomamos partido.

Voltamo-nos agora para um problema muito diferente, associado à implementação de um imposto sobre a acumulação de capital. Pelo menos em tese, a capacidade de um esquema de tributação da renda ou da riqueza de onerar os retornos normais do capital financeiro é limitada à acumulação que constitui o "retorno da espera"– a taxa de retorno isento de riscos. Isso porque, em virtude da dedutibilidade das perdas de capital num regime de tributação da renda

---

56. Ver Kaplow e Shavell (1994).
57. Ver Shakow e Shuldiner (2000); Schenk (2000); Bankman (2000).
58. Ver Fried (2000), que é um comentário sobre o argumento de justiça contra a tributação da riqueza apresentado em Rakowski (2000).

ou da riqueza, os investidores, independentemente da alíquota do imposto, podem redirecionar seus investimentos de forma que a esperada taxa de retorno pós-tributária só se reduza numa medida equivalente à do imposto sobre a taxa de retorno isento de riscos para o investimento considerado como um todo[59].

Deixando de lado por enquanto a questão de em que medida esse aspecto da teoria se aplica aos códigos tributários reais e aos investidores de carne e osso, diremos que ele tem implicações potenciais importantes, uma vez que a taxa real de retorno isenta de riscos (ajustada segundo a inflação) sempre foi muito baixa – nos Estados Unidos, menos de 1% desde a década de 1940[60]. Não é assim que se acumulam as grandes fortunas, e é compreensível que muitos defensores do imposto sobre o consumo afirmem que, mesmo que a riqueza deva ser tributada em princípio, a diminuta diferença entre as bases de renda e de consumo nesse caso não autoriza um argumento forte em favor da renda como base[61].

Mas essa questão não pode ser respondida por uma simples consideração dos efeitos diretos do imposto de renda sobre a acumulação de riqueza. O imposto de renda não promove a justiça somente por meio da distribuição das cargas tributárias, mas também pela obtenção de receita – a qual, evidentemente, pode ser usada para fins redistributivos. Embora os investidores possam evitar que a redução da taxa de retorno seja maior do que a alíquota de imposto cobrada sobre a taxa isenta de riscos, isso não significa que os ganhos de risco escapam à tributação.

A fim de evitar um ônus tributário sobre os ganhos de risco, basta que o investidor aumente o risco de seus inves-

---

59. Ver Bankman e Griffith (1992); Bankman e Fried (1998); Cunningham (1996). O capital humano e os resultados extraordinários do capital financeiro são tributados por um imposto de renda e um de consumo; ver Bankman e Fried (1998), 539-46.
60. Ver Cunningham (1996), 21.
61. Ver, p. ex., Bradford (1997), 224-5.

timentos. Em virtude da dedutibilidade das perdas, o governo participa desse aumento de risco, e isso significa que, por causa da mudança dos investimentos, embora o retorno pós-tributário esperado pelo investidor fique próximo do que seria se não existisse imposto nenhum, o retorno pré-tributário esperado aumenta e, portanto, a receita tributária esperada também aumenta – ainda que o risco aumente também. O governo torna-se assim um sócio num investimento arriscado, e é preciso saber o quanto são desejáveis essas conseqüências da tributação da renda. Se esse tipo de tributação (a) não inibe efetivamente a acumulação de riqueza mediante os ganhos de risco (historicamente, a maior das fontes de riqueza), (b) estimula o aumento do risco dos investimentos e (c) põe a receita tributária na dependência desses ganhos mais arriscados, será isso uma coisa ruim?

As respostas a essas perguntas não são óbvias. Nas palavras de Bankman e Griffith, "não podemos determinar a conveniência de tributar os ganhos de risco sem formular uma teoria mais ampla de como o governo distribui seu risco entre os cidadãos"[62]. Ao que nos parece, temos aí mais um exemplo de uma questão que corre o risco de ser ponderada a partir de um ponto de vista muito estreito – a saber, os efeitos imediatos do imposto sobre os contribuintes. É importante situar esse imposto dentro de um contexto maior, que inclua os usos dados à receita. A receita tributária advinda dos ganhos de risco foi uma das responsáveis pela geração dos recentes superávits federais, graças aos lucros da valorização da bolsa. Como as previsões econômicas não são exatas, a base tributária de qualquer modo acarreta um risco significativo. Acaso é inaceitável o aumento de risco causado pelo comportamento dos contribuintes em virtude da dedutibilidade das perdas de investimentos sob um regime de imposto de renda? Depende de como isso se traduz em conseqüências para os beneficiários das

---

62. Bankman e Griffith (1992), 392-3.

atividades do governo que terão de ser reduzidas caso o risco venha a se confirmar.

Não obstante, aparentemente nos deparamos com o problema de que, embora a acumulação de riquezas possa gerar receita tributária, os impostos sobre a renda e sobre a riqueza não são capazes de limitar a acumulação de riqueza advinda dos ganhos de risco, que são a sua principal fonte[63]. Como discutiremos no capítulo 7, a tributação da transferência de riquezas alcança a riqueza acumulada através de recebimentos gratuitos, e o mesmo acontecerá se esses recebimentos forem incluídos na base tributária dos doadores; mas não há dúvida de que essa solução é apenas parcial. Do ponto de vista da justiça, qual a importância desse limite à tributação possível da riqueza?

Isso depende em parte da contribuição que a segurança e a posição social decorrentes da riqueza dão ao bem-estar de quem tem mais, e também de até que ponto as diferenças puramente relativas de riqueza diminuem o bem-estar dos que têm menos. No todo, acreditamos que a justiça deve tratar mais de aumentar o nível absoluto de bem-estar dos que têm menos recursos do que de reduzir as desigualdades a partir de cima. Assim, se a tributação da renda ou da riqueza gera uma receita usada para a primeira dessas duas finalidades, talvez não seja tão importante que ela não promova a segunda.

Uma última observação. A melhor métrica para a avaliação dos resultados sociais pode considerar que a posse de uma dada quantia de riqueza contribui para o bem-estar em medida maior ou menor do que o consumo da mesma quantia. (Por isso, não há nenhuma razão baseada na justiça para se pensar que as tributações da riqueza e do consumo devem correlacionar-se como num imposto de renda,

---

63. A extensão e a natureza exata do problema dependem da medida em que as perdas de investimentos são dedutíveis e os investidores podem fazer as mudanças necessárias sem arcar com um custo significativo. Ver uma discussão do assunto em Bankman e Griffith (1992), 397-403.

com uma única alíquota aplicada a todas as formas de renda[64].) E essa relação pode variar dependendo dos níveis de consumo e riqueza. Assim, é bastante provável que uns poucos milhões de dólares a mais no salário de um diretor-executivo ou de um astro do basquetebol não terão grande importância se avaliados em função da quantidade adicional de bens e serviços que poderão adquirir. E, no que diz respeito à posição social, é bem possível que, nesse nível, a riqueza seja mais importante do que o consumo: depois de uma certa quantia, mesmo os que ficam prestando atenção ao consumo alheio não conseguem mais perceber a diferença; mas todos compreendem a diferença entre um patrimônio líqüido de 100 ou de 200 milhões de dólares[65].

VII. Riqueza e oportunidade

Segundo o libertarismo igualitário, a justiça consiste na igualdade de oportunidades numa economia de mercado – onde a igualdade de oportunidades significa a igualdade de todos os fatores que podem afetar os retornos de mercado, mas pelos quais a pessoa não é responsável. Existem também outras concepções mais limitadas da igualdade de oportunidades enquanto princípio de justiça. Uma delas é a idéia de que as oportunidades só devem ser iguais no sentido negativo, ou seja, nenhuma pessoa deve ser excluída de uma carreira ou interação econômica por motivo de raça, sexo ou religião. É esse o tradicional princípio liberal das "carreiras abertas para o talento".

Há um outro princípio bem mais igualitário do que esse. É o que Rawls chama de "justa igualdade de oportunidades" e insiste não somente na ausência de barreiras ar-

---
64. Ver Schenk (2000), 473.
65. Para uma defesa eloqüente da idéia de que o valor marginal da riqueza diminui num ritmo mais lento que o do consumo, ver Carroll (2000).

bitrárias como também na igualdade de oportunidades iniciais para as pessoas dotadas de talentos equivalentes, igualdade essa garantida pelo fornecimento de um mesmo ponto de partida material e educacional – um campo imparcial de oportunidades para os que começam a vida. Mas esse critério ainda aceita a diferença de recompensas devidas aos diversos talentos naturais.

O conceito de "carreiras abertas para o talento", na verdade, é só uma modificação insignificante do libertarismo pleno. É uma forma fraca de igualdade de oportunidades que, se usada como único critério de justiça distributiva, implica a radical e persistente desigualdade dos resultados – resultados que, hoje em dia, quase ninguém aceitaria. Por outro lado, o libertarismo igualitário e a justa igualdade de oportunidades incorporam ideais mais substantivos de igualdade de oportunidades para os membros de uma sociedade[66].

Para essas teorias da justiça, a importância da riqueza não vem tanto da sua contribuição para o bem-estar, mas sim da sua função de determinar as oportunidades que as pessoas têm na vida. Evidentemente, numa economia capitalista, os mais ricos têm mais oportunidades de realizar seus interesses do que os mais pobres. Uma literal igualdade de oportunidades exigiria que a riqueza de todos no começo da vida (adulta) fosse igual e que as oportunidades de acumulação de riqueza fossem iguais no decorrer da vida. Quando se dá alta prioridade a essa condição de justiça, o argumento em favor da transferência de riquezas é radical: abstraindo-se os inevitáveis obstáculos práticos à implementação de um tal curso de ação, o ideal primário seria o de que as doações fossem rigorosamente limitadas e os le-

---

66. O mesmo se pode dizer do libertarismo "de esquerda" ou "libertarismo real" de Philippe Van Parijs, segundo o qual uma sociedade justa garante que "cada pessoa tenha as maiores oportunidades possíveis de fazer o que quer que ela queira fazer" (Van Parijs 1995, 25). Concepção semelhante encontra-se em Ackerman e Alstott (1999).

gados fossem distribuídos pela população em geral, de modo que todos pudessem começar a vida nas mesmas condições. Retomaremos essa questão no capítulo 7.

Seriam diferentes as conseqüências para a tributação da riqueza acumulada através do investimento dos ganhos. Se as pessoas realmente começassem a vida com os mesmos ativos financeiros e benefícios educacionais, a teoria da justa igualdade de oportunidades não imporia nenhum tributo com a finalidade de ajustar os retornos do mercado – nem sobre a riqueza nem sobre o consumo. Não obstante, seriam necessários muitos tributos de finalidade redistributiva para fornecer a mesma educação e a mesma formação a todos.

O libertarismo igualitário, por seu lado, exigiria uma redistribuição adicional para compensar as diferenças de retornos de mercado devidas aos talentos naturais. Mas nenhuma das duas teorias parece ter razões de justiça para incluir ou excluir a riqueza como base dessa tributação. Como ambas sustentam que, sem um tipo determinado de igualdade de oportunidades, as resultantes distribuições de consumo, renda e riqueza não são justas, não há razão de princípio para tributar certos elementos da vida econômica básica de uma pessoa mas não outros; logo, a tributação redistributiva deve empregar a combinação de bases tributárias que for mais eficiente para promover a concepção de igualdade de oportunidades favorecida pela teoria. Para ambas as teorias, a escolha da base tributária é puramente pragmática, pelo menos no que diz respeito às finalidades redistributivas.

VIII. O talento e o valor da autonomia

Se a justiça distributiva consistisse na igualdade de oportunidades (segundo alguma de suas definições), de tal modo que as diferenças na maneira pela qual as pessoas decidem usar as mesmas oportunidades não suscitassem questões de justiça, disso pareceria decorrer que as cargas tributárias também não deveriam ser dependentes das decisões das pessoas. Se duas pessoas com a mesma renda potencial tivessem rendas reais diferentes, a pessoa com a renda real menor não poderia reclamar de pagar os mesmos impostos que a outra, uma vez que, no que diz respeito à justiça econômica, ambas estariam exatamente na mesma situação. Desse ponto de vista, com efeito é o imposto de renda que é injusto, uma vez que impõe penas a certas decisões: o rato de praia goza do seu lazer sem ter de pagar impostos, ao passo que o mestre em administração econômica só pode comer caviar e tomar champanhe depois de pagar ao fisco uma significativa proporção do custo dessas coisas. Como vimos no capítulo 2, também existem argumentos de eficiência em favor da tributação do talento: sendo um imposto de valor fixo, o tributo sobre a renda potencial não gera efeito de substituição e – dentre os diversos impostos de valor fixo – é provável que tenha um efeito de incentivo maior do que o do imposto fixo individual[67]. Porém, no fim, ninguém defende a tributação do talento.

Um dos problemas para os quais sempre se chama a atenção é que o governo não seria capaz de coligir todos os dados necessários a respeito do potencial de renda das pes-

---

67. Daniel Shaviro afirma que existe um outro motivo pelo qual os teóricos preocupados com o bem-estar devem dar preferência ao talento com base tributária: quanto maior a renda potencial das pessoas (ou seja, quanto maior a sua "taxa de salário"), tanto maior é o seu bem-estar. Tomemos como exemplo duas pessoas, Andréia e Brian. A renda potencial de Andréia é maior do que a de Brian, mas sua renda real é menor (embora seu tempo de lazer seja maior). O bem-estar de Andréia é maior do que o de Brian, pois ela *poderia* ter o mesmo tanto de tempo livre que Brian com uma renda maior, mas prefere levar a vida que leva. Ver Shaviro (2000a), 402-6. Essa afirmação parte do pressuposto de que ambos obtêm o mesmo valor de utilidade de cada opção possível de renda real e diferem somente em seu gosto pelo lazer (p. 404). Está claro, porém, que as preferências de certas pessoas por esta ou aquela profissão – levando em conta não só o salário, mas o valor intrínseco que elas dão à profissão – são mais bem recompensadas pelo mercado do que as preferências de outras. Pode ser que Andréia odeie todas as profissões e cargos que têm salários altos. Cf. também Murphy (1996), 482-4.

soas. Mas existe também a objeção moral de que a tributação do talento imporia o trabalho a pessoas que poderiam sobreviver sem ganhar salários e forçaria muitas pessoas que prefeririam um cargo de salário menor a entrar em carreiras pelas quais não têm o mínimo interesse[68].

Para os teóricos da igualdade de oportunidades, que rejeitam o bem-estar como métrica adequada para avaliar os resultados distributivos, o valor da liberdade de ação (que fica assim comprometido) tem de ser compreendido deontologicamente – talvez como o direito de se fazer o que se quiser desde que a ação não infrinja os direitos alheios. Se os direitos alheios reconhecidos pela teoria são um estreito conjunto de direitos negativos, fica difícil compatibilizar essa visão com diversos deveres legais que não são objeto de controvérsia – como o dever de apresentar uma declaração de imposto[69].

Já a explicação conseqüencialista que Mill dá do valor da liberdade de ação como fator do bem-estar não enfrenta esse problema. E parece que não há controvérsia quanto à idéia de que esse bem – o bem de a pessoa poder decidir por si mesma como agir a partir de um leque de opções suficientemente amplo – deve fazer parte da métrica de avaliação dos resultados sociais. Por outro lado, essa concepção é menos explícita do que a outra no que diz respeito à medida em que essa liberdade deve ser protegida como um direito, e não simplesmente como um bem entre muitos outros.

Caso se cobrasse das pessoas um imposto determinado pela renda que elas poderiam ter, independentemente de tê-la de fato ou não, em que medida isso seria uma intromissão indevida na autonomia do sujeito? É verdade que isso levaria as pessoas a fazer opções diferentes das que fariam caso o dito imposto não existisse, mas é claro que a

---

[68]. Ver, p. ex., Kelman (1979), 842; Rakowski (2000), 267n.10.
[69]. Sobre as diferentes concepções de liberdade e autonomia, ver capítulo 3, seção X. Para uma discussão dos deveres legais positivos, ver Murphy (2001).

tributação da renda real faz a mesma coisa. Robert Nozick apresentou um famoso argumento segundo o qual a tributação da renda seria, por isso, "equivalente a trabalhos forçados"[70]; para alcançar seu nível predileto de consumo explícito, as pessoas são forçadas a trabalhar mais do que trabalhariam num mundo em que não houvesse impostos. Podemos partir do princípio de que esse argumento contra a tributação da renda é extremamente fraco, mas o que o distingue do argumento contra a tributação do talento?

A diferença entre os dois só pode ser uma diferença de grau. Em primeiro lugar, não podemos aceitar a formulação de Nozick. Não pode haver uma objeção de princípio ao mero fato de que a obrigação legal de pagar impostos limita violentamente as alternativas disponíveis para nós[71]. A lei criminal, as leis de trânsito, as leis de zoneamento e muitos outros deveres legais fazem exatamente a mesma coisa. Além disso, como à exaustão já observamos, não há motivo algum para se querer proteger as escolhas hipotéticas que poderíamos fazer num imaginário mundo em que os impostos não existissem.

Não obstante, a autonomia considerada como um valor deve nos levar a preferir um conjunto de instituições que limite o menos possível o leque de opções em comparação com outros conjuntos possíveis de instituições *existentes*. E a tributação do talento limita as escolhas das pessoas numa medida extrema em comparação com as formas mais conhecidas de tributação dos ganhos. Assim, embora ninguém possa ser escultor sem ter alguma fonte de renda, e embora a tributação dos ganhos faça aumentar a quantidade de trabalho (de faxineiro, por exemplo) necessário, um advogado de primeira linha que tiver de pagar impostos sobre uma renda anual potencial de 500.000 dólares logo vai perceber que o tempo que lhe resta para fazer esculturas é praticamente nulo. Por isso podemos dizer que a

---

70. Ver Nozick (1974), 169-71.
71. Ver Nozick (1974), 169.

tributação do talento pode prejudicar muito mais a carreira escolhida do que a comum tributação dos ganhos. Mas o que nos parece mais reprovável num caso como esse é que o advogado, por sua formação, estaria praticamente condenado a seguir uma única linha de trabalho – advogar para grandes empresas. Se as coisas são assim, o problema não é tanto que a tributação do talento obriga as pessoas a fazer o que prefeririam não fazer, mas que pode fazer com que as pessoas só tenham uma única opção na vida. Trata-se de uma intromissão extrema na autonomia individual, intromissão essa que contrabalança qualquer contribuição positiva que um imposto sobre o talento possa dar para o bem-estar agregado da comunidade.

De qualquer modo, os efeitos positivos da implementação de um imposto de talento sobre os níveis de bem-estar parecem bastante duvidosos. O efeito de renda de um tal imposto levaria um número muito maior de pessoas a optar por carreiras mais bem pagas. Talvez esse fato seja bom em si, uma vez que a produtividade aumentaria. Por outro lado, as pessoas mais capazes seriam afastadas de carreiras menos bem pagas mas socialmente preciosas. A maioria dos artistas das artes de criação e de espetáculo – pintores, escritores, poetas, compositores, violinistas, pianistas – iria ganhar mais dinheiro fazendo outra coisa. O mesmo provavelmente vale para muitos professores e pesquisadores. Se fosse possível implementar um imposto sobre o talento, ele teria o efeito social profundo de reduzir o número de pessoas a entrar nesses campos de atividade arriscados e que exigem muito trabalho. Em outras palavras, não é evidente que o bem maior esteja em que as pessoas que podem ganhar mais sempre decidam ganhar mais. E, sob um esquema de tributação do talento, um número ainda maior de pessoas estaria fazendo coisas de que não gosta, com conseqüentes efeitos maléficos sobre a qualidade do trabalho, para não mencionar o próprio bem-estar dos trabalhadores[72].

---

72. Sobre esta última questão, ver Shaviro (2000a), 414.

Essas razões em prol da rejeição de um imposto sobre o talento como parte do melhor esquema institucional podem parecer fracas demais. Não seria pura e simplesmente escandalosa a idéia de impor tributos aos inocentes surfistas de Malibu que sobrevivem com as parcas rendas de um trabalho de meio-período, obrigando-os assim a trabalhar o dia inteiro numa ocupação muito bem paga? Na opinião de muitos, os efeitos da tributação do talento sobre a decisão entre trabalhar ou não trabalhar em troca de pagamento fazem com que sua intromissão na autonomia seja tipologicamente diferente da do imposto sobre os ganhos.

Essa diferença, porém, não é uma diferença de tipo, mas somente de grau. Daniel Shaviro faz dois comentários eloqüentes a esse respeito. O primeiro trata da questão da renda atribuída (*imputed income*). O surfista de Malibu não tem consumo explícito, mas tem um grande consumo atribuído ou implícito (*imputed consumption*). Se houvesse um meio mágico de diminuir de algum modo a diversão do surfista e transferir esse benefício para o tesouro, a decisão de não trabalhar não seria obstáculo à tributação. Para mostrar a mesma coisa a partir de outro ponto de vista, Shaviro nos convida a imaginar que os advogados de Wall Street fossem pagos com um iogurte que estragasse em cinco minutos se não fosse tomado. Assim, para pagar seus impostos, eles teriam de limpar os edifícios do governo depois das horas regulamentares de trabalho. O que se quer ressaltar aqui não é que a tributação do talento não levanta obstáculos à autonomia dados os meios normais de arrecadação de impostos, mas sim que não existe nenhuma objeção moral intrínseca a se cobrarem impostos de pessoas que não ganham salário[73].

A segunda afirmação de Shaviro é tão significativa quanto a primeira. Observa ele que todos têm como certo – e não se incomodam com isso – que um aumento de impostos sobre os ganhos de um membro da família pode obrigar outro membro a escolher um trabalho remunerado, prefe-

---

73. Ver Shaviro (2000a), 410.

rindo-o a um trabalho não remunerado[74]. Se isso não escandaliza ninguém, por que as pessoas se escandalizam quando o mesmo efeito se aplica ao surfista?

A principal objeção ética à tributação do talento não é que ela obriga as pessoas a trabalhar, mas que, em comparação com a tributação comum da renda ou do consumo, ela constituiria uma intromissão muito mais radical na autonomia das pessoas. Sabendo-se disso, e dada a dubiedade dos ganhos de bem-estar facultados por uma tributação do talento, esta opção não poderia ser levada a sério, nem mesmo se fosse possível obter as informações necessárias para a sua implementação.

IX. Exclusões e créditos

Quer a base tributária seja o consumo, a renda ou o consumo e a riqueza, existem muitas outras questões específicas acerca de quais os tipos de consumo que *não* devem ser tributados. Como já observamos, os economistas nos dizem que as bases tributárias mais "limpas" têm menos efeitos de distorção e assim custam menos para todos. Com isso, o ônus da prova recai sobre aqueles que favorecem esta ou aquela dedução ou exclusão específica. Do mesmo modo, é preciso apresentar razões convincentes – de custo administrativo ou outras – para justificar que não se cobrem impostos sobre o consumo implícito; o caso mais discutido nesse contexto (um caso onde a tributação não seria totalmente inviável) é o do consumo implícito das pessoas que têm casa própria e, portanto, não têm de pagar aluguel para viver[75]. (Para deixar a terminologia mais simples, vamos usar a partir de agora a palavra "exclusões" para nos

---

74. Ver Shaviro (2000a), 412, 415-6.
75. Vários países europeus cobram impostos sobre o "aluguel implícito" (*imputed rent*) das habitações ocupadas por seus proprietários; ver Messere (1993), 234.

referir às deduções e à não-tributação do consumo implícito, uma vez que todas essas coisas são economicamente equivalentes[76].) Existem razões de justiça contra ou a favor de alguma das exclusões mais conhecidas? No capítulo 8 explicaremos de modo mais detalhado por que a preocupação com a eqüidade horizontal do tratamento tributário da habitação, por exemplo, não tem sentido – pelo motivo já muito conhecido de que a justiça não nos obriga a preservar as igualdades pré-tributárias de bem-estar ou de oportunidades. As questões de justiça suscitadas pelas exclusões, como as do correto tratamento tributário da riqueza, giram em torno dos efeitos dos diversos tipos especiais de consumo sobre o bem-estar ou as oportunidades das pessoas[77] e das conseqüências disso para o sistema tributário entendido como um meio de realização de resultados sociais justos.

Vamos dar um exemplo simples: o dinheiro gasto com tratamento médico não torna uma pessoa mais feliz do que outra que não teve esse tipo de gasto; além disso, de modo geral, os gastos com cuidados de saúde não são proporcionais ao consumo global de cada um. Por isso, qualquer tentativa de produzir uma distribuição mais igualitária do bem-estar mediante a tributação dos que consomem mais e a transferência do dinheiro para os que consomem menos há de fracassar se os gastos com cuidados médicos forem totalmente incluídos na base tributária.

Do ponto de vista da igualdade de oportunidades, essa questão é mais complicada, e as diversas teorias encaram

---

76. Nisso nos afastamos um pouco da terminologia jurídica; ver Chirelstein (1999), 1-2.

77. Não podemos nos esquecer de que, como acontece com as riquezas, a questão que se coloca para essas teorias não é: "Acaso essas exclusões têm lugar num código tributário feito para um mundo em que já existe este ou aquele tipo de igualdade de oportunidades?" – mas sim: "Acaso essas exclusões teriam lugar num código tributário que almejasse, entre outras coisas, a criar a igualdade de oportunidades?" Portanto, não se pode simplesmente pressupor que, digamos, o tratamento favorável dos proprietários de casa própria interfere com a igualdade de oportunidades.

de maneira diferente o "azar" de quem fica doente – segundo algumas teorias, essa causa de desigualdades deve ser compensada; segundo outras, não deve. Tudo depende de quais são os tipos de "azar" que se considera incluídos dentro do âmbito da justiça social. A existência de esquemas voluntários de seguros também muda o raciocínio[78].

A questão deixaria de existir, pelo menos em parte, se houvesse um sistema universal de seguro-saúde. Ainda haveria indivíduos que poderiam gastar mais dinheiro em tratamentos médicos maiores dos que os proporcionados pela cobertura universal, e efetivamente o gastariam; mas, a certa altura, o bem-estar perdido através desses gastos poderia deixar de ser visto como uma matéria de responsabilidade coletiva. O tratamento tributário favorável de qualquer gasto constitui na verdade uma transferência de fundos daqueles que não fazem essa escolha para os que a fazem. Como explicaremos de modo mais detalhado no capítulo 8, embora essas transferências não possam ser condenadas sob a alegação falaz de pecarem contra a eqüidade horizontal, isso não significa que não precisem ser justificadas.

Quando, porém, se chega à conclusão de que os gastos com cuidados médicos devem ser levados em conta pelo sistema tributário, é preciso determinar o que seria preferível: um crédito tributário total ou parcial ou uma exclusão. Num sistema de alíquotas graduadas, as exclusões da base tributária proporcionam um benefício maior às pessoas situadas nos escalões superiores que podem se aproveitar delas. Esse efeito tem sentido no contexto tradicional da teoria da capacidade contributiva, uma vez que os gastos com cuidados médicos são tratados como um dinheiro que o contribuinte nunca teve. Mas se a legislação tributária for avaliada de acordo com seus efeitos sobre os resultados sociais, a exclusão deixa de ser uma boa opção, uma vez que os ricos não perdem mais bem-estar do que os pobres por gastar uma determinada quantia com cuidados médicos;

---

78. Ver, p. ex., Bradford (1986), 161.

muito pelo contrário. Já o crédito tributário reduz os impostos da pessoa pela mesma quantia gasta, independentemente do total a ser pago. Trata-se de um ajuste mais preciso do bem-estar, uma vez que, para cada pessoa, o crédito proporciona um benefício do mesmo tamanho da perda ocasionada pelo fato de aquele dinheiro ter sido gasto com cuidados médicos e não com alguma outra coisa. (Ao que parece, existe entre os países da OCDE a tendência de substituir as exclusões por créditos[79].)

Cada uma das exclusões existentes na legislação tributária norte-americana suscita questões complicadas que já foram extensamente discutidas; não vamos procurar fazer aqui um apanhado geral[80]. Mas vale a pena fazer algumas observações sobre a chamada dedução pela contribuição com instituições de caridade. A palavra "caridade" dá a entender que essa dedução é um meio de descentralizar o processo pelo qual a comunidade se desincumbe da responsabilidade coletiva de aliviar os piores aspectos da vida dos que se encontram no degrau mais baixo da escala socioeconômica. Uma vez que não há consenso quanto à natureza dessa responsabilidade e quanto aos meios mais eficientes de promovê-la, existem argumentos em favor da idéia de que o Estado deve subsidiar as contribuições que os indivíduos fazem às instituições de sua preferência, em vez de tomar por si mesmo todas as decisões de uso do dinheiro público para esses fins. Mesmo assim, a dedução atual não pode ser defendida com base nesse argumento, pois muitas contribuições para a "caridade", que podem ser deduzidas da base de tributação, vão hoje para instituições culturais e educacionais que nada têm a ver com os pobres, os doentes e os deficientes[81]. O financiamento estatal dessas instituições pode ser desejável ou não; mas o

---

79. Ver Messere (1998), 11.
80. Para uma discussão excelente e sucinta do atual tratamento tributário da questão da habitação [nos EUA], ver Chirelstein (1999), 175-8; Slemrod e Bakija (2000), 185-90.
81. Ver Auten, Clotfelter e Schmalbeck (2000), 403-14.

argumento então seria muito diferente, e "caridade" não é de modo algum a palavra-chave apropriada.

De qualquer modo, um crédito tributário de alíquota fixa, correspondente às contribuições feitas a instituições qualificadas e sem fins lucrativos, seria, a nosso ver, preferível a uma dedução. Se o objetivo é deixar que os indivíduos particulares decidam para onde direcionar esse dinheiro sem pô-lo nas mãos do tesouro nacional, o sistema atual é imperfeito na medida em que dá mais poder de decisão aos que têm mais dinheiro.

Por causa da progressividade, todos nós damos mais apoio às opções caritativas dos ricos (permitindo que não paguem certa quantia de impostos) do que às da classe média e dos pobres. Esse efeito é intensificado pelo fato de a maioria dos contribuintes de renda medíocre não especificar suas contribuições para caridade, mas optar pela dedução simplificada.

Há um argumento significativo em favor da idéia contrária: se a resposta dos ricos ao valor tributário de suas contribuições é altamente elástica em comparação com a dos que não são ricos, pode ser que uma dedução induza um total maior de contribuições do que um crédito, com o mesmo sacrifício total de receita. Nesse caso, a questão seria a seguinte: será que o fato de a dedução liberar mais dinheiro para cada dólar tributário a que o Estado renuncia compensa o fato de que esse dinheiro a mais é usado para causas favorecidas pelos ricos?[82]

---

82. Para alguns, esse pode ser o principal argumento a favor disso: "Para dizê-lo simplesmente, pode-se afirmar que certas instituições contribuem mais do que outras para o mosaico social, cultural e intelectual. Daí poder-se justificar um sistema de deduções que tende a favorecer as contribuições caritativas prediletas dos contribuintes de renda mais alta" (Woodman 1988, 575).

Para uma das primeiras críticas da dedução por contribuição caritativa, vide McDaniel (1972). Quanto à experiência canadense com duas alíquotas de crédito tributário (17% dos primeiros 200 dólares doados e 29% das quantias superiores a 200 dólares) para as contribuições de caridade, ver Duff (2001).

X. Transições

Procuramos demonstrar que o imposto de renda não é injusto para com os poupadores e investidores. De modo mais geral, procuramos demonstrar que a justiça na tributação está em procurar se garantir determinados resultados, e não em garantir a justiça dos efeitos da tributação sobre uma certa distribuição básica de recursos ou de bem-estar. Nesse sentido, a justiça tributária está essencialmente ligada aos resultados. Isso, porém, não significa que só os resultados sejam fatores importantes para a política tributária, pois o caminho que leva a um determinado resultado também pode ser submetido a uma avaliação de justiça. Quando se operam mudanças sobre os arranjos institucionais vigentes, deve-se ter uma importante preocupação retroativa: a salvaguarda das expectativas razoáveis das pessoas. Uma vez que qualquer mudança para melhor não deixa por isso de ser uma mudança, essa é uma questão prática muito importante. Para usar a terminologia de Martin Feldstein, a questão com que nos confrontamos não é a da formulação de um sistema tributário, mas de uma reforma tributária[83].

Acredita-se que a mudança da tributação da renda para a tributação do consumo imporia uma espécie de imposto duplo sobre a riqueza existente – uma vez que a riqueza tornar-se-ia tributável quando retirada para consumo, muito embora sua acumulação já tivesse estado sujeita ao imposto de renda[84]. Como todos os efeitos de transição, este efeito torna muito mais difícil saber se, do ponto de vista da justiça distributiva, e levando-se em conta todas as variáveis, uma tal mudança de fato seria uma mudança para melhor. O problema não está somente em descobrir o

---

83. Ver Feldstein (1976). Mesmo o primeiro esquema de imposto de renda deve ser entendido como uma reforma (tomada neste sentido), uma vez que mudou as regras básicas da vida econômica.
84. Ver Slemrod e Bakija (2000), 177-80.

que esse imposto duplo significaria para os níveis absolutos e relativos de bem-estar e de oportunidades; é preciso inserir também na equação os efeitos das decisões que as pessoas tomariam quando soubessem que o esquema iria mudar[85].

Mas a importância das expectativas das pessoas não é só instrumental. Mesmo que todas as mudanças tributárias significativas pudessem ser conservadas em segredo absoluto até o momento da sua implementação, seria preciso saber se é correto mudar as regras do jogo a meio caminho da vida das pessoas. Embora ninguém tenha, no sentido abstrato, o direito absoluto à propriedade de um qualquer conjunto particular de recursos, há uma norma plausível de moralidade política segundo a qual nós temos o direito de gozar daquilo que tínhamos motivos para crer que viessem a ser as conseqüências de nossas ações dentro do arranjo institucional vigente. A norma de proteção das expectativas razoáveis pode ser explicada em função de uma noção qualquer de lealdade e honra, mas parece guardar um vínculo mais estreito com o valor da autonomia e o interesse particular que as pessoas têm na capacidade de fazer planos mais ou menos fixos para o futuro[86].

Até que ponto as expectativas devem ser protegidas? Isso depende de o quão razoáveis são essas expectativas. Não é razoável crer que a política econômica do governo permanecerá sempre a mesma no decorrer de várias décadas, e é perfeitamente possível planejar a vida levando em conta uma possível mudança de atitudes do governo em relação à dívida pública, ao salário mínimo ou à proteção ambiental. Mas seria contrário às expectativas razoáveis que o governo abolisse de repente, por exemplo, a dedução relativa ao pagamento dos juros da hipoteca da casa própria sem garantir nenhuma exceção para os que já tivessem

---

85. Há um livro inteiro dedicado ao exame desta questão a partir de um ponto de vista utilitarista: ver Shaviro (2000b).

86. Ver capítulo 3, seção IX.

contraído a hipoteca. A carga tributária que recairia de imediato sobre os detentores atuais de riquezas quando de uma transição para um imposto de consumo incluir-se-ia na mesma categoria.

Isso não significa que a justiça proíbe que haja uma transição. O que a justiça exige é que se adotem regras específicas para a transição, que teriam o objetivo de diminuir essa carga imediata para o âmbito daquilo que se poderia racionalmente esperar; ou que pelo menos dariam alguns passos nessa direção.

Mas, antes disso, não pensamos nem sequer que, do ponto de vista da justiça, se possa defender em princípio a mudança do imposto de renda para um imposto de consumo. Tudo o que podemos dizer é que somos favoráveis a que os impostos sejam mais utilizados do que são atualmente para controlar tanto as disparidades de riqueza, na medida em que isso é possível, quanto as disparidades de consumo. Um dos aspectos mais importantes desse tipo de programa é a tributação das transferências de riqueza entre as gerações, assunto do qual trataremos no capítulo 7.

6. Progressividade

I. Gradação, progressão, incidência e resultados

A gradação de alíquotas é uma questão política. Antes de 1º de julho de 2001, a maior alíquota marginal do imposto de renda para a pessoa física nos Estados Unidos era de 39,6%[1]. Essa cifra por si só mostra o quanto é grande a preocupação política com o número "40". Na verdade, essa taxa servia para esconder o fato de que a gradual redução das deduções específicas e das isenções pessoais para as faixas mais altas de renda elevava a alíquota real para acima de 40% em alguns casos[2].

A retórica política favorável aos diversos esquemas de taxa fixa também faz questão de chamar a atenção para a estrutura nominal de alíquotas. Eis uma citação tirada do *website* "Flat Tax", patrocinado por Dick Armey, líder da maioria republicana no congresso, e pelo senador Richard Shelby para promover seu projeto de lei de "Restauração

---

1. A Lei de Reconciliação do Crescimento Econômico e do Alívio Fiscal (*Economic Growth and Tax Relief Reconciliation Act*) de 2001 reduz as alíquotas de todas as faixas tributárias e introduz uma nova faixa, com alíquota de 10%. Entretanto, a lei deixa de vigorar no final do ano 2010; por isso, a menos que o Congresso norte-americano faça mais alguma coisa, em 2011 a maior alíquota será novamente de 39,6%. Para conhecer detalhadamente essa legislação grotesca, ver Joint Committee on Taxation (2001) e Manning e Windish (2001).

2. Ver Chirelstein (1999), 3-4, 182. E isso não é tudo: a alíquota de 39,6% foi posta em vigor como uma alíquota de 36% com sobretaxa de 10%.

da Liberdade e da Justiça", apresentado ao Congresso norte-americano em 1999[3]:

> O imposto de taxa fixa (*flat tax*) devolverá a justiça à legislação tributária, tratando a todos da mesma maneira. Independentemente de quanto dinheiro você ganha, do seu ramo de atividade, de você ser ou não um lobista em Washington, será tributado pela mesma alíquota aplicada a todos os outros contribuintes.[4]

Mesmo avaliada segundo os seus próprios critérios, essa afirmação é falsa, uma vez que a proposta Armey/Shelby prevê uma considerável isenção para a população de baixa renda: 25.000 dólares por ano para uma família de quatro pessoas, de modo que muita gente não pagaria imposto algum[5].

Mas o ponto mais importante é que existem três graus de separação entre as estruturas de alíquotas e qualquer questão séria de justiça distributiva. Em primeiro lugar, o que importa para a distribuição das cargas tributárias não são as alíquotas marginais, mas as médias. Em virtude da isenção, as alíquotas médias na proposta de imposto de taxa fixa de Armey e Shelby são progressivas em todas as faixas de renda; assim, no único sentido em que a palavra "alíquota" é levada em conta na doutrina tradicional da justiça tributária, naquele esquema os contribuintes não pagariam de modo algum a mesma alíquota de impostos[6].

Em segundo lugar, nem sempre é o responsável legal pelo pagamento de um imposto que arca com a sua carga econômica. Assim, por exemplo, costuma-se considerar que

---

3. H.R. 1040 (1999).
4. Ver http://flattax.house.gov/proposal/flat-sum.asp (visitado pela última vez em 6 de junho de 2001).
5. Sobre o surgimento dessa retórica enganadora no Congresso norte-americano no decorrer da década de 1990, ver Kornhauser (1996b).
6. Para uma discussão desse artifício retórico muito comum, ver Fried (1999a).

são os empregados que arcam com a carga dos impostos que os empregadores têm de pagar sobre a folha de pagamento[7]. Os economistas empenharam grandes esforços para resolver os problemas da incidência tributária; é evidente que os pressupostos de incidência são importantíssimos para a preparação das "tabelas de distribuição" cujo objetivo é informar os legisladores acerca da distribuição de cargas produzidas por diversos sistemas tributários[8].

De qualquer modo, e esse é o terceiro grau, as informações sobre a incidência real das cargas tributárias só têm uma importância instrumental. O que importa realmente são os resultados de grande escala. O governo que busca melhorar a justiça dos resultados sociais precisa saber se uma determinada reforma tributária vai aumentar ou diminuir a desigualdade, o nível de bem-estar dos mais pobres, a igualdade de oportunidades etc. O verdadeiro problema da moralidade política está em quanto os resultados sociais são justos; e o conhecimento da distribuição real das cargas tributárias só é importante na medida em que nos ajuda a atingir esse objetivo*.

Esse erro vicia a discussão clássica de Blum e Kalven, que procede em sua quase totalidade pela avaliação da progressividade segundo os critérios tradicionais de eqüidade tributária, sem levar em conta os critérios maiores de justiça social. A certa altura, porém, no final de seu ensaio, eles admitem com certa amargura a estreiteza da abordagem tradicional:

> Não podemos deixar de concordar com Henry Simons quando ele faz questão de que, em qualquer debate sobre a

---

7. Ver, para uma apreciação geral, Slemrod e Bakija (2000), 64-75.
8. Ver Bradford (1995).

* O argumento de justiça apresentado pelo presidente Bush em 2001, quando cortou os impostos de todas as faixas de renda, afastou-se da realidade ainda um pouco mais. Alegou ele que todos tinham de ter os seus impostos reduzidos e que seria injusto limitar a redução às pessoas de menos renda, por exemplo. Nisso ele pressupõe não só que os resultados do mercado são justos, mas também que o esquema tributário existente cobra as proporções corretas de todas as faixas de renda.

progressividade, o problema da desigualdade seja "posto abertamente em discussão". Não há dúvida de que isso é recomendável, tanto pela clareza quanto pela sinceridade. Não obstante, apresenta-se aí uma dificuldade insuperável. Num estudo da progressividade, assim que se começa a discutir abertamente o problema da desigualdade, constatamos que perdemos de vista o nosso assunto inicial.[9]

Evidentemente, isso só demonstra que eles estavam discutindo o assunto errado.

II. Avaliações dos resultados

Além de divergir quanto às questões dos direitos, da liberdade e da imparcialidade dos procedimentos, as diversas teorias de justiça aplicam critérios diversos à avaliação dos resultados sociais; esses critérios, por sua vez, precisam de tipos diferentes de informações[10]. Assim, se a igualdade do bem-estar é considerada importante em si mesma, é preciso escolher entre as diversas medidas possíveis de desigualdade (como o coeficiente GINI). Segundo a doutrina da prioridade (pela qual o Estado justo deve promover o bem-estar de todos mas deve dar prioridade ao dos mais pobres) ou o princípio de diferença de Rawls, o que é importante é o bem-estar absoluto de cada um e não os graus de desigualdade enquanto tais. Doutrinas como estas não exigem decisões a respeito das medidas de desigualdade, embora a inspiração do princípio de Rawls, pelo menos, seja igualitária[11].

É claro que, mesmo que a igualdade de bem-estar seja considerada um fim em si, não se pode pensar que ela é o único bem social; antes, deve ser comparada ao valor dos

---

9. Blum e Kalven (1952), 487. A citação é de Simons (1938), 18. Para uma crítica mais detida da abordagem de Blum e Kalven, que partem do pressuposto de que a tributação proporcional não precisa ser justificada, mas a progressiva precisa, ver Fried (1999a).
10. Para um panorama geral, ver Sen (1997).
11. Ver capítulo 3, seção VI.

níveis gerais de bem-estar[12]. Portanto, à semelhança do utilitarismo, todas as doutrinas acima mencionadas precisam de informações acerca do bem-estar e, abstraídos todos os outros fatores, consideram que a melhora dos níveis de bem-estar é um aumento da justiça dos resultados sociais.

O bem-estar é um valor complexo; dependendo da métrica adotada, o governo tem de fazer uso de dados como o número de horas de lazer, os indicadores de saúde, as condições de vida, a alfabetização e a educação, e não só o consumo e a riqueza. O sistema tributário está implícito em todos esses fatores na qualidade de fonte de receita para a educação e a saúde públicas etc.; mas, na medida em que a diferenciação de alíquotas tributárias é em si mesma um dos meios de se produzir um resultado social mais justo, o consumo e a renda são para isso os fatores mais pertinentes. O objetivo de uma teoria da justiça baseada no bem-estar é o de ajustar os níveis de tributação e de transferências monetárias a fim de que os níveis vigentes de consumo e riqueza sejam maiores do que de outro modo seriam.

Nem todos os aspectos do bem-estar podem ser medidos diretamente; é preciso avaliar elementos substitutos. Mas as teorias da igualdade de oportunidades se defrontam com problemas de informação ainda mais graves. Se os elementos substitutos do bem-estar forem bem escolhidos, podemos confiar que a avaliação dos resultados será mais ou menos correta. Mas quando o critério de justiça não quer saber qual o bem-estar que as pessoas têm agora, mas sim qual poderiam ter – quais são e foram suas oportunidades na vida –, parece não haver absolutamente nenhum elemento substituto que possa nos orientar, nem mesmo *grosso modo*. (Se pedirmos às pessoas que revelem ao coletor de impostos sua renda potencial, tal como a concebem, dificilmente chegaremos à verdade.)

Quanto mais igualitária a teoria, pior o problema. Assim, segundo o libertarismo igualitário, a sociedade será

---

12. Ver Parfit (1991) e Temkin (1993).

justa se forem compensadas todas as diferenças de oportunidades devidas aos antecedentes educacionais e sociais *e* aos talentos naturais. Uma vez que não temos como medir o talento natural, é impossível, mesmo num mundo em que todos têm à disposição os mesmos recursos materiais no começo da vida adulta, saber se a maior ou menor prosperidade de uma pessoa foi devida a fatores naturais ou às suas próprias decisões.

A justa igualdade de oportunidades é um pouco mais mensurável, uma vez que suas exigências se limitam à igualdade de educação e de recursos financeiros no começo da vida adulta. Mas é claro que a igualdade de oportunidades de desenvolvimento dos talentos naturais não se esgota numa idêntica destinação de fundos para todas as escolas. Como observa Rawls, "a medida do desenvolvimento e da fruição das capacidades naturais é determinada por condições sociais e atitudes de classe de toda espécie. Mesmo a disposição de fazer um esforço, de tentar, e de assim obter algum merecimento no sentido comum da palavra, depende na verdade de circunstâncias familiares e sociais felizes"[13]. Se isso é verdade, é muito difícil saber se a justa igualdade de oportunidades está se realizando ou não. O próprio Rawls assevera que sua realização é "impossível na prática"[14].

Depois de dizer tudo isso, talvez possamos contornar algumas dessas questões esotéricas da seguinte maneira: para a avaliação da progressividade de um esquema tributário, os valores sociais mais importantes são os que têm relação com a igualdade e a desigualdade. Como vimos, é

---
13. Rawls (1999b), 64.
14. Rawls (1999b), 64. A questão de como as teorias da igualdade de oportunidades devem avaliar os resultados sociais deu margem às mais diversas propostas feitas por vários filósofos. Ronald Dworkin, por exemplo, apresentou uma sugestão que gira em torno da idéia de um hipotético mercado de seguros para as capacidades. Ver Dworkin (2000), 83-109. Para uma proposta diferente e um apanhado geral dos assuntos tratados aqui, vide Rakowski (1991), cap. 6. Para a abordagem de Van Parijs, ver Van Parijs (1995), cap. 3.

grande o leque de opiniões acerca da responsabilidade que a sociedade tem para com o bem-estar econômico de seus membros, especialmente dos mais pobres. Num extremo temos a posição libertária, segundo a qual a única função do governo é proteger os direitos negativos das pessoas – os direitos que prevalecem contra a força, a fraude, o roubo e a violência; já a provisão de bens positivos, desde a subsistência, é responsabilidade do indivíduo. Existem também aqueles que deixariam a cargo do governo o fornecimento de certos bens públicos como a proteção ambiental, a educação, os correios e as estradas. Mas a maioria das pessoas vai mais longe ainda e aceita a idéia de que o governo tem o dever social de promover o bem-estar material dos indivíduos e fornecer-lhes alguns dos recursos necessários para que possam buscar realizar seus interesses na vida.

A responsabilidade pode ser definida de diferentes maneiras e em diferentes níveis. Alguns dizem somente que o Estado deve garantir a existência de uma espécie de "rede de segurança" social que impeça as pessoas de cair na miséria extrema. Outros asseveram que deve haver uma ação pública voltada especialmente a dar a todos uma igualdade de oportunidades positiva, a fim de que possam competir em igualdade de condições pelo sucesso social e econômico. Outros são a favor de uma ação mais abrangente em vista da melhora do bem-estar de todos. Os utilitaristas são a favor de cursos de ação que elevem ao máximo o benefício total de todos os membros da sociedade. Os prioritaristas ou os que aceitam o princípio da diferença de Rawls são a favor de cursos de ação que beneficiem particularmente os que se encontram na rabeira da escala social e econômica.

As discordâncias sobre a extensão da responsabilidade pública não vão desaparecer; fazem parte da própria essência da política. Porém, gostaríamos de afirmar o seguinte: apesar das discordâncias, existe um largo território de concordância entre as doutrinas que levam a sério a responsabilidade do governo pelo bem-estar dos cidadãos. O utilitarista, o teórico rawlsiano, o prioritarista, o que acredita na necessidade de uma rede de segurança social, o defensor da justa igualdade de oportunidades e o libertarista igualitário – todos eles se preocupam com a pobreza.

A pobreza é má sob todos esses pontos de vista. A vida dos pobres é difícil, muitas vezes humilhante; as crianças nascidas em famílias pobres têm menos oportunidades e expectativas mais modestas. Como quer que se considere o assunto, um aumento dos recursos dos pobres sempre produz um grande benefício para cada dólar gasto – um benefício maior do que um aumento comparável nos recursos dos que têm mais ou muito mais. É essa a justificativa mais simples e básica das ações redistributivas e é aceita em maior ou menor grau por um grande número de doutrinas contrárias ao libertarismo.

Do ponto de vista das teorias tradicionais de justiça, portanto, a avaliação dos resultados de um esquema tributário depende no mínimo de duas coisas: em primeiro lugar, de o esquema ser capaz de gerar uma receita suficiente para garantir o fornecimento adequado de bens públicos como a defesa nacional, o sistema judiciário e a educação; e, em segundo lugar, de ele resultar num padrão de vida decente para os membros menos privilegiados da sociedade. Está claro que essas coisas serão objeto de avaliação tanto para um critério utilitarista quanto para um critério mais igualitário.

Por isso, em certa medida, e para todos os efeitos no que diz respeito à avaliação dos graus de progressividade tributária, podemos considerar mais representativo o método de avaliação que pesa os efeitos do sistema tributário sobre o bem-estar agregado, efeitos esses que dependem bastante do bem-estar daqueles que se encontram nos degraus mais baixos da escala socioeconômica. Toda concepção de justiça que visa ao bem-estar e à igualdade de oportunidades dos membros da sociedade – quer atribua um peso especial à situação dos desprivilegiados, quer não – tem de atentar particularmente para o padrão de vida dos mais pobres. Por isso, no restante deste capítulo, vamos tratar somente das teorias de justiça distributiva que avaliam os resultados em função do bem-estar.

III. A tributação ótima

Existe uma corrente ilustre da literatura econômica que trata da otimização das alíquotas dos tributos e transferências. Essa corrente nasceu com um artigo escrito por James Mirrlees em 1971[15] e é extremamente importante para o estudo da justiça na tributação. O dado mais significativo é que, nela, o assunto é abordado de maneira correta, mediante a investigação dos resultados e não da distribuição dos ônus. Os parâmetros normativos da análise de otimização tributária (os parâmetros da economia do bem-estar) são em nossa opinião estreitos demais para permitir a elaboração de uma teoria ampla da justiça tributária, mas, não obstante, os resultados desses estudos fornecem informações essenciais para a implementação de qualquer concepção não-libertária de justiça.

A questão central dessa linha de pensamento é a seguinte: qual o nível de tributação que mais promove o bem-estar (quer se dê mais importância ao bem-estar dos mais pobres, quer não) dadas as perdas de bem-estar causadas pelos efeitos comportamentais de um imposto sobre a renda? Toda teoria de justiça que volte sua atenção para os níveis de bem-estar – inclusive uma teoria que atribua um peso intrínseco a uma igualdade maior (conquanto tais teorias não sejam normalmente levadas em consideração na literatura sobre otimização tributária) – tem de haver-se com o fato de que, ao tempo que os impostos permitem uma redistribuição de recursos dos mais ricos para os mais pobres, podem também deprimir os esforços de trabalho e, assim, reduzir o bem-estar geral.

---

15. Uma discussão crítica acessível e muito útil pode ser encontrada em Slemrod e Bakija (2000), 103-32; Slemrod (1990); Slemrod (1998).

São as alíquotas marginais que determinam os efeitos sobre o trabalho: a decisão de trabalhar ou não uma hora a mais é determinada pelo quanto de imposto se paga sobre essa hora a mais, e não pelo quanto se paga sobre as horas já trabalhadas. Assim, se os efeitos da tributação sobre o trabalho são objeto de preocupação, as alíquotas marginais devem ser tão baixas quanto possível. Mas, quanto mais baixas as alíquotas, menor a receita. Assim, a análise de otimização tributária busca determinar – em função de diferentes critérios de justiça nos resultados – o correto equilíbrio entre a receita arrecadada e o bem-estar perdido em virtude dos efeitos da tributação sobre a quantidade e a intensidade do trabalho.

Além das faixas tributárias graduadas, a começar do zero, os modelos tradicionais de otimização tributária pressupõem também um mecanismo de redistribuição mais radical: em vez de uma larga faixa de isenção para as menores rendas, uma renda mínima universal (*demogrant*) positiva fornecida a todos. Essa renda mínima universal é equivalente a uma isenção de impostos para toda renda até um certo limite e a um imposto de renda negativo para a renda que fica abaixo desse limite*. Segundo muitas análises (quer o critério de avaliação de resultados dê mais peso à situação dos mais pobres, quer não), o resultado ótimo é surpreendente: uma excelente renda mínima universal associada a alíquotas tributárias iguais ou decrescentes – que podem até chegar a zero na faixa mais alta da distribuição de renda[16].

Cada um dos modelos de otimização da tributação parte de pressupostos diferentes e cada um dos conjuntos de pressupostos é passível de contestação[17]. Porém, o pres-

---

* Com uma alíquota tributária marginal de 50%, por exemplo, uma renda mínima universal de 15.000 dólares seria equivalente à isenção total de impostos para os primeiros 30.000 dólares de renda ou a um crédito tributário de 5.000 dólares para quem ganha só 20.000.

16. Ver, p. ex., Bankman e Griffith (1987); Slemrod (1990).

17. Para um resumo dos efeitos dos diversos pressupostos, ver Slemrod e Bakija (2000); Zelenak e Moreland (1999). Como observa Slemrod, um dos

suposto mais importante trata da existência e da dimensão dos efeitos do sistema tributário sobre a oferta de trabalho – e todos os modelos partem da idéia de que esses efeitos existem em maior ou menor medida. Todos, pois, partem do pressuposto de que as alíquotas tributárias marginais diminuem os atrativos do trabalho e do ganho. O problema é que, segundo os dados empíricos, esse efeito é bastante raro no que diz respeito à escolha entre lazer e trabalho, pelo menos em se tratando das alíquotas que têm sido aplicadas até agora. (Uma das exceções importantes é o comportamento dos casais quando um membro do casal tem um trabalho remunerado e o segundo gostaria de ter – uma questão de eqüidade da qual trataremos no capítulo 8.) Slemrod e Bakija escrevem que "quase todas as pesquisas chegaram à conclusão de que a participação dos homens no trabalho e o número de horas que trabalham praticamente não mudam com as mudanças na renda pós-tributária, ou seja, com as mudanças das alíquotas tributárias marginais"[18].

Isso diminui significativamente a importância dos estudos de otimização tributária para a formulação do sistema tributário. Nos últimos anos, porém, em específico depois da publicação de um artigo de Martin Feldstein em 1995, os economistas voltaram sua atenção para os efeitos da tributação sobre a renda tributável. Não é só pela oferta de trabalho que um cidadão pode mudar sua renda tributável; pode também, por exemplo, mudar a quantidade ou a modalidade de seus investimentos, pode variar o momento do recebimento da renda, pode optar por formas não-tributáveis de compensação, pela pura e simples sonegação e

---

pressupostos mais contestáveis da maioria dos modelos é que "os ricos só são diferentes dos pobres em uma coisa: são dotados da capacidade de ganhar mais dinheiro no mercado, o qual refletiria assim a produtividade real maior de seu esforço de trabalho" (Slemrod 2000, 12). Ignora-se assim o papel da sorte, dos gostos e da herança, entre outras possibilidades; ver pp. 12-3.

18. Slemrod e Bakija (2000), 107. Ver também Slemrod (1998) e (2000), 3-28; Moffitt e Wilhelm (2000).

por uma ou outra das diversas deduções[19]. Qualquer uma dessas reações perante a tributação pode causar uma perda de bem-estar geral. Feldstein calcula que os efeitos da tributação sobre a renda tributável são bastante pronunciados, especialmente para os cidadãos de mais renda; pesquisas subseqüentes produziram estimativas menos drásticas do tamanho dessa reação comportamental, mas que mesmo assim são significativas[20]. Numa recente análise de otimização tributária baseada nas reações da renda tributável às mudanças nas alíquotas marginais, o resultado mais eficiente, dado um critério de justiça que dá prioridade ao bemestar dos mais pobres, foi uma renda mínima universal significativa (11.000 dólares) associada a alíquotas marginais altas mas declinantes[21].

Esse trabalho ainda está em andamento e não se pode dizer que os profissionais chegaram a um consenso quanto às variações da renda tributável determinadas pelas variações de alíquotas. Um dos problemas é o acompanhamento das mudanças de renda tributável que não têm relação com as reformas tributárias das décadas de 1980 e 1990, e que não são o objeto de estudo dessas pesquisas[22]. Não procuraremos tomar posição nesse debate. Não obstante, diremos que o estudo dos efeitos da tributação sobre a renda tributável, e não sobre a oferta de trabalho, pode gerar enganos. Embora o governo não possa fazer quase nada para mudar as preferências das pessoas quanto ao trabalho

---

19. Ver Feldstein (1995 e 1997).
20. Ver Auten e Carroll (1999); Goolsbee (2000); Gruber e Saez (2000). A magnitude técnica que os economistas usam para medir o tamanho desse efeito é a elasticidade da renda tributável em sua relação com os retornos pós-tributários – a porcentagem de mudança da renda tributável que resulta de uma mudança de 1% nos retornos pós-tributários. Enquanto as estimativas que Feldstein fez dessa elasticidade variam entre 1 e 3, as estimativas mais recentes tendem a ser significativamente menores, da ordem de 0,5%.
21. Ver Gruber e Saez (2000), Tabela 10, critério "Utilitarista: Progressivo". Em virtude da renda mínima universal, o esquema continua progressivo.
22. Ver Slemrod (1998), 780-1.

e ao lazer, ele pode, pela estrutura do sistema tributário e de outras maneiras, alterar a capacidade das pessoas de mudar sua renda tributável por outros meios que não pelo simples ato de trabalhar menos. Como observou Slemrod, o modo de ação do governo tem grande influência sobre o quanto esses fatores não-relacionados com o trabalho mudam de acordo com as alíquotas tributárias[23].

Não se pode afirmar com certeza, portanto, que seria necessário implementar alíquotas marginais declinantes para gerar a receita necessária para garantir uma substancial renda mínima universal. Mesmo assim, essa história tem uma moral importante: o que importa são os resultados, não as alíquotas.

Em primeiro lugar, existe uma dissonância extrema entre o papel principal da renda mínima universal nas teorias de otimização tributária e a opinião pública contemporânea sobre a justiça econômica: são poucos os que aprovam uma renda mínima garantida[24]. Mas quando sacudimos o jugo do libertarismo vulgar, já não temos motivo algum para excluir terminantemente uma possibilidade que é, afinal de contas, um dos meios que temos à disposição para alcançar nossos objetivos sociais coletivos. O mesmo se pode dizer do destino da gradação de alíquotas. Quer os teóricos da otimização tributária concluam pela superioridade das alíquotas declinantes, quer não (sempre a partir de critérios plausíveis de justiça nos resultados sociais), esse exercício põe sob a plena luz do dia o fato de que a justiça de um esquema tributário não pode ser percebida por intuição com um mero olhar sobre a tabela de distribuição – e muito menos sobre a tabela de alíquotas. Temos de nos acostumar a não olhar somente para a superfície da legislação tributária e a voltar nosso olhar para os efeitos sociais dessa legislação.

---

23. Ver Slemrod (1998), 778-9; Slemrod e Kopczuk.
24. A tal ponto que Zelenak e Moreland (1999) foram movidos a elaborar um modelo tributário otimizado sem a renda mínima universal; o resultado foi a reabilitação da gradação de alíquotas.

Mas há uma conclusão muito importante a se tirar das lições dos economistas sobre a distinção entre meios e fins. Se eles nos dizem que alíquotas mais baixas associadas a uma renda mínima universal seriam, mesmo do ponto de vista de uma teoria de justiça fortemente igualitária, melhores do que uma gradação progressiva de alíquotas coroada por uma alíquota bastante alta na faixa de renda mais elevada, isso não nos dá absolutamente nenhum motivo para deixar de lado as alíquotas altas *sem* introduzir um programa de renda mínima universal. Isso é perfeitamente óbvio. Na prática, porém, essa conclusão é ignorada com freqüência. Costuma-se afirmar – é o que faz Joseph Stiglitz, por exemplo – que as conclusões dos estudos de otimização tributária influenciaram a tendência de redução das alíquotas na década de 1980[25]. Essa tendência não se vincula à atribuição de um papel mais importante às transferências de dinheiro vivo; muito pelo contrário[26]. Ninguém que se preocupe com o bem-estar, nem mesmo os utilitaristas, pode encarar a desigualdade que tem crescido nos Estados Unidos nos últimos vinte anos[27] como uma melhora do ponto de vista da justiça. É possível que, em suas conseqüências práticas de curto prazo, o interesse dos economistas pelos efeitos comportamentais da tributação tenha feito mais mal do que bem à causa da justiça social.

IV. Reforma tributária

Os reformadores têm de se deixar guiar por juízos ponderados acerca dos objetivos mais adequados para o governo numa sociedade justa. Para traduzir esses objetivos num curso de ação econômica, o governo precisa de informa-

---

25. Stiglitz (2000), 562; ver também Slemrod (1990), 166-8; e os parágrafos de abertura de Gruber e Saez (2000).
26. Ver Hershkoff e Loffredo (1997); Slemrod e Bakija (2000).
27. Ver Bernstein et al. (2000); Wolff (1996 e 2000).

ções sobre os níveis de bem-estar (medidos pela métrica adequada) dos diversos grupos sociais; talvez precise também de dados sobre a desigualdade. Precisa ainda de informações sobre os efeitos das diversas mudanças tributárias e de transferências sobre o comportamento econômico da população; nesse caso, tem de se basear nas pesquisas empíricas dos economistas e talvez um pouco, também, no método de tentativa e erro.

As tabelas de distribuição continuam sendo importantes, mas só na medida em que nos permitem comparar os resultados pós-tributários de diferentes cursos de ação. Se a justiça dá prioridade à melhora do padrão de vida dos mais pobres, por exemplo, uma tabela de distribuição que mostre as mudanças de renda disponível para cada uma das faixas de renda pode mostrar se a reforma está tendo efeitos benéficos (desconsiderando-se os outros fatores). Por fim, o grau de progressividade do esquema tributário também é afetado pela tentativa do governo de fornecer uma quantidade adequada de bens públicos; como vimos no capítulo 4, o ideal é que isso dependa de informações acerca da utilidade marginal dos gastos públicos e privados para as pessoas situadas em diferentes faixas de renda e riqueza.

O melhor critério de justiça para a avaliação dos resultados sociais é uma questão controversa de moralidade política. O melhor meio para se alcançar um determinado conjunto de objetivos é uma questão controversa de economia prática. É de esperar que as duas questões sempre sejam objetos de grande desacordo, e por isso não é fácil responder à pergunta: "Qual deve ser o grau de progressividade da estrutura de alíquotas?" Porém, a dificuldade da questão não pode ser confundida com um vazio ou uma indeterminação.

Henry Simons disse que o critério de capacidade contributiva poderia justificar qualquer nível de progressividade ou regressividade[28]. Ele tinha razão, pois esse crité-

---

28. Ver Simons (1938), 17.

rio *é* vazio. As discordâncias sobre a justa repartição da carga tributária não têm relação alguma com os princípios morais; são discordâncias sobre o nada. Mas as discordâncias sobre a justiça social não são discordâncias sobre o nada. Seria tolice almejar a uma unanimidade ou a uma convergência de fins em torno do amplo leque de questões morais apresentadas nos capítulos 3 e 4, ou em torno das questões econômicas que determinam a escolha dos meios institucionais. Porém, também seria tolice pensar que não existem respostas melhores e piores para cada uma dessas questões.

Nós mesmos preferimos aquelas concepções de justiça segundo as quais a sociedade deve ter o objetivo de proporcionar a todos os seus membros pelo menos um nível mínimo de bem-estar e de acesso às oportunidades. Essa doutrina exige que se considerem cuidadosamente dois tipos de progressividade no sistema tributário. Em primeiro lugar, a progressividade de uma substancial renda mínima universal, que resulta num imposto de renda negativo (transferência de dinheiro) para as faixas de baixa renda. Em segundo lugar, a progressividade das alíquotas marginais, onde a distribuição de renda é muito desigual. Empiricamente, esta segunda questão é mais difícil, uma vez que depende dos efeitos de incentivo e das possibilidades de modificação de renda em vista de se evitar o imposto. Mas os dados disponíveis não parecem demonstrar que é preciso que as alíquotas marginais sejam iguais ou declinantes para se gerar as receitas necessárias para o fornecimento de condições adequadas para os mais pobres.

O fornecimento de um mínimo social básico atende a uma concepção de justiça humanitária ou moderadamente igualitária. Porém, existem argumentos morais sérios em favor das doutrinas mais fortemente igualitárias. Estamos convictos de que as instituições sociais devem promover o bem-estar dos mais pobres num grau muito maior do que a maioria das pessoas consideraria o mínimo necessário – e isso, se for preciso, à custa não só do bem-estar dos mais ricos mas também do bem-estar geral, do tamanho total do bolo. Não defendemos a idéia de que a igualdade é o valor supremo, de tal modo que até a miséria comum a todos fosse melhor do que a desigualdade; ninguém é a favor de uma tal concepção de justiça. O ideal, antes, é o de uma comunidade comprometida com a melhora da vida de todos os seus membros; o que dá um caráter igualitário a essa concepção é a convicção de que, enquanto houver pobreza, deve-se atribuir um peso excepcional aos interesses dos mais pobres.

Uma das conseqüências claras dessa concepção é a possibilidade de que um movimento em direção à justiça acarrete uma perda significativa de renda e riqueza para os que agora estão no topo da escala social – não porque isso fosse um bem em si, mas porque, do ponto de vista moral, é melhor que esses recursos tenham um uso diferente do que têm agora; e o sistema legal tem o direito legítimo de reformular os direitos de propriedade em vista desse fim, se for capaz de fazê-lo com eficácia. Se adotamos uma tal concepção, chegamos à conclusão de que o sistema de tributos e transferências de uma sociedade capitalista justa tem como uma de suas funções a redistribuição da renda bruta e da riqueza. A escolha do melhor mecanismo depende de seus efeitos econômicos; é possível que tal mecanismo envolva o fornecimento de uma grande renda mínima universal e o uso de alíquotas tributárias substancialmente progressivas.

Atualmente, os Estados Unidos não fornecem nem o mínimo social básico e, assim, não correspondem nem sequer à mais liberal das duas concepções de justiça que mencionamos. Dado esse fato, o atual clima de reforma tributária é moralmente perverso sob todos os pontos de vista: gigantescos cortes de impostos para os ricos, a abolição do imposto sobre o espólio, a abolição da gradação de alíquotas – todas essas medidas são movimentos na direção de uma injustiça cada vez maior, e as duas primeiras já foram tomadas[29]. No mundo político real, as questões em jogo, infelizmente, não têm somente caráter moral e empírico, mas também retórico ou ideológico. "O dinheiro é seu, não do governo!" – essa idéia continua sendo um apelo forte contra a noção de que seria melhor disponibilizar à população de baixa renda uma porção significativa do produto social do que deixá-lo nas mãos dos muito ricos e de seus herdeiros. Falaremos um pouco mais sobre esse aspecto do problema no último capítulo do livro.

---

29. Pela Lei de Reconciliação do Crescimento Econômico e do Alívio Fiscal de 2001; ver Joint Committee on Taxation (2001) e Manning e Windish (2001). A organização Citizens for Tax Justice estima que a porção de 1% de contribuintes mais ricos, os que têm uma renda anual de 373.000 dólares ou mais, vão receber 25,1% dos cortes de imposto de renda introduzidos por essa lei, e 37,6% dos cortes dos impostos de renda e de espólio combinados. Ver http://www.ctj.org/html/gwbfinal.htm (visitado pela última vez em 5 de julho de 2001).

7. Heranças

I. O "imposto sobre a morte"

Em 1997, 1% da população norte-americana recebia cerca de 17% da renda do país. Mas a distribuição da riqueza era ainda mais distorcida. Segundo os dados de 1998, 1% das residências detinham cerca de 38% da riqueza e os 20% mais ricos detinham cerca de 83% do total[1]. Como observamos no capítulo 5, as estimativas de qual a proporção de riquezas recebidas por herança variam muito, mas a média dessas estimativas é de cerca de 50%[2]. Evidentemente, a transmissão da riqueza por herança é uma das principais causas da desigualdade econômica nesta sociedade que não tem consciência de suas classes.

Em virtude das elevadas isenções e da possibilidade de evasão, os impostos sobre as doações e legados nunca chegaram a afetar de modo significativo as fortunas herdadas; em geral, respondem por cerca de 1% do total da receita federal[3]. Esse tipo de tributação nunca teve muito apoio político e, o que é notável, esse apoio só tem feito diminuir em face da crescente desigualdade na distribuição de riquezas[4].

---

1. Wolff (2000).
2. Ver capítulo 5, seção VI.
3. Ver Pechman (1987), 235-6; Davenport e Soled (1999), 593.
4. Sobre a tendência de desigualdade na distribuição de riquezas, ver Wolff (1996 e 2000).

Essa tendência chegou ao auge em junho de 2001, quando o presidente George W. Bush assinou a Lei de Reconciliação do Crescimento Econômico e do Alívio Fiscal, que reduz gradualmente os impostos sobre doações e legados a partir de 2002 e abole totalmente o imposto sobre o espólio em 2010. Mas, como a mesma lei perde a validade no final de 2010, esse imposto deve desaparecer somente por um ano[5]. É óbvio que a legislação fiscal terá de ser renovada antes de 2011; mas não sabemos ainda se o imposto sobre o espólio será definitivamente abolido a partir de 2010.

Durante a campanha eleitoral, o sr. Bush várias vezes fez questão de manifestar sua oposição ao "imposto sobre a morte". No último debate, quando lhe perguntaram por que ele defendia a abolição total do imposto sobre o espólio em vez de uma simples restrição dos seus efeitos, ele disse, entre outras coisas:

> Na minha opinião, não é justo cobrar impostos duas vezes sobre os ativos das pessoas, qualquer que seja a condição social delas. É uma questão de justiça. Não é uma questão política, mas uma questão de princípios.[6]

Há tempos que o imposto sobre o espólio é um assunto político delicado – no contexto do qual avulta o sofrimento das famílias de pequenos agricultores e dos pequenos empresários; mas agora muita gente parece concordar com a idéia do presidente Bush de que a tributação das transferências gratuitas de riqueza depende de princípios específicos[7].

---

5. Ver Joint Committee on Taxation (2001) e Manning e Windish (2001).
6. Debate Presidencial, Washington University, St. Louis, 17 de outubro de 2000. A transcrição do debate pode ser obtida em http://www.debates.org/transcripts/ (visitado pela última vez em 7 de junho de 2001).
7. Dentre os que concordam com essa idéia há alguns especialistas em tributação: Hall e Rabushka (1995), 126, escrevem que "um imposto sobre o espólio constitui uma tributação dupla, violando assim um princípio sagrado da boa política tributária". A palavra "sagrado" parece um pouco forte.

Porém, esses princípios não podem ter relação com o número de vezes que um ativo é tributado. É difícil saber se essa objeção se deve à simples demagogia ou a uma confusão real. Os impostos não são como as penas criminais, que não podem ser impostas duas vezes pelo mesmo crime. E a tributação da herança não é uma nova aplicação do mesmo imposto de renda ou imposto sobre vendas a uma mesma renda ou transação econômica. É comum que os ativos das pessoas sejam tributados "duas vezes" por impostos diferentes. É o que acontece, por exemplo, quando um imposto sobre vendas recai sobre os gastos de alguém que já pagou imposto de renda, ou quando um imposto sobre a propriedade incide sobre um ativo comprado com uma renda já tributada. A questão de justiça que se aplica em casos como esses não é a da dupla tributação considerada em si, mas a dos efeitos cumulativos dos impostos múltiplos.

Quando o assunto é examinado sob a ótica tradicional da distribuição de cargas tributárias, portanto, o que importa é a carga total com que uma pessoa (não um ativo) tem de arcar, em comparação com as outras pessoas[8]. Assim, tradicionalmente, considera-se um problema a "dupla tributação" das economias e investimentos num regime de imposto de renda (consideração errônea, como demonstramos no capítulo 5), pois assim os poupadores e investidores sofrem uma tributação mais pesada do que os gastadores situados num nível de renda equivalente. Nem todos os legados e doações são tributados, de modo que temos de fazer aqui uma comparação entre aqueles que pagam o imposto combinado sobre doações e legados e os que não pagam. Sob o regime vigente em 2001, os pagantes constituem cerca de 2% dos mortos, os mais ricos[9]. Em geral, um

---

8. "Embora seja difícil negar o poder simbólico da numerologia no decorrer da história da cultura, ela parece não ter lugar algum na discussão de um projeto de sistema tributário. O princípio que nega a dupla tributação econômica não pode ser uma norma de justiça. A justiça trata das cargas relativas entre as pessoas, não entre as coisas" (Dodge 1996, 563, com omissão da nota de rodapé).

9. Ver Davenport e Soled (1999), 594-5.

casal legalmente unido em matrimônio pode transferir até 1,35 milhão de dólares em doações e legados antes de estar sujeito ao imposto; pela legislação de 2001, essa quantia sobe para 2 milhões de dólares em 2002 e vai aumentando até a abolição final do imposto sobre o espólio. Além disso, um casal pode dar a outros indivíduos até 20.000 dólares por ano por pessoa sem ter de pagar impostos; só quantias superiores a essa são incorporadas ao máximo que pode ser transferido sem sofrer tributação[10]. Deixando de lado por enquanto a grande possibilidade de evasão fiscal[11], as pessoas que não pagam o imposto têm menos renda e riqueza do que as que pagam, ou senão consomem mais do que elas.

Será injusto impor uma carga tributária maior aos que têm mais renda e riqueza? Segundo a terminologia tradicional, essa é uma questão de eqüidade vertical, e questões como essa só podem ser resolvidas dentro do contexto maior da justiça distributiva. Alguns comentadores defendem o imposto sobre as doações e legados pelo fato de o mesmo vir a reforçar um imposto de renda insuficientemente progressivo[12]. Pode até ser que haja sólidas razões de eficiência em favor dessa maneira invertida de se alcançar um dado nível de progressividade; é o que ocorre, por exemplo, se um imposto sobre os legados tiver menos efeitos de distorção do que um imposto de renda que gere a mesma receita[13]. Mas o que está em jogo aqui é a questão inteiramente geral da progressividade; a "dupla tributação" não tem absolutamente nada que ver com o assunto.

---

10. Ver Poterba (2000), 330-1; Gale e Slemrod (2001), seção 1. Quando o imposto começa a ser cobrado, ele incide sobre o espólio do doador a uma alíquota inicial de 37%, que sobe até 55%; uma sobretaxa aplicada aos espólios de valor superior a 10 milhões de dólares eleva essa alíquota para 60% até eliminar os benefícios das alíquotas inferiores a 55%. Quanto às mudanças introduzidas pela legislação de 2001, vide Manning e Windish (2001).
11. Ver Pechman (1987), 240-9; Poterba (2000), 341-5.
12. Ver Graetz (1983), 270-3.
13. Ver, de modo geral, Holtz-Eakin (1996); Repetti (2000).

Será que o imposto sobre o espólio poderia dar margem a uma questão de justiça dentro da categoria tradicional da eqüidade horizontal? Se duas pessoas obtiveram a mesma renda no decorrer da vida – incluindo-se nesse total as doações e legados recebidos – mas agora (em virtude de terem um nível diferente de consumo) dispõem de quantias diferentes para efetuar transferências gratuitas a terceiros, pode-se pensar que a justiça exija que as duas sofram exatamente a mesma tributação, e não que o que tem mais a dar também tenha de pagar mais impostos. Como o argumento da "justiça para com os poupadores" examinado no capítulo 5, também este não passa de uma aplicação da idéia de que o sistema tributário deve ser "neutro" em relação aos diversos usos dos recursos ou das oportunidades. Não vamos ensaiar aqui uma nova refutação dessa idéia[14].

Deixando-se de lado os falsos problemas da dupla tributação e da eqüidade horizontal, existem nesse domínio duas questões de princípio que se podem legitimamente colocar. Em primeiro lugar, será que a riqueza que uma pessoa adquire por meio de transferências gratuitas deve receber um tratamento tributário diferente da riqueza acumulada através de ganhos do trabalho e de investimentos? Em segundo lugar, será que a riqueza transferida gratuitamente para um terceiro deve receber um tratamento tributário diferente da riqueza consumida na forma de bens e serviços? Em outras palavras, tanto do ponto de vista do receptor quanto do doador, é preciso saber se as transferências gratuitas merecem um tratamento tributário especial.

Estamos tratando somente das transferências gratuitas sem finalidade caritativa. A questão do adequado tratamento tributário das doações e legados para fins caritativos é discutida nos capítulos 5 e 8.

---

14. Ver capítulo 5, seções III e IV.

II. A base tributária do beneficiário

No regime atual de imposto de renda, a riqueza acumulada pelos doadores através de economias é tributada à medida que se acumula (deixando de lado por enquanto a exigência de realização) e não se admite dedução alguma para transferências gratuitas sem finalidade caritativa. Do lado do beneficiário, as doações e legados são excluídos da base tributária do imposto de renda; no caso dos legados, a base tributária é atualizada (livre de impostos) para o cálculo das realizações de capital subseqüentes, na medida do valor dos ativos transferidos quando da morte[15].

Existe alguma razão de justiça para se excluir as doações e legados da base tributária de renda (ou de consumo e riqueza) do beneficiário? Excetuando-se as transferências inclusas na categoria de sustento dos filhos, a resposta é um óbvio "não". O consumo e a riqueza figuram na base tributária em virtude da relação que têm com o bem-estar; e está claro que o consumo e a riqueza obtidos através de doações gratuitas contribuem para o bem-estar de uma pessoa pelo menos na mesma proporção que o consumo e a riqueza possibilitados pelo trabalho e pelos investimentos. No decorrer dos anos, esse fato tem sido regularmente posto em relevo pelos defensores de impostos de base ampla sobre a renda e sobre o consumo[16]. Por isso, a exclusão de doações e legados da base tributária do beneficiário aparentemente não tem razão de ser e precisa, portanto, de uma justificação especial.

Mas, como observa Bradford, embora os teóricos da tributação em geral considerem estranho que os recebimen-

---

15. Entretanto, a legislação de 2001 determina que a partir de 2010, depois da abolição do imposto sobre o espólio, a quantia segundo a qual cada espólio vai poder aumentar a base dos ativos apreciados será limitada a 1,3 milhão de dólares; ver Manning e Windish (2001).

16. Isso embora o argumento geralmente tome por base os *conceitos* de renda ou consumo. Ver, p. ex., Simons (1938), 56-8, 125-47; Canada. Royal Commission on Taxation (1966), 3: 465-519. Institute for Fiscal Studies (1978), 40-2, 137, 183-5.

tos gratuitos sejam excluídos da base tributária do beneficiário, e embora os impostos sobre a herança recebida sejam comuns em outros países[17], a maioria dos norte-americanos que não estudaram a teoria da tributação provavelmente consideraria estranha – senão francamente revolucionária – a inclusão desses ativos na base tributária[18]. Talvez seja esse mais um caso em que o *status quo* jurídico passou a ser visto como naturalmente correto, de tal modo que qualquer desvio em relação a ele, através de uma mudança na legislação, parece errado. Não há dúvida de que também está em ação aí um libertarismo vulgar: se os doadores têm plenos direitos sobre seus bens, têm também o direito de substituir seu próprio consumo pelo consumo de outro – sem ter de pagar por isso.

Mas a noção intuitiva de que os recebimentos gratuitos não devem ser tributados pode ter outra origem. Talvez se pense que essas transferências se dão no domínio privado, num domínio em que o governo não deve se intrometer. Mesmo que as transferências não ocorram entre membros da mesma família, não são oferecidas a qualquer pessoa. Os frutos do trabalho e dos investimentos, por outro lado, são adquiridos na esfera pública, onde as transações são feitas à vista de todos e o papel regulador do governo é aceito por todos.

Ora, é perfeitamente legítima a preocupação com a privacidade associada à tributação das doações e legados; é preciso evitar pelo menos a excessiva intromissão burocrática. Todos concordam quanto à necessidade de uma isenção anual para presentes e doações pessoais até um valor total não muito grande; isso interessa a todos, não somente aos ricos. E o papel crucial da família – inclusive obrigatório por lei – na criação dos filhos exige que quaisquer

---

17. Entre os países da OCDE, os impostos sobre a herança, cobrados dos que a recebem, são hoje em dia muito mais comuns do que os impostos sobre o espólio cobrados de quem deixa a herança; ver Messere (1993), 302-5.

18. Ver Bradford (1986), 37-8.

transferências que possam ser consideradas como feitas para o sustento dos filhos não sejam tributadas sobre aquele que as recebe. Considerações semelhantes justificam a isenção das transferências entre cônjuges e, provavelmente, a isenção dos legados deixados ao cônjuge vivo. (Voltaremos a esses assuntos na seção IV.)

Porém, essas preocupações não justificam uma imunidade tributária total das transferências gratuitas. A idéia de que o governo "não deve se intrometer" em nossas transações pessoais, efetuadas fora do mercado, baseia-se num erro. O bom governo não possibilita somente a existência da sociedade civil, mas também a de uma vida pessoal satisfatória. Chega um ponto, porém, em que as transações privadas têm efeitos cumulativos importantes do ponto de vista público, e devem portanto ser acompanhadas pela sociedade. Nesse ponto, aquilo que é pessoal se torna político e sai da esfera privada que, com toda razão, é legalmente protegida contra as intromissões do governo. A maioria das doações interpessoais não produzem grandes conseqüências econômicas, mas a transmissão de uma riqueza real entre gerações as produz; não se pode exigir a proteção da privacidade contra a tributação dos grandes herdeiros.

De qualquer modo, os impostos não são meras taxas cobradas para facilitar as transações do mercado; são meios de obtenção de receita para o fornecimento de bens e serviços públicos e para a promoção da justiça econômica. Sob esta luz, a idéia de que não se deve tributar grandes recebimentos gratuitos parece absurda: significa que a pessoa que trabalha, abre mão do lazer e contribui para a vida econômica tem de partilhar as cargas coletivas da sociedade, ao passo que a pessoa que tira a sorte grande sem fazer nada não tem.

A única justificativa para não se incluir os recebimentos gratuitos (que não configurem sustento e sejam de alto valor) na base tributária da renda do recebedor seria uma justificativa administrativa. A partir daí pode-se construir uma justificação plausível para o atual regime de imposto de renda. Se aceitarmos o princípio ideal de que os beneficiários devem sofrer tributação e os doadores devem receber uma dedução proporcional aos ativos doados, podemos concluir que a supressão dessa dedução é, do ponto de vista administrativo, uma maneira melhor de tributar os ativos transmitidos. (A permissão de uma dedução para os doadores pode, por exemplo, estimular a transferência de ativos entre membros da mesma família situados em diferentes faixas de renda[19].) Nesse caso, podemos supor com plausibilidade que o ônus do imposto de renda sobre a riqueza transferida recairá tipicamente sobre o beneficiário, uma vez que os doadores acabarão transferindo menos do que fariam se tivessem direito à dedução.

Essa idéia tem dois problemas. Em primeiro lugar, não temos nenhum bom motivo para supor que, do ponto de vista ideal, os doadores devem ter direito a uma dedução proporcional às suas transferências gratuitas, mesmo que os recebedores sejam alvos de tributação; falaremos sobre isso na seção seguinte. Mas, deixando esse assunto de lado, há ainda outra objeção. Mesmo que os impostos pagos pelo doador sobre os ativos transferidos gratuitamente recaiam sobre o beneficiário, esses impostos são cobrados em alíquotas determinadas pelas circunstâncias econômicas do primeiro e não do segundo. Mas a inclusão dos recebimentos gratuitos na base tributária do beneficiário se justifica pelo fato de esses recebimentos contribuírem para o bem-estar deste; devem, portanto, ser levados em conta na avaliação dos resultados distributivos. Não podemos saber qual a modificação que as transferências gratuitas operam na base tributária dos beneficiários se não soubermos nada a respeito da situação econômica em que estes se encontravam antes de receber a transferência. Quando esta se faz de uma pessoa muito rica para uma muito pobre, que permanece relativamente pobre depois da transferência, o impos-

---

19. Ver Dodge (1978), 1187. Ver também Bradford (1986), 97n.d., que cita a dificuldade de se medir a riqueza acumulada pela antecipação da herança.

to pago pelo doador (mas que recai na verdade sobre o recebedor) pode piorar em vez de melhorar a justiça dos resultados econômicos. E é pelos resultados que devemos nos interessar.

Pelo mesmo motivo, o acréscimo de um imposto sobre doações e legados ao imposto de renda em sua formulação atual não preenche a lacuna deixada pela exclusão das transferências gratuitas da base tributável de renda do beneficiário. Desconsiderando os excessivos níveis atuais de isenção e o problema da evasão fiscal, e mesmo partindo do pressuposto de que o ônus fiscal recai primariamente sobre os recebedores, o problema, mais uma vez, é que o imposto não é sensível às circunstâncias econômicas dos que recebem as transferências. Como discutiremos na seção V, é possível defender a idéia de que as transferências gratuitas sofram uma tributação mais pesada do que os demais recebimentos, e portanto a idéia de um imposto sobre a transferência de riquezas que venha se somar a um imposto de renda abrangente. Mesmo assim, ainda seria essencial fixar a carga tributária tomando-se como referência as circunstâncias do beneficiário e não do doador; qualquer outro imposto sobre transferências deve tomar a forma de um imposto sobre a herança. Com tudo isso, não pretendemos de modo algum negar que, num caso como o atual, em que o imposto de renda *de fato* exclui as doações e legados da base tributária do beneficiário, um imposto sobre doações e sobre o espólio aplicado ao doador é, do ponto de vista da justiça, bem melhor do que nada.

A inclusão das transferências gratuitas na base tributária de seus beneficiários seria um desvio radical em relação à prática atual do governo federal norte-americano. Por outro lado, a exclusão dos recebimentos gratuitos é um dos casos em que o atual regime tributário, de forma mais flagrante e rematada, mostra-se incapaz de levar em conta as informações pertinentes a respeito das circunstâncias econômicas das pessoas. Que justificativa se poderia apresentar, do ponto de vista da justiça distributiva, para o fato de que a contribuição dada ao bem-estar pelas fortunas herdadas seja simplesmente ignorada? Na seção IV levaremos em conta algumas razões de eficiência para tal, mas o ponto importante é que, na ausência de fortes razões em contrário, a justiça exige a tributação de recebimentos gratuitos (que não configurem sustento e sejam de valor não desprezível).

III. Nenhuma dedução para os doadores

Os teóricos da tributação em geral concordam com que os recebimentos sejam incluídos na base tributária do beneficiário, mas existem algumas discordâncias quanto a se saber se, feito isso, deve-se permitir uma dedução para os doadores. Para entender essas discordâncias, podemos considerar em primeiro lugar o adequado tratamento tributário desse tipo de ativo sob um regime de tributação do consumo (fluxo monetário). O que queremos saber é se as doações e legados podem ser considerados atos de consumo por parte do doador; se não forem, não podem ser tributados por um imposto sobre o consumo. Para responder a essa pergunta, não basta refletir sobre o conceito de consumo; o que está em questão é a contribuição que as doações e legados oferecem ao bem-estar do doador. Como seria de esperar, as opiniões sobre esse assunto divergem. Ao mesmo tempo em que não há dúvida de que o doador ganha algo por fazer a transferência, também não se pode negar que existe uma diferença entre dar um milhão de dólares ou usar a mesma quantia para adquirir produtos e serviços. Não que a primeira opção sempre represente uma contribuição menor ao bem-estar do que a segunda; para quem tem um nível muito alto de consumo de bens e serviços, pode ser que a verdade seja o contrário.

Mas parece-nos que o debate acerca da possibilidade de considerar como consumo as transferências gratuitas é estreito demais – pelo mesmo motivo que nos leva a rejeitar o uso exclusivo de uma base de consumo. Obviamente, a posse de riquezas que podem ser distribuídas entre os familiares e outras pessoas contribui para o bem-estar numa medida suficiente para ser levada em conta pela justiça distributiva. Mas especialmente no caso dos grandes legados, que são mais importantes para a justiça distributiva, não basta definir essa contribuição para o bem-estar como a compra de uma satisfação através da identificação empática com o bem-estar de outra pessoa, ou como um "brilho caloroso" que acompanha a assinatura do testamento (para mencionar somente duas possibilidades discutidas na literatura econômica)[20]. Antes, a satisfação que acompanha a capacidade de fazer grandes doações e legados é somente um aspecto da contribuição complexa que a posse de riquezas dá ao bem-estar de uma pessoa. O poder de fazer doações e legados pode ter valor até mesmo para as pessoas que não o exercem – que morrem sem fazer testamento, com planos testamentários totalmente vagos (ou sem ter o menor conhecimento da lei de sucessões para os intestados), ou que morrem ainda tentando decidir se Andrew Carnegie tinha razão quando disse que o todo-poderoso dólar arruinaria seus filhos[21].

Por isso, não é necessário saber exatamente por que as pessoas fazem grandes legados e doações e como isso contribui para sua felicidade. Mas não se pode negar que a riqueza por si mesma contribui para o bem-estar e que para muita gente o conhecimento de que essa riqueza pode ser transmitida é um dos motivos disso. A substituição voluntária do próprio consumo pelo consumo de outro não destrói esse valor. Quer a riqueza seja dada, quer seja conservada, o rico goza de seus benefícios. Os argumentos contrários à concessão de uma dedução para os doadores não dependem de nenhuma teoria dos prazeres da generosidade. Quando se leva a sério a contribuição que a riqueza em si mesma pode dar para o bem-estar de uma pes-

---
20. Ver Fried (1999b) e as referências aí apontadas.
21. Ver Carnegie (1962), 19-21.

soa, os argumentos em favor da dedução simplesmente desaparecem.

Isso decide a questão de saber se as doações e legados devem ser tributados do doador sob um regime de imposto de consumo ou de imposto de renda (ou de consumo mais riqueza). Poder-se-ia levantar a objeção de que nosso argumento não refuta a adoção de uma base de consumo, a qual rejeitaria a tributação da riqueza enquanto tal. Respondemos que, quando procuramos descobrir se as doações e legados podem ou não podem ser considerados atos de consumo, essa reflexão por si só ajuda a pôr em evidência a insuficiência de uma pura base de consumo, reforçando os argumentos já apresentados no capítulo 5.

IV. Detalhes e objeções

Afirmamos que as doações e legados devem ser incluídos na base tributária de seus beneficiários e não devem autorizar a concessão de uma dedução aos doadores. Até agora, então, concluímos que as doações e legados não devem receber um tratamento tributário favorável nem do ponto de vista do doador nem do beneficiário. Na próxima seção consideramos a possibilidade de as doações e legados estarem sujeitos a um regime tributário mais *severo* do que a riqueza usada para outros fins ou adquirida de outras maneiras. Mas primeiro temos de acrescentar alguns detalhes e considerar algumas objeções a tudo quanto já se disse até aqui.

Evidentemente, é necessário saber o que deve ser incluído na categoria de sustento dos filhos e qual a isenção anual permitida para pequenos presentes sem a intromissão da Receita Federal. As principais isenções da base tributária do beneficiário seriam: uma isenção ilimitada para doações entre cônjuges, posto que não necessariamente para legados entre os mesmos; uma isenção ilimitada para os serviços médicos e educacionais adquiridos para dependentes menores de idade; outras isenções, cujo valor diminui com o tempo, para bens adquiridos para dependentes menores de idade; uma pequena isenção anual (de 1.000 dólares por par de doador-beneficiário, por exemplo?) referente a presentes pessoais dados a qualquer pessoa.

Não é este o lugar de apresentar uma proposta detalhada; isso já foi feito por outras pessoas[22]. O importante é declarar os princípios que devem determinar as isenções. São eles: em primeiro lugar, a tributação das transferências de sustento – cujo ônus recairia principalmente sobre os pais, uma vez que mesmo com o imposto eles relutariam em diminuir o sustento – imporia, em resumo, um ônus sobre a criação dos filhos, desfavorecendo esse uso dos recursos. Numa cultura e dentro de um sistema de leis que impõe aos pais a responsabilidade primária pelo cuidado de seus filhos, isso seria evidentemente fora de propósito, além de não ser coerente com a concessão de deduções correspondentes aos dependentes. O mesmo princípio provavelmente autorizaria a isenção do sustento conferido a outros dependentes legais – pais idosos, por exemplo. Em segundo lugar, a intromissão pública nos assuntos privados através do controle dos efeitos distributivos dos pequenos presentes e doações pessoais obviamente faria mais mal do que bem do ponto de vista da justiça econômica. Quaisquer que sejam as regras que possam ser coerentemente deduzidas desses princípios, parece claro que elas jamais justificariam uma transferência de 2 milhões de dólares de um casal para um filho.

Se uma doação ou legado de 1 milhão de dólares for incluída na base tributária de um beneficiário num determinado ano mas nenhuma outra transferência for feita pelos próximos quarenta anos, haverá um efeito de "acumulação" que poderia levar a uma avaliação errônea da posição econômica do beneficiário e, logo, à imposição de alíquotas tributárias maiores e injustificadas. De maneira ge-

---

22. Ver Dodge (1978 e 1996); Ascher (1990).

ral, a perspectiva de tempo cabível para uma avaliação de justiça distributiva não é um ano, mas a vida inteira de uma pessoa; um ano é simplesmente um período administrativamente útil e que parece gerar resultados razoavelmente precisos do ponto de vista da vida inteira[23]. Por isso, os defensores da inclusão das doações e legados na base tributária do beneficiário recomendam um sistema de média que trata um legado como se este tivesse sido feito em prestações no decorrer de um período mais longo[24].

No debate político acerca dos impostos "sobre a morte", expressam-se muitas preocupações com o sofrimento de herdeiros que, em virtude da tributação do espólio, não conseguem dar continuidade a uma empresa ou unidade agrícola pertencente à família. Essa ameaça tem sido grosseiramente exagerada por motivos políticos: o sítio da família, dentre as supostas vítimas do imposto sobre o espólio, é muito mais digno de pena do que a carteira de ações familiar. Mas vale dizer que o mesmo argumento se aplica igualmente à tributação dos legados e heranças como renda para o beneficiário. Trata-se de um problema de liqüidez, comum a todas as formas de tributação da riqueza, inclusive a costumeira tributação da propriedade. No caso de legados substanciais, porém, o problema pode ser exacerbado por um efeito de acumulação. Pode-se defender aí uma isenção razoável, a qual, combinada com um sistema de média e talvez também com esquemas de adiamento do pagamento dos impostos como os que já se aplicam ao imposto sobre as sucessões, talvez possa efetivamente minimizar a ameaça que paira sobre as empresas familiares[25].

Também vamos comentar algumas questões relativamente técnicas comumente discutidas pelos teóricos da tributação. Será que a inclusão dos recebimentos gratuitos na

---

23. Quanto à acusação de imprecisão, ver Slemrod (2000), 5.
24. Ver Dodge (1978), 1181.
25. Ver Dodge (1996), 574; para uma útil discussão sobre a situação dos herdeiros de empresas sob o regime de tributação do espólio, ver Davenport e Soled (1999), 609-18; Gale e Slemrod (2001).

base tributária dos beneficiários desestimularia o trabalho ou os investimentos dos potenciais doadores?[26] Pode ser que sim, se um determinado doador estivesse disposto a trabalhar mais ou consumir menos para fazer uma doação não-tributada, mas achasse que a doação menor, tributada, que poderia ser feito com uma hora a mais de trabalho ou uma unidade de consumo a menos, não valesse esse esforço. Pode ser, por outro lado, que o trabalho e os investimentos sejam encorajados se o doador estiver determinado a transferir uma doação de valor líquido especificado. A tributação de recebimentos gratuitos também pode encorajar o trabalho ou investimentos da parte dos *beneficiários*[27]. Como sempre, estão em jogo tanto o efeito de substituição quanto o efeito de renda, e é preciso fazer pesquisas empíricas para determinar qual dos dois é mais importante[28]. O consenso parece ser o seguinte: um ônus tributário imposto às doações e legados não tem nenhum ou quase nenhum efeito comprovado sobre as decisões dos doadores de trabalhar ou economizar[29]. De qualquer modo, o fato de um determinado imposto fazer diminuir as poupanças e investimentos não pode ser apresentado como uma objeção que vise à anulação do mesmo imposto, especialmente quando existem outras maneiras pelas quais o governo pode promover o investimento de capitais, e quando existem também outras razões – de justiça distributiva, por exemplo – favoráveis ao imposto[30].

---

26. Este é um dos principais fundamentos da defesa supostamente "liberal" que Edward McCaffery faz da abolição do imposto sobre o espólio; ver McCaffery (1994a e 1994b). Para uma crítica eficaz do argumento de McCaffery, ver Alstott (1996b) e Rakowski (1996).
27. Ver Rosen (1995), 497; Gale e Perozek (2001).
28. Ver, p. ex., Alstott (1996b), 385-6.
29. Ver, p. ex., Holtz-Eakin (1996), 512-4; Holtz-Eakin discute aqui as conseqüências comportamentais do imposto sobre o espólio, mas a conclusão se aplica igualmente às conseqüências comportamentais de qualquer redução no valor pós-tributário de uma doação ou legado. Ver também Rosen (1995), 498.
30. Ver Holtz-Eakin (1996), 513.

Louis Kaplow afirmou que tanto a tributação das transferências quanto a inclusão de transferências gratuitas na base tributária dos beneficiários desencorajam as doações e, assim, promovem uma perda de bem-estar[31]. Segundo a sua análise, as doações devem ser subsidiadas e não penalizadas. O argumento é o seguinte: as pessoas fazem doações quando têm algo a ganhar com isso. Elas têm algo a ganhar com isso quando a perda de utilidade (redução de riqueza) causada pela doação é compensada pela utilidade que vem da identificação altruísta com os interesses do beneficiário e/ou de um "brilho caloroso". Ou seja, quando decidem se devem fazer uma doação ou não, as pessoas levam em conta somente o seu próprio bem, e não o bem dos beneficiários das doações considerado em si mesmo. Do ponto de vista do bem social, porém, ambos dão no mesmo. Assim, um subsídio fornecido ao doador há de promover sempre o bem social quando – grosso modo – ao mesmo for suficiente para levar um doador a fazer uma doação e custar menos, do ponto de vista social, do que o ganho total resultante da doação.

Uma vez que a maioria das doações e legados grandes o suficiente para fazer parte da base tributária do beneficiário são feitos por uma minoria de ricos, os efeitos distributivos nocivos desse subsídio certamente seriam superiores, do ponto de vista moral, à sua contribuição ao bem-estar agregado através de seus efeitos imediatos sobre o doador e o beneficiário[32]. Comenta Joseph Dodge: "Quanto a isso, muitos seriam de opinião de que o governo tem mais o que fazer além de aumentar o bem-estar das classes mais abastadas."[33] Mas o argumento de Kaplow tem um outro problema. A afirmação de que a quantidade atual de doações é menor do que a ideal depende de um pressuposto extremamente reducionista acerca das motivações das pessoas:

---

31. Kaplow (1995b).
32. Ver Fried (1999b), 670-1.
33. Dodge (1996), 576.

a saber, a idéia de que cada um sempre faz o que acredita vai ser o melhor para si mesmo. Esse pressuposto, que é um elemento padrão da economia do bem-estar, pode até estar próximo o suficiente da verdade quando são analisados alguns aspectos do comportamento do mercado, mas é totalmente absurdo no contexto das doações e legados[34]. Assim como seria tolice negar que os doadores tipicamente adquirem um acréscimo de bem-estar com sua capacidade de beneficiar os recebedores, também é tolice afirmar que os doadores são motivados tão-somente pelo interesse próprio. Isso não deixa espaço algum para certos motivos que todos reconhecem como extremamente importantes, como o dever familiar ou o cumprimento de um papel social ("é isto que as pessoas esperam de nós").

Mas, mesmo que os níveis atuais de doação não estejam abaixo do ideal (do ponto de vista do bem-estar agregado), poder-se-ia pensar que existe outra razão para não se impor um encargo adicional sobre as doações. As pessoas ricas o suficiente para fazer doações significativas terão às vezes de escolher entre fazer uma doação ou aumentar seu próprio consumo. Pode ser que um imposto sobre a doação aplicado ao beneficiário da mesma não seja suficiente para impedir a doação de acontecer, mesmo que recaia na prática sobre o doador. Porém, da mesma maneira que alguns acreditam ser errado aplicar impostos mais pesados aos poupadores (supostamente mais meritórios) do que aos gastadores (menos meritórios), mesmo desconsiderando-se os efeitos de incentivo*, alguns podem considerar perversa a imposição de uma penalidade à opção socialmente mais benéfica de dar em vez de consumir.

Se um casal dá um BMW ao filho que acaba de sair de casa e o filho é obrigado a pagar impostos sobre a doação, é muito provável que o ônus fiscal venha a recair sobre os

---

34. Para uma crítica geral desse pressuposto, ver Sen (1977).
* É o argumento do "fundo comum" que discutimos no capítulo 5, seção V.

doadores. Em decorrência disso, os pais têm de pagar mais para dar um carro ao filho do que para comprar um para si próprios[35]. Mesmo supondo-se que o imposto não os impeça de fazer a doação e admitindo-se que a idéia de dupla tributação não tem papel normativo algum a desempenhar, não é lamentável que os doadores tenham de pagar mais impostos do que os simples consumidores?

Trata-se aí de um caso muito específico: o doador, caso insista em fazer a doação, não pode ter outra alternativa senão a de arcar com o ônus tributário a ela associado; e a doação tem de ter um valor suficiente para que a ela se aplique o imposto. Mas a objeção, de qualquer modo, baseia-se na idéia implausível de que os impostos devem ser inversamente proporcionais ao merecimento, ou senão na idéia, igualmente implausível, de que os impostos têm de preservar uma neutralidade total entre as diversas opções de consumo – as mesmas idéias que subjazem à queixa análoga contra o tratamento dado aos poupadores e investidores no regime de imposto de renda. Não repetiremos aqui as razões apresentadas contra esses argumentos no capítulo 5. É verdade que, na mesma medida em que um doador simplesmente absorve a obrigação fiscal do beneficiário, a inclusão do imposto na base tributária deste último não alcança seu objetivo, que é o de levar em conta os efeitos da doação sobre a posição econômica de quem a recebe. Além disso, parece que não serve a nenhum outro propósito útil. Mas é impossível impedir um doador de proteger das cargas tributárias um donatário[36]. Com efeito, um dos aspectos mais notáveis da tributação das transferências gratuitas é o fato de sua incidência poder ser determinada pelo doador. Podemos concluir que esse tipo de caso é um efeito colateral inevitável do correto tratamento tributário dos recebimentos gratuitos – um efeito colateral que, em-

---

35. Ver Dodge (1996), 570-1, que faz uma discussão desse tipo; Dodge atribui a idéia a Daniel Shaviro.
36. Desde que não se interfira com o princípio da liberdade testamentária (sem falar na liberdade de fazer donativos); ver Dodge (1996), 530-1.

bora não seja algo a ser procurado em si mesmo, também não é vulnerável a objeções dos pontos de vista da justiça, da imparcialidade e da eficiência.

V. A igualdade de oportunidades e a tributação de transferências

No capítulo 5, procuramos mostrar que a riqueza contribui com o bem-estar segundo qualquer métrica razoável usada para a avaliação da justiça econômica, e, assim, não deve ser isenta da tributação – tributação que se aplicaria por meio de um imposto de renda ou um imposto anual sobre a riqueza. Vamos supor que já exista uma tributação adequada da riqueza ou da sua acumulação; vamos supor ainda que as transferências gratuitas são incluídas nas bases tributárias de seus beneficiários; num contexto como esse, haverá razões para se defender um imposto adicional sobre a riqueza transferida gratuitamente? O Relatório do Comitê Meade assevera:

> muitos consideram (e nós partilhamos de sua opinião) que a riqueza herdada deve ser sujeita a uma tributação mais pesada [do que a riqueza acumulada pelos ganhos do trabalho e dos investimentos daquele que a possui], tanto por uma questão de justiça quanto pelos incentivos econômicos de uma tal atitude. Considera-se que o cidadão que fez fortuna por seu próprio esforço merece um tratamento tributário melhor do que o cidadão que acumulou a mesma quantidade de bens meramente em virtude da sorte de seu nascimento; e se o primeiro tiver de pagar menos tributos do que o segundo, serão menores os obstáculos no caminho do esforço e do espírito empreendedor.[37]

A questão de justiça aí mencionada tem relação com a igualdade de oportunidades. A versão desse ideal que com

---

37. Institute for Fiscal Studies (1978), 318.

mais força combateria as desigualdades de riqueza devidas à herança é a corrente que chamamos de libertarismo igualitário; assim, começaremos por aí nossa discussão, muito embora essa corrente esteja de fora dos debates políticos contemporâneos.

Segundo o libertarismo igualitário, dada a inexistência de obstáculos práticos ou de outras razões contrárias (como se vê, trata-se de condições muito exigentes), os recebimentos gratuitos devem ser confiscados pelo Estado e redistribuídos igualmente por todas as pessoas[38]. Só assim poder-se-ia criar um campo verdadeiramente nivelado para o jogo social. Se a justiça exige que todas as pessoas tenham idênticas oportunidades de se dar bem num determinado sistema econômico, é injusto, à primeira vista, que certas pessoas privilegiadas recebam riquezas e outras oportunidades econômicas independentemente de suas escolhas econômicas.

Mesmo deixando de lado as considerações práticas, os que aceitam essa conclusão podem ainda acreditar que ela deve ser mitigada por certas considerações de moralidade política, tais como a idéia de que a relação pessoal entre o doador e o beneficiário da doação não seja efetivamente proibida pelo código tributário, ou a crença de que as pessoas têm o direito de beneficiar os outros de acordo com seus próprios critérios, e não somente através do mecanismo imparcial das instituições econômicas do Estado. Quando contrapostas umas às outras, essas considerações conflitantes tenderão a produzir a seguinte conclusão: com exceção das isenções já mencionadas, relativas ao sustento dos filhos e a pequenos presentes, os recebimentos gratuitos devem ser objeto de uma tributação mais severa do que a riqueza acumulada pelos ganhos do trabalho e dos investimentos. Desde que o imposto não fosse um confisco completo, as doações ainda poderiam ser feitas e seria respeita-

---

38. Isso afirma-se claramente em Rakowski (1996).

do um direito limitado de beneficiar os outros de acordo com um critério pessoal[39].

Vamos supor que essas considerações morais bastante abstratas, tomadas em seu conjunto, possam nos fornecer uma conclusão concreta acerca da medida em que a riqueza recebida gratuitamente deve ser redistribuída de modo a promover a forma de justiça preconizada pelo libertarismo igualitário. O mecanismo mais adequado para tanto seria um imposto sobre a acessão pelo qual os beneficiários de doações sejam taxados progressivamente de acordo com seus recebimentos cumulativos[40]. Um imposto cobrado dos doadores não seria adequado a essa concepção de justiça, uma vez que não leva em conta as posições relativas dos potenciais beneficiários – as pessoas entre as quais se exige que haja (um certo grau de) igualdade de oportunidades. E como o objetivo seria a igualdade de oportunidades entre as diversas vidas, e não entre as pessoas no decorrer de um ano, o imposto teria de ser calculado cumulativamente: a quantidade de imposto a ser pago por um determinado recebimento seria determinada pelo total monetário das transferências gratuitas recebidas por aquela pessoa até a data em questão. Por fim, o imposto teria de ser progressivo, uma vez que, quanto maior a acessão cumulativa, tanto maior a igualdade de oportunidades assim gerada.

O Relatório do Comitê Meade chama a atenção para uma outra complicação. Um imposto sobre a acessão cobra tributos das doações e legados no momento em que são recebidos; não leva em conta quanto tempo a riqueza permanece nas mãos do beneficiário[41]. Isso tem importância para uma teoria da igualdade de oportunidades porque, quando a riqueza é dada a outra pessoa, a oportunidade adicional já não existe. Assim, o Comitê Meade recomendou um Im-

---

39. Ver Rakowski (1991), 158-66.
40. Para uma discussão detalhada, ver Sandford, Willis e Ironside (1973); Halbach (1988).
41. Ver Institute for Fiscal Studies (1978), 320.

posto Anual Progressivo sobre a Riqueza e as Acessões (em inglês, PAWAT), concebido exatamente para tributar por alíquotas menores a riqueza recebida gratuitamente quando a mesma é transferida para outra pessoa depois de um período curto.

O PAWAT tem seus problemas[42]. É especialmente estranho o fato de que a riqueza consumida assim que é recebida sofre a mesma tributação da riqueza conservada pelo restante da vida da pessoa; só as transferências gratuitas a terceiros são levadas em conta na determinação de por quanto tempo a riqueza é conservada. Pode-se responder a isso que a pessoa que consumiu uma herança aos 21 anos teve a mesma oportunidade que a pessoa que a conservou até os 85, e por isso tem de pagar os mesmos tributos. Mas o mesmo se poderia dizer da pessoa que deu toda a sua riqueza aos 21 anos, uma vez que teve a oportunidade de conservá-la. Ao que parece, a abordagem híbrida do PAWAT não se justifica.

Não vamos elaborar aqui os detalhes de um imposto ideal sobre a acessão. Ao nosso ver, a razão de justiça fundamental que até agora justificou para nós um tal imposto – enquanto acréscimo a um sistema tributário que, independentemente dele, já prevê uma tributação anual suficiente da riqueza e inclui os recebimentos gratuitos na base tributária do beneficiário – é bastante fraca[43]. Nos capítulos anteriores, explicamos por que pensamos que a justiça distributiva não pode ser compreendida unicamente em função da igualdade de oportunidades. O libertarismo igualitário atribui um peso excessivamente grande à responsabilidade e ao livre arbítrio na avaliação dos resultados sociais, e não dá aos próprios resultados o peso que devem ter.

---

42. Ver Rakowski (2000), 334-47.

43. Se os ganhos não-realizados fossem tributados depois da morte e os recebimentos gratuitos fossem incluídos na base tributária do beneficiário, a receita da qual o Estado abdicou pela abolição do imposto sobre o espólio seria mais do que compensada. Ver Galvin (1999), 1326; ver também Galvin (1991).

É muito diferente adotar um princípio de igualdade de oportunidades como complemento de princípios de justiça que se aplicam aos resultados. Rawls, por exemplo, embora considere o princípio da justa igualdade de oportunidades insuficiente por si mesmo, diz que sua aplicação tem prioridade sobre a do princípio da diferença, o qual tem relação com os resultados. Segundo uma tal doutrina, os resultados têm a sua justiça avaliada independentemente das escolhas das pessoas, mas a igualdade de oportunidades é encarada como um valor social fundamental e independente. O que importa é que, dentro de um determinado sistema econômico, todas as pessoas tenham uma possibilidade razoável de crescer – e não que o sistema econômico garanta que elas sejam responsáveis pelo que lhes acontecer, dadas as escolhas que fizerem no decorrer da vida[44].

Esse modo de compreender a importância da escolha e da responsabilidade para a justiça distributiva não nos leva a concluir pela existência de uma razão suficiente para o confisco dos recebimentos gratuitos. E isso porque esse modo de pensar não exige, de maneira alguma, uma rigorosa *igualdade* de oportunidades. Um sistema em que todas as pessoas normais tenham pelo menos a possibilidade razoável de crescer com o próprio esforço já atribui um peso suficiente à escolha e à responsabilidade. A justiça distributiva aplicada aos resultados pode cuidar do resto.

Uma vez abandonada a tentativa de explicar toda a justiça em função da responsabilidade e do poder de decisão exercidos em condições apropriadas, e uma vez acrescentados ao cômputo os princípios que exigem uma justa distribuição dos resultados, já não parece haver razão que justifique uma rigorosa igualdade de oportunidades. (De qualquer modo, essa igualdade é irrealizável.) No domínio da responsabilidade, o que importa é que as pessoas tenham a possibilidade de traçar seu próprio caminho na vida e que as coisas que lhes acontecem sejam determinadas pelas

---

44. Ver capítulo 3, seções VIII e IX.

suas escolhas numa medida suficiente – e não que tenham as mesmas oportunidades que todas as demais para se dar bem num determinado sistema econômico.

Acima de um determinado mínimo, as desigualdades de oportunidades econômicas não se assemelham mais às desigualdades impostas pela discriminação excludente em função do sexo, da raça, da religião ou da preferência sexual. Esses tipos de discriminação, com efeito, impedem que a pessoa seja reconhecida como um membro da sociedade igual aos outros, e por isso são completamente inaceitáveis: nesses domínios, a justiça exige uma igualdade absoluta. Por outro lado, não parece haver razões fortes o suficiente para justificar a rigorosa igualdade de *todos* os fatores (entre os quais as transferências gratuitas) que afetam as oportunidades econômicas das pessoas – desde que as pessoas tenham um grau suficiente de controle sobre suas perspectivas de vida e que a justiça dos resultados esteja garantida.

Em virtude dos problemas práticos e dos valores concorrentes, aqueles que consideram ideal o confisco dos recebimentos gratuitos talvez defendam na prática uma política não muito diferente dessa. As diferenças teóricas não geram diferenças tão grandes quanto ao curso de ação prática. Não obstante, restará uma preferência moral pela sobretaxação desses recebimentos.

Mas, mesmo do ponto de vista do libertarismo igualitário, existe ainda uma outra razão para se duvidar do valor da sobretributação dos recebimentos gratuitos, uma razão que vem da realidade da vida. A riqueza herdada não é único fator que impede a igualdade de oportunidades numa economia capitalista. Quando temos uma concepção suficientemente complexa dos fatores que colaboram para que um ser humano viva bem, podemos chegar à conclusão de que o mais importante é a transmissão de capital humano dos pais para os filhos, especialmente por meio de vantagens educacionais em casa e na escola[45]. Talvez seja impos-

---

45. Ver Becker (1993).

sível eliminar essa causa de desigualdade – a menos que seja abolida a família –, a qual se faz sentir antes da idade com a qual as pessoas geralmente recebem uma herança[46]. Essas vantagens desiguais são resultados naturais do tipo mais básico e valioso de preocupação interpessoal humana. Porém, poder-se-ia fazer muito mais para diminuir essa distância caso se fornecesse a todos uma educação pública adequada.

Para argumentar contra a idéia de que a riqueza herdada é apenas um dos fatores que ameaçam a igualdade de oportunidades, os defensores da tributação pesada da transferência de riquezas às vezes dizem que é preciso começar por algum lugar[47]. Mas, dada a importância do capital humano, a piora da situação dos que herdam riquezas não pode fazer melhorar muito as perspectivas dos que têm oportunidades globais mais restritas.

Isso não significa que não haja motivos para se acrescentar um imposto sobre a acessão a um esquema que tribute suficientemente a riqueza e inclua as transferências gratuitas na base tributária do beneficiário. O Relatório do Comitê Meade apresenta não só a justiça mas também a eficiência como motivos para a imposição de tributos mais pesados sobre a riqueza herdada do que sobre a que é fruto do trabalho e dos investimentos. Embora nada tenhamos a dizer sobre a alegação de eficiência, não cremos que seria injusto, sob qualquer ponto de vista, impor uma tributação mais pesada à riqueza herdada se essa fosse a maneira mais eficiente de se obter a receita necessária para finalidades sociais legítimas. Limitamo-nos a rejeitar a idéia de que a justiça, considerada em si mesma, exige um tratamento tributário especial – ou mesmo, idealmente, o confisco – dos recebimentos gratuitos.

---

46. Ver Nagel (1991), cap. 10.
47. Ver Ascher (1990), 91.

VI. Conclusão

O tratamento dos recebimentos gratuitos no regime de imposto de renda, associado às altíssimas isenções previstas para o imposto combinado sobre doações e espólios, é uma das mais flagrantes injustiças do atual esquema tributário norte-americano. Não pode haver justificativa alguma para que a acessão de 2 milhões de dólares de herança seja simplesmente ignorada na contagem dos recursos de uma pessoa para fins de responsabilidade tributária. E a situação só vai piorar à medida que entrarem em vigor, no decorrer dos próximos dez anos, os dispositivos previstos na legislação tributária de 2001 – vai piorar exatamente na mesma proporção da sua entrada em vigor.

Uma das piores características do atual sistema tributário é o fato de a morte não ser tratada como uma realização de riquezas por parte do doador; além disso, a base tributária dos ativos transmitidos é "atualizada" segundo o justo valor de mercado quando da morte para o cálculo das obrigações fiscais do beneficiário sobre os ganhos de capital, caso os ativos sejam depois vendidos[48]. Isso resulta numa anistia fiscal completa de todos os ganhos de capital adquiridos durante a vida do falecido. É impossível justificar essa gigantesca mamata fiscal – que, em épocas recentes, chega a somar cerca de 30 bilhões de dólares por anos – oferecida aos herdeiros dos ricos à custa da imensa maioria dos contribuintes[49]. É claro que, se as transferências gratuitas fossem somadas à renda do beneficiário para fins fiscais, a questão desapareceria por si só, uma vez que os impostos seriam cobrados sobre o valor total do ativo. Mas,

---

48. O I.R.C $1014 prevê essa "atualização" da base. Ver nota 15 a respeito das emendas a esse dispositivo legal, que devem entrar em vigor em 2010.

49. O caso é discutido em Zelenak (1993), que afirma, de modo plausível, que a tributação dos ganhos de capital quando da morte – tratando assim a morte, para todos os efeitos, como uma realização das riquezas – é preferível à transmissão da base do falecido para o caso de uma possível realização por parte do beneficiário. Ver também Dodge (1994).

na ausência dessa reforma mais fundamental, a atual anistia fiscal permanente dos ganhos de capital não-realizados na morte é escandalosa*.

Se os impostos sobre recebimentos gratuitos fossem cobrados do beneficiário num esquema fiscal que tributasse adequadamente a riqueza, os argumentos morais em favor de um imposto adicional sobre a transferência de riquezas não teriam um fundamento sólido. Mas, dada a necessidade de um imposto independente sobre as transferências, este deve tomar a forma de um imposto progressivo sobre as acessões, e não a de um imposto sobre doações e legados cobrado dos doadores. De novo, porém, isso não significa que prestamos nosso apoio à abolição do atual imposto sobre doações e legados na situação em que estamos, a qual está longe de ser ideal. Na ausência da reforma fundamental pela qual os recebimentos gratuitos seriam inclusos na base tributária do beneficiário – isso sem falar na plena tributação dos ganhos de capital quando da morte –, essa abolição é um passo em direção a uma injustiça fiscal ainda maior[50].

O economista sueco Knut Wicksell, escrevendo em 1986, fez um comentário que ainda é válido:

> Do ponto de vista [social], o principal a fazer seria tomar medidas enérgicas para impedir a acumulação não-merecida de riquezas (e, junto com ela, também, em grande medida, o seu uso não-econômico) que hoje em dia é encorajada pelas leis e pelos costumes.
> Pelo que vejo, o único meio prático de se alcançar esse objetivo seria o reconhecimento da idéia de que todo o direito de herança, legado ou doação necessariamente envolve

---

* Simons (1938), 164-5, caracteriza-a como "o defeito mais grave" do sistema de imposto de renda de sua época. Talvez isto não sirva de consolo, mas a legislação recente que prevê a abolição do imposto sobre o espólio em 2010 também introduz, a partir desse mesmo ano, um limite à atualização da base livre de impostos. Ver nota 15.

50. Além disso, abrir-se-iam oportunidades significativas para a evasão fiscal nos níveis federal e estadual. Ver Blattmachr e Gans (2001).

duas partes, que devem ser rigorosamente distinguidas e tratadas cada qual segundo suas características próprias. Mesmo hoje, a restrição do direito de dar mais do que o absolutamente necessário contraria nossas idéias de justiça e eqüidade e também pode ser seriamente questionada com base em critérios puramente econômicos.

Mas o direito de herança tomado na segunda acepção da palavra (que é aliás a sua acepção própria) como o direito ilimitado de receber deve no mínimo ser justificado por argumentos muitíssimo diferentes. A menos que eu esteja completamente enganado, ele hoje se baseia numa concepção obsoleta dos relacionamentos sociais e familiares[51].

---

51. Wicksell (1896), 111.

8. Discriminação tributária

I. Justificativas do tratamento diferenciado

Com já fizemos questão de frisar, a maioria das questões acerca da justiça ou da imparcialidade do sistema tributário devem ser resolvidas considerando-se a tributação como um elemento de um panorama econômico muito mais abrangente, que inclui os gastos com bens públicos e com a redistribuição (quer sob forma monetária, quer através da ação pública direta) e ainda leva em conta os efeitos de todos esses fatores sobre o emprego, o crescimento econômico e a distribuição da riqueza e da renda. As diretrizes amplas da política tributária – a identificação da base tributária, a presença ou ausência de progressividade, o tamanho de qualquer isenção pessoal geral, ou renda mínima universal, ou ainda crédito tributário conferido ao pessoal de baixa renda – serão aspectos importantes da política fiscal global, por meio da qual uma sociedade implementa sua concepção de justiça social e econômica.

Mas como a legislação tributária é, em geral, totalmente separada da legislação que rege os gastos do governo, a política tributária inevitavelmente motiva juízos de justiça ou injustiça que a tomam como um elemento isolado. Até certo ponto, esses juízos baseiam-se em pressupostos mais ou menos grosseiros acerca do uso que será dado à receita tributária, e nessa mesma medida refletem concepções mais globais de justiça. As divergências acerca do grau de progressividade ou do nível geral dos impostos refletem, em parte, divergências acerca da importância da desigualdade e da legitimidade da redistribuição. Mas existe uma outra categoria de questões, mais microscópicas, que ocupa particularmente os estudiosos e os observadores da política tributária. Elas dizem respeito ao tratamento diferenciado que o código tributário preconiza para certos tipos de renda ou de gastos, ou para pessoas com certas características ou em determinadas situações particulares, mesmo diante do pano de fundo de tributação desigual que é tido como mais ou menos natural – ou que pelo menos não está sujeito a críticas que façam apelo a razões tão detalhadas.

Assim, quer você pense que o imposto de renda é progressivo demais, progressivo de menos ou perfeitamente correto, isso é totalmente diferente de se discutir se é justa a dedução correspondente ao pagamento de um hipoteca residencial, ou a diferença de tratamento dos casais legalmente unidos em matrimônio e das pessoas solteiras, ou a diferença de tratamento dos ganhos de capital e das outras formas de renda, só para citar alguns exemplos mais destacados. O problema é que se o sistema tributário, por quaisquer motivos de amplo alcance, trata de maneira diferente as pessoas situadas em posições diferentes, torna-se necessário decidir quais diferenças devem ser levadas em conta. A progressividade ou a proporcionalidade, as deduções e as isenções se vinculam às situações econômicas e pessoais dos contribuintes. A pergunta é a seguinte: quais as diferenças de situação pertinentes para esses fins?

O problema dessa pergunta é que, em muitos casos, uma diferença é levada em conta somente por razões instrumentais. Ou seja, ela não tem relação com as características específicas dos diversos contribuintes, mas com os efeitos globais de uma política tributária que os trata de maneira diferente. A decisão de se dar à renda de investimentos e aos ganhos de capital um tratamento diferente do que é dado aos salários, por exemplo, só poderia ser baseada em efeitos econômicos de grande escala relacionados ao crescimento e à mobilidade do capital, e não na eqüidade intrínseca. Não obstante, na literatura tributarista, essas questões são freqüentemente tratadas sob a categoria geral da eqüidade horizontal – como se pudessem ser resolvidas por um apelo intrínseco a critérios de justiça[1].

Como procuramos demonstrar nos capítulos 2 e 5, a idéia tradicional de eqüidade horizontal, definida como a igualdade de tratamento das pessoas igualmente situadas em relação a algum critério de eqüidade vertical, leva em si um erro. Esse erro consiste em tomar-se a renda, o consumo ou a riqueza pré-tributárias como uma base moral e depois procurar-se formular um critério de justiça que diga o quanto de imposto cada indivíduo tem de pagar de acordo com sua posição nessa base. A verdadeira questão de justiça diz respeito aos resultados pós-tributários, e não à relação destes com a situação pré-tributária. Queremos saber qual a agenda tributária que vai levantar dinheiro suficiente para cobrir os custos do governo e dos serviços públicos e ao mesmo tempo promover a justiça socioeconômica e alimentar, ou pelo menos não estorvar, o dinamismo da economia. Essa questão não pode ser decidida determinando-se isoladamente quais pessoas devem pagar os mesmos tributos e quais devem pagar mais ou menos. Para declarar de novo o que já repetimos *ad nauseam*: a pergunta "Qual função F de qual propriedade variável P dos diversos contribuintes deve determinar o quanto de imposto se cobra de cada um deles?", feita isoladamente de tudo o mais, *não é* uma pergunta adequada sob o ponto de vista da justiça ou da imparcialidade. A justiça é mais complicada do que isso.

Não obstante, também é verdade que, no contexto de seus objetivos mais amplos, o código tributário inclui certas características e distinções que não se encontram lá por ra-

---

1. Em alguns países, de que são exemplo a Alemanha e a Itália, a idéia de eqüidade horizontal foi elevada à categoria de princípio constitucional; ver Vanistendael (1996), 20-3.

zões instrumentais de grande escala, mas que são incentivos tributários cuidadosamente direcionados. Essas características precisam ser avaliadas segundo a justiça. As objeções de iniqüidade se levantam legitimamente quando um dispositivo introduz uma redistribuição subsidiária – sob a forma de uma vantagem tributária – no esquema mais amplo que já cumpre parcialmente uma função redistributiva. Não se trata aí do problema mais geral da eqüidade horizontal, mas do problema mais restrito da *discriminação tributária*.

Toda vantagem tributária é uma redistribuição que vai daqueles que não têm a vantagem para os que a têm: o excedente de renda que estes últimos conservam à sua disposição tem de ser coberto por impostos mais altos cobrados dos primeiros. Então, é preciso perguntar se, além de fazer uma redistribuição dos ricos para os pobres, também é legítimo redistribuir dos que pagam aluguel para os que têm casa própria, dos que economizam para os que gastam, dos solteiros para os casados (ou vice-versa), dos jovens para os idosos, dos que têm filhos para os que não têm, e até mesmo dos que têm visão para os cegos.

Em anos recentes, proliferaram certas preferências tributárias projetadas para estimular certos gastos e escolhas. As subvenções desse tipo receberam o nome de *incentivos fiscais* (*tax expenditures*)[2]. Muitos desses incentivos se dirigem às empresas para encorajar investimentos de espécies diversas – é o caso das tabelas aceleradas de depreciação para o equipamento e os gastos da exploração de petróleo e gás natural. Mas os indivíduos também se beneficiam deles diretamente – através, por exemplo, da dedução tributária correspondente às contribuições que os empregadores dão aos planos de saúde e seguros de vida dos empregados, e dos créditos tributários associados aos gastos com filhos e dependentes. Existem também certas exclusões tributárias que servem para intensificar benefícios, como a Previdência

---

2. Ver McDaniel e Surrey (1985).

Social, o Fundo de Garantia e as pensões dos militares por invalidez. Essas preferências inserem-se transversalmente no perfil mais amplo da tributação e em geral têm caráter altamente seletivo. Posto nem sempre sejam injustas em si mesmas, podem prejudicar a eficiência do sistema em sua função mais ampla de promover a justiça, quando ele a tem – mitigando-o com múltiplas restrições.

A maioria das vantagens e desvantagens tributárias não são introduzidas em vista da eqüidade, mas de alguma outra finalidade. A não-tributação do aluguel equivalente nas casas ocupadas por seus proprietários e a dedução correspondente ao pagamento dos juros da hipoteca da casa própria promovem a propriedade imobiliária, a qual, segundo uma certa opinião, contribui para a estabilidade social; os impostos sobre o cigarro desestimulam o tabagismo; as contribuições a planos de aposentadoria, isentas de impostos, estimulam os investimentos de longo prazo e a independência financeira dos idosos. Na mesma medida em que todos esses são objetivos legítimos do governo, é possível defender os dispositivos tributários correspondentes, mesmo que se caracterizem por alguma forma de "discriminação".

O que os torna questionáveis é a sua relação com os objetivos gerais de redistribuição que caracterizam o sistema. Os impostos sobre o cigarro tiram uma fatia maior da renda dos pobres do que da dos ricos. O tratamento tributário preferencial da habitação beneficia os que têm casa própria em prejuízo dos que pagam aluguel; como os primeiros são em geral mais ricos, isso também contribui para a desigualdade econômica – bem como para as disparidades econômicas correlatas, de fundo racial e sexual. E toda dedução tributária dá mais desafogo aos contribuintes situados em faixas de renda mais elevadas, de tal modo que, num sistema de alíquotas graduadas, os que têm mais renda ganham mais com a dedução correspondente aos juros da hipoteca e a dedução por contribuições caritativas do que os que têm menos renda. Um crédito tributário correspondente a uma porcentagem uniforme da quantidade de pagamentos de juros de hipoteca ou de contribuições caritativas seria mais eqüitativo.

Quando a questão da justiça entre os contribuintes desce ao nível desses detalhes, ela tem de ser avaliada no contexto dos objetivos mais amplos do governo, objetivos esses que são, pelo menos em tese, promovidos pela tributação considerada em geral – objetivos que incorporam alguma forma de justiça na sociedade como um todo. Em relação a esses objetivos, um determinado dispositivo tributário pode ser iníquo em pequena escala. Isso acontece quando ele dilui o efeito geral do sistema, redistribuindo os ônus e benefícios em comparação com alguma alternativa que atenderia melhor a esses objetivos gerais, evitando distinções arbitrárias de tratamento tributário. Esse critério permite a justificação instrumental das diferenças de tratamento, uma vez que a acusação de arbitrariedade pode ser refutada pela afirmação de que a distinção atende a um objetivo legítimo.

Existe uma outra questão: será que determinadas diferenças de tratamento são repreensíveis, mesmo que promovam um fim legítimo? Será que algumas formas de discriminação tributária são erradas em si mesmas, independentemente de sua relação com a justiça econômica ou outros objetivos sociais legítimos? Com a exceção da ação afirmativa legalmente permitida, um tratamento diferenciado baseado explicitamente na raça, na religião ou no sexo não seria admissível em nossa sociedade, mesmo que, por hipótese, promovesse um fim desejável[3]. E uma ação tributária que introduza ou agrave a desigualdade racial, se-

---

3. Em *Moritz v. Commissioner*, 469 F2d 466 (10th Cir 1972), o tribunal julgou inconstitucional um dispositivo anterior da Receita Federal, que permitia uma dedução correspondente ao sustento de dependentes para mulheres que não haviam se casado, mas não para homens na mesma situação. "Concluímos que a classificação é uma discriminação injusta e inválida segundo os devidos princípios processuais... O estatuto não criou a distinção contestada como parte de um esquema que tratasse dos vários ônus do sustento dos dependentes com que arcam os contribuintes, mas antes fez uma discriminação especial baseada somente no sexo, o que não é admissível" (469 F2d 466, 470).

xual ou religiosa (em comparação com uma ação alternativa e igualmente realizável) deve ser desqualificada ou pelo menos sujeita a critérios mais rígidos de justificação, mesmo que o efeito em questão não seja um objetivo explícito da mesma[4].

II. Um exemplo: a multa matrimonial

No capítulo 2, observamos que só um imposto de valor fixo pode ser neutro em seus efeitos de incentivo com relação a todas as opções que se apresentam ao contribuinte. Não há coerência na exigência completamente geral de que o sistema tributário seja neutro nesse sentido. Mas é possível apresentar-se um princípio mais restrito de discriminação tributária, que exija uma justificativa muito boa para toda estrutura econômica criada pelo governo cujos efeitos diferenciados castiguem ou recompensem certos tipos de escolhas entre as quais o Estado tem a obrigação de procurar ser neutro.

É esse o problema que aparece, por exemplo, no tratamento tributário dos cônjuges e nos resultantes "prêmios" e "multas" associados ao casamento num sistema de tributação progressiva[5]. Examinando esse caso, talvez nos seja possível entender com mais clareza os fundamentos da idéia de que certos tipos de efeitos diferenciados devem ser evitados por ser injustos.

---

4. Blumberg (1972) fez um dos primeiros estudos da discriminação sexual através da tributação; ver adiante, seção III. Em anos recentes, os estudiosos dedicaram-se mais à questão da discriminação tributária de base sexual, racial e religiosa. Ver Alstott (1996a); Brown e Fellows (1996); Cain (1991); McCaffery (1997); Moran e Whitford (1996).

5. Na Itália, afirmou-se que a tributação conjunta dos casais legalmente unidos em matrimônio viola os princípios constitucionais da igualdade e da tributação proporcional à capacidade contributiva; ver Vanistendael (1996), 22-3. Na Alemanha, afirmou-se que a "multa pelo casamento" viola um dispositivo constitucional que exige a proteção especial do casamento e da família por parte do Estado; ver Vanistendael (1996), 28.

O que gera conflitos políticos e argumentos retóricos é o fato de que, sob a legislação atual norte-americana, quando duas pessoas que têm renda se casam, seus impostos freqüentemente sobem. Nas palavras tocantes da deputada Tillie Fowler, republicana da Flórida, "O que pode haver de mais imoral do que cobrar tributos das pessoas pelo simples fato de se amarem?"[6] Mas existe um outro princípio de tratamento igualitário que dá origem ao problema do atual código tributário: a saber, o princípio de que os casais de mesma renda total têm seus impostos cobrados pela mesma alíquota, independentemente de como a renda é dividida entre os dois membros do casal. Isso significa que, sob um regime de imposto de renda progressivo com alíquotas crescentes, os contribuintes solteiros terão de pagar impostos a uma alíquota às vezes superior, às vezes inferior à dos contribuintes casados de mesma renda. Temos inevitavelmente de escolher entre tratar igualmente os solteiros e os casados e tratar igualmente os casais onde um membro ganha ou onde os dois membros ganham; não podemos fazer as duas coisas ao mesmo tempo[7].

A lei atual tem as seguintes conseqüências: a soma dos impostos de duas pessoas solteiras, cada uma das quais ganha X, é menor do que o imposto de um casal em que cada um dos quais ganha X; este último imposto é igual ao imposto de um casal em que um dos membros ganha 2X e o outro não ganha nada; e este imposto, por sua vez, é menor do que o de uma pessoa solteira que ganha 2X[8]. Numa fórmula:

$$I(X)+I(X)<I(X+X)=I(2X+0)<I(2X)$$

---

6. Citado em *The New York Times*, 11/02/2000, p. A22.
7. Ver Bittker (1975). O mesmo artigo também chama a atenção para a questão do padrão de vida que mencionamos mais abaixo.
8. Desconsideramos aqui a diferença que vem do fato de o solteiro só ter direito a uma isenção pessoal, ao passo que o casal tem direito a duas.

A primeira desigualdade é a "multa do casamento"; a segunda é o bônus relativo a ele[9]. Será possível fazer algum juízo crível de justiça ou injustiça com respeito a essas igualdades e desigualdades, as quais se aplicam a todos os níveis de renda sujeitos a imposto?[10] Sim, é possível: evidentemente, o que está por trás delas é a idéia de que as unidades tributáveis não são os indivíduos, mas as residências, mas ao mesmo tempo a distinção entre as alíquotas dos casados e as dos solteiros não deve ser muito grande, nem para mais, nem para menos. Assim, os casais cujos dois membros têm renda sofrem uma tributação mais pesada do que sofreriam os mesmos dois indivíduos se não fossem casados; e os casais onde só um membro tem renda sofrem uma tributação mais leve do que a pessoa sofreria se fosse solteira. Ao que parece, isso corresponde a uma relação que existe entre os padrões de vida que essas diversas unidades familiares podem ter com um determinado nível de renda pós-tributária. O padrão de vida de um indivíduo que vive com X será, em virtude da economia de escala, mais baixo do que o de um casal que vive com 2X: e o padrão de vida destes, que são duas pessoas e não uma, será mais baixo do que o de um único indivíduo que vive com 2X. Isso parece plausível, desde que X não seja grande demais.

Assim, podemos encarar o tratamento tributário do casamento como uma espécie de sintonia fina da progressividade – que procura estabelecer uma correspondência entre as diferenças de alíquotas e de renda pós-tributária, de um lado, e as diferenças no padrão de vida das unidades fami-

---

9. Essa estrutura básica não é alterada pelos dispositivos de "Alívio da Multa Matrimonial" que constam da legislação fiscal de 2001. Apesar do nome, esses dispositivos na verdade beneficiam todos os contribuintes casados, quer tenham de pagar a multa, quer ganhem o bônus. Vide Joint Committee on Taxation (2001): Manning e Windish (2001).

10. Existe também uma "multa matrimonial" relacionada ao Crédito Tributário Sobre a Renda, mas não falaremos dela aqui. A mesma é bastante mitigada pela legislação fiscal de 2001; ver Joint Committee on Taxation (2001); Manning e Windish (2001).

liares, do outro –, não as diferenças de renda dos indivíduos. Se é preciso que a progressividade seja correspondente aos padrões de vida, pode ser que essas distinções entre os casados e os solteiros sejam, no geral, justas, pelo menos no que diz respeito a quantos se acham abaixo dos 10% mais ricos. É esse o argumento contra os que consideram injustos os efeitos do casamento sobre as obrigações fiscais no atual regime tributário. Não se trata de uma simples multa pela paixão.

Entretanto, esse argumento ficou obsoleto por causa das mudanças culturais. Hoje em dia, muitas pessoas se amam e vão viver juntas sem se casar*. Os casais heterossexuais cujos dois membros têm renda podem beneficiar-se da economia de escala sem incorrer na multa matrimonial, e podem por isso resolver não se casar legalmente. Os casais homossexuais em que só um membro tem renda, por outro lado, constituem uma unidade econômica, mas não podem se beneficiar do bônus matrimonial. A questão da discriminação fiscal não é eliminada pelo argumento do padrão de vida. Quer a proibição do matrimônio legal dos casais homossexuais seja justificável, quer não, não existe justificativa para que o código tributário simplesmente ignore todos os relacionamentos interpessoais que não o casamento. Essa objeção em particular, porém, pode ser evitada se o código tributário reconhecer as "parcerias domésticas". (Com isso, o bônus correspondente à declaração conjunta se tornaria mais amplamente disponível, mas é claro que a multa matrimonial não seria eliminada.)

Vale a pena frisar mais uma vez que o que nos interessa aqui não é que o imposto de renda evite por todos os meios a imposição de efeitos desiguais sobre o padrão de vida de pessoas cuja renda pré-tributária, dada a sua situação, poderia oferecer-lhes padrões de vida equivalentes se, por uma hipótese impossível, pudesse ficar totalmente à sua disposição. O padrão de vida é importante, e isso é óbvio; mas o

---

* Isso sem mencionar a melancólica situação dos casais que vivem separados.

que nos interessa é que os *resultados* pós-tributários não sejam injustos, e não que essas supostas mudanças em relação à distribuição pré-tributária não o sejam.

III. Os efeitos de incentivo e a arbitrariedade

Há outra maneira de evidenciar o quão inadequada é a renda pré-tributária como critério básico. A tributação desigual de rendas pré-tributárias iguais tem algum efeito de incentivo. Com isso, a mesma renda pré-tributária obtida por diferentes meios passa a valer mais ou valer menos para quem a obtém, de tal modo que será mais difícil atrair empregados ou investidores para a atividade produtiva mais sujeita à tributação. Isso significa que a própria renda pré-tributária será afetada pelas escolhas induzidas pelo nível esperado de tributação, o que torna patentemente irracional a avaliação desse nível por uma simples referência à renda pré-tributária. Às vezes – é o que acontece com os títulos municipais isentos de impostos – esses efeitos de incentivo são intencionais[11]. Mas quer sejam intencionais, quer não, é difícil considerá-los injustos em si mesmos, a menos que o modo pelo qual modificam a estrutura de incentivos tenha um efeito particularmente adverso sobre as opções disponibilizadas a uma classe de pessoas cuja igualdade de oportunidades seja objeto de uma preocupação social explícita.

Mais uma vez, a relação entre o casamento e os impostos nos fornece um exemplo grave desses efeitos discriminatórios; neste caso, a renda pré-tributária não é ajustada para compensar os diferenciais tributários. Esse problema não tem relação com a justiça distributiva nem com um suposto incentivo contrário ao casamento, mas sim com um incentivo contrário ao trabalho: a saber, os efeitos da declaração em conjunto sobre a compensação pós-tributária do

---

11. Ver capítulo 2, seção VIII.

membro de menor renda (*second earner*) do casal, o qual, no atual estado da sociedade, tende a ser a mulher. (O *second earner* é o cônjuge cujo emprego é opcional, e não uma questão de sobrevivência.) Se tomarmos como dado que o marido terá um trabalho remunerado, a decisão da mulher de trabalhar ou não será tomada com base no fato de que o salário dela será tributado segundo a alíquota aplicável à renda total de ambos – o que significa que a recompensa de renda disponível será muito menor do que a correspondente ao salário dele, que se beneficia de ambas as isenções pessoais, das deduções relativas aos dependentes e, talvez, de uma alíquota marginal menor[12]. Se acrescentarmos aí o custo de um lugar onde ela deixe os filhos para poder ir trabalhar, a situação fica ainda pior – e eis aí uma boa razão para o crédito tributário correspondente aos custos de cuidados com as crianças.

Esses incentivos diferentes são importantes do ponto de vista da justiça porque reforçam desmesuradamente a divisão de trabalho dentro da família, divisão essa que está associada ao *status* inferior das mulheres na sociedade como um todo. Mesmo as mulheres que gostariam de trabalhar fora são impedidas de fazê-lo porque a carga tributária maior que recai sobre os *second earners* torna o trabalho doméstico preferível do ponto de vista econômico. Não é um problema de justiça distributiva, mas de justiça sexual, embora encaixe-se também na categoria mais ampla da igualdade de oportunidades. Poderia ser mitigado caso se adotasse um sistema de tributação puramente individual, o qual, porém, acabaria com o tratamento equivalente dos casais de mesma renda onde um ou os dois membros trabalham. Talvez já seja hora de admitir que essa equivalência traz em si um desvio sexista. Ao que parece, os efeitos dife-

---

12. Eissa (1995) apresenta indícios claros de que as decisões das mulheres casadas de ter um trabalho remunerado ou não são evidentemente dependentes das diferenças de alíquotas tributárias. Debate-se, porém, qual é a magnitude e a natureza exata desse efeito comportamental; vide uma discussão com referências em Alstott (1996a), 2017-22.

rentes dela sobre os homens e as mulheres, mediados por diferenças de papel social, são exemplos graves de uma reprovável discriminação fiscal; por isso, esse assunto deve ser objeto de um estudo contínuo[13].

Todo imposto que não é semelhante ao imposto fixo individual, ou seja, que não é simplesmente cobrado de todos independentemente do que façam, acaba por ter efeitos específicos de motivação sobre as decisões das pessoas – um ou outro tipo de "efeito de distorção". Um sistema tributário moderno não pode ter a pretensão de ser neutro em seus efeitos de incentivo sobre as decisões economicamente significativas que as pessoas tomam a respeito do trabalho, do lazer, do consumo, da propriedade e da forma de vida. As exigências de neutralidade são todas especiais e ficam restritas a questões fundamentais como o sexo, a raça e a religião. Um imposto que fosse cobrado do sorvete de chocolate mas não do de baunilha não teria nada de injusto, embora fosse arbitrário.

Não obstante, a preocupação com essa ausência de neutralidade persiste e constitui até motivo de discordâncias sobre questões tão fundamentais para a reforma tributária quanto a da possível substituição do imposto de renda por um imposto sobre o consumo. Como dissemos no capítulo 5, podem-se apresentar argumentos sérios em favor de uma tal mudança. Mas também explicamos por que a questão da discriminação contra os poupadores e investidores, considerada por si só, é uma questão moral que de verdade não existe – tão inócua quanto seria a da discriminação contra os casais sem filhos por causa da dedução relativa aos dependentes.

Do mesmo modo, costuma-se afirmar que a dedução dos juros pagos pela hipoteca residencial e a não-tributação do aluguel equivalente das casas ocupadas por seus

---

13. Para uma defesa da obrigatoriedade da declaração em separado, ver Kornhauser (1993); Zelenak (1994). Quanto ao argumento de que o esquema atual discrimina as mulheres, ver Blumber (1972) e McCaffery (1997).

proprietários operam uma discriminação contra os que pagam aluguel. Porém, essas categorias não são interessantes do ponto de vista moral*. A conveniência ou não da dedução dos juros da hipoteca depende de a correspondente perda de receita fiscal e a conseqüente necessidade de aumentar outros impostos serem compensadas pelos efeitos sociais desejáveis que sobrevêm quando um número maior de famílias relativamente novas têm sua casa própria. Provavelmente, o aspecto menos justificável da dedução dos juros da hipoteca é a sua extensão a um segundo imóvel.

Mas a questão principal é que, para saber se uma preferência tributária é justa, não podemos considerá-la isoladamente. Temos de saber: (a) se ela distorce o padrão mais amplo de redistribuição e financiamento da ação pública exigido pela nossa concepção geral de justiça, ou seja, se ela redireciona alguns custos e aumenta ou diminui sub-repticiamente a quantidade de redistribuição; e (b) se serve a outras finalidades, legítimas para a política fiscal, que sejam importantes o suficiente para neutralizar uma possível desvantagem do primeiro tipo.

Diante de um pano de fundo globalmente legítimo, toda dedução ou isenção pode, em princípio, ser contestada por motivos de justiça. Uma isenção ou incentivo fiscal tende a provocar a distorção dos objetivos redistributivos gerais do sistema; infelizmente, esse método de promoção de atividades desejáveis vem se tornando cada vez mais comum, substituindo as dotações diretas. Muitas vezes isso é determinado por motivos políticos, e os alvos dos benefícios tendem a ser bastante arbitrários. Mas o método usual de identificar violações da eqüidade horizontal não é um guia seguro nesse terreno. Os desvios em relação a uma equivalência pré-tributária, enquanto tais, não merecem um exame detido.

---

* Por outro lado, a afirmação de que o atual tratamento tributário da habitação tem efeitos discriminatórios do ponto de vista racial merece ser levada a sério; ver Moran e Whitford (1996).

A norma da eqüidade horizontal deve ser substituída pela de evitar as desigualdades moralmente reprováveis, ou causadas de maneira reprovável, no sistema de propriedade do qual os impostos são um elemento essencial. A identificação do "reprovável" depende das diversas teorias da justiça e pode ter relação, em parte, com o resultante perfil de padrões de vida; em parte, com a influência de causas que estão além do controle humano; e, em parte, com a ausência de causas que *estão sujeitas* ao controle humano, o que torna as pessoas mais responsáveis. A justiça ou injustiça de uma determinada preferência ou brecha fiscal deve ser determinada pelo fato de esse elemento tributário prejudicar ou não a capacidade do sistema de promover os objetivos mais amplos de justiça na sociedade. No geral, porém, acreditamos que a eqüidade horizontal como é tradicionalmente concebida, ou seja, pela comparação com um mítico mundo atributário, deve deixar de ser considerada um fator significativo da justiça na tributação.

9. Conclusão: a política

I. Teoria e prática

No decorrer deste livro, quisemos passar sobretudo a mensagem de que o valor que orienta a política fiscal não pode ser a justiça tributária, mas sim a justiça social, e de que os direitos de propriedade são convencionais: em grande medida, são o produto de políticas tributárias que têm de ser avaliadas por critérios de justiça social; por isso mesmo, não podem ser usados para determinar quais impostos são justos e quais não são.

Mas há uma imensa distância a separar afirmações axiológicas e teóricas como essas da determinação dos impostos no mundo real. A política não é feita por reis-filósofos. Numa democracia, é feita por representantes políticos que podem ser depostos pelo eleitorado, e o realismo da ação tem de levar em conta a complexa dinâmica desse mecanismo. A reflexão pura sobre o que seria o mais justo tem o seu lugar na discussão política pública e constitui a tarefa principal da filosofia política e moral. Porém, a descrição de um tal ideal ainda está bem longe da sua realização ou mesmo do seu poder de influenciar a realidade; e quando o ideal envolve a crítica de concepções profundamente arraigadas e adotadas de modo tão inconsciente que as pessoas as consideram naturais, os obstáculos são formidáveis. Além disso, o apelo à justiça é só um dos artifícios retóricos usados nos debates políticos, e não é de modo algum o mais poderoso. Tudo isso nos conduz a duas outras questões: quais conseqüências politicamente viáveis podem ser deduzidas das reflexões apresentadas nos capítulos anteriores? E, junto ao eleitorado pluralista de uma moderna democracia capitalista, qual a mistura de motivos que pode ser invocada em apoio de políticas tributárias justas e exeqüíveis?*

Essa ampliação do ângulo de visão, da justiça tributária para a justiça social como um todo, não é tanto um afastamento em relação à política comum quanto em relação à análise tributária tradicional. É verdade que os debates políticos recentes salientaram excessivamente perante a imaginação do público as questões tradicionais de eqüidade horizontal, que enfocam de modo estreito o problema da distribuição das cargas tributárias. Mas em geral, quando é a justiça que está em questão nos debates populares sobre o sistema tributário, a idéia de justiça é relacionada às diferentes opiniões que existem sobre a desigualdade econômica, a responsabilidade individual, a diminuição da pobreza, a igualdade de oportunidades, as garantias universais de proteção individual básica e a distribuição dos custos do governo e de outros bens públicos.

Boa parte de nossas discussões sobre a relação entre o sistema tributário e as questões mais atuais de teoria política se encaixam nesses debates e tentam lançar uma nova luz sobre eles, isolando e distinguindo com mais precisão as diversas posições envolvidas. Falamos sobre os diversos tipos de resultados que, segundo os adeptos das diversas concepções, o sistema tributário teria de alcançar; mostramos por que as pessoas discordam acerca da justiça de se deixar as grandes fortunas totalmente à disposição daqueles que se dão bem na política capitalista e de seus descenden-

---

* Deixamos de lado uma importante restrição prática que se aplica menos aos Estados Unidos do que a outros países: a pressão exercida pelo mercado financeiro internacional sobre a política econômica em geral e a política tributária em particular. Parece que a única solução para este problema está na ação de instituições econômicas internacionais.

tes; e falamos por que é desejável que o Estado garanta publicamente um mínimo social decente. Embora os programas da Previdência Social, do Medicare e assemelhados já não corram perigo dentro da principal corrente política da sociedade norte-americana, o tamanho e o financiamento desses serviços ainda são matéria de muitos debates. Um dos aspectos essenciais desses conflitos políticos são certas questões filosóficas acerca da responsabilidade de cada qual por si mesmo e por seus concidadãos.

Nossas concepções divergem profundamente da mentalidade padrão da política comum no fato de insistirmos no caráter convencional da propriedade privada e de negarmos que os direitos de propriedade sejam moralmente fundamentais. A resistência aos conceitos tradicionais de justiça tributária e a seus homólogos políticos implica a rejeição da idéia de que a renda e a riqueza pré-tributárias das pessoas pertencem a elas num sentido moralmente significativo. Não podemos conceber a propriedade como algo que é distribuído ou simplesmente abocanhado pelo sistema tributário, mas sim como algo que é *criado* por esse mesmo sistema. Os direitos de propriedade são direitos que as pessoas têm sobre aquilo que lhes resta depois de cobrados os impostos, e não antes.

Isso não quer dizer que não se possa conceber que uma das funções da tributação é tirar dinheiro dos ricos para dar aos pobres, por exemplo. Mas, nesse caso, nós não estamos tirando de algumas pessoas algo que pertence a elas; o que ocorre é que o sistema tributário lhes deixa com menos recursos do que teriam sob um sistema menos redistributivo, no qual os ricos ficassem com mais dinheiro à sua própria disposição, ou seja, no qual eles tivessem mais dinheiro.

Admitimos que essa transição para uma concepção puramente convencional da propriedade vai contra a intuição comum. Para a maioria das pessoas, os impostos são atos de expropriação – tiram delas recursos que originalmente lhes pertencem e que passam a ser usados para vários fins determinados pelo governo. Sabemos que a maioria das pessoas pensam instintivamente que sua renda pré-tributária lhes pertence até o momento em que o governo a abocanha, e pensam exatamente a mesma coisa a respeito da renda e da riqueza das outras pessoas. A retórica política se vale dessa maneira natural de pensar: "Quem sabe o que fazer com seu dinheiro é você, e não o governo!" "O superávit não pertence ao governo, mas ao povo."

Para mudar esse hábito de pensamento, é preciso uma espécie de mudança de *gestalt*; e não seríamos realistas se pensássemos que essa mudança de percepção poderia se tornar largamente disseminada. Não que as pessoas não tenham a disposição de pagar seus impostos; o fato é que tendem a conceber os impostos como uma intervenção, por parte do governo, numa distribuição primordial da propriedade e da renda, de tal modo que a expropriação e a redistribuição, para justificar-se, teriam de fazer referência a essa distribuição primordial. As perguntas têm a seguinte forma: "Que proporção daquilo que me pertence deve ser tirada de mim a fim de sustentar os serviços públicos e ser repassada às outras pessoas? Que proporção daquilo que pertence aos outros deve ser tirada deles e repassada a mim?" Por outro lado, temos afirmado insistentemente que as perguntas corretas são: "De que modo o sistema tributário deve dividir o produto social entre o controle privado dos indivíduos e o controle público do governo? Quais fatores devem autorizá-lo a determinar quem fica com o quê?"

Como vimos, quando as perguntas são formuladas desse modo, ainda é possível que haja discordâncias radicais quanto às respostas; mas, antes e apesar disso, as próprias perguntas já suscitam uma resistência radical. Elas parecem dar a entender que, na verdade, o produto social como um todo pertence ao governo, e que toda renda pós-tributária deve ser vista como uma espécie de esmola que cada um de nós recebe do governo – isso quando ele decide nos contemplar com essa misericórdia. A resposta natural e indignada a essa idéia é que o simples fato de sermos cidadãos do mesmo Estado não significa que detemos a propriedade coletiva não só das nossas contribuições produtivas, mas também uns dos outros.

Porém, o que ocorre aí é um erro de percepção. É verdade que ninguém é dono de ninguém, mas essa observação só encontra seu lugar correto num debate sobre a forma de um sistema de propriedade que atribua o devido peso à liberdade e à responsabilidade individuais. Ela não justifica a sacralização da renda pré-tributária – sobre a qual os indivíduos, *pela lógica, não podem* ter o controle particular e total – como um critério em relação ao qual todos os desvios têm de ser justificados.

O Estado não é dono de seus cidadãos nem estes são donos uns dos outros. Mas os cidadãos individuais só podem ser donos de alguma coisa quando existem leis promulgadas e impostas pelo Estado. Por isso, a tributação não é uma questão de como o Estado deve tomar e redistribuir algo que os cidadãos já possuem, mas de como deve determinar os direitos de propriedade.

Sabemos que é só com grande otimismo que podemos ter a esperança de que essa concepção filosófica se torne psicologicamente real para a maioria das pessoas. As transações econômicas pré-tributárias têm tamanho peso em nossa vida que a estrutura governamental que lhes determina as conseqüências e lhes dá seu real significado recua para o fundo da consciência. O que sobra é uma fantasia robusta e convincente: a idéia de que nós ganhamos nossa renda e o governo nos toma uma parte dela, ou, em alguns casos, a suplementa com um pouco do que tomou dos outros. Isso resulta numa disseminada hostilidade contra os impostos e numa vantagem política para aqueles que fazem campanha contra eles e acusam a Receita Federal de ser uma burocracia tirânica que busca meter suas garras no dinheiro que suamos para obter.

Se os debates políticos não girassem em torno do quanto daquilo que é meu o governo deve abocanhar sob a forma de impostos, mas em torno de como as leis – nas quais está incluso o sistema tributário – devem determinar o que é meu e o que não é, nem por isso eliminar-se-iam as discordâncias a respeito dos méritos da redistribuição e da ação pública direta; mas a forma delas mudaria. Passaríamos a nos perguntar quais são os valores que queremos ver afirmados e refletidos no sistema de direitos de propriedade encarnado na coletividade – qual o peso que se deve dar à diminuição da pobreza e ao fornecimento de oportunidades iguais para todos; o quanto se deve garantir que as pessoas de fato colham os frutos (e recebam os castigos) do seu esforço ou da sua preguiça; o quanto devemos deixar as pessoas livres de qualquer interferência em suas interações voluntárias. Não se exclui *a priori* a possibilidade de que o sistema preferido venha a ser um sistema que não atribua ao Estado uma grande responsabilidade pelo combate contra a desigualdade econômica; mas essa posição não pode se basear na santificação dos direitos de propriedade pré-tributários.

A dificuldade de se tentar produzir essa mudança para uma mentalidade convencionalista está em que as pessoas têm razão de zelar pelos seus direitos de propriedade naquilo que de fato lhes pertence – aquilo que as leis deixam que permaneça sob o seu controle discricionário – e esses sentimentos de posse não se restringem naturalmente ao escopo dos recursos pós-tributários, que parecem por demais abstratos. Na verdade, é a renda pré-tributária que é uma abstração, mas são essas as cifras com que os assalariados estão mais familiarizados. Não é fácil eliminar o sentimento de que essas cifras representam o ponto de partida em relação ao qual os impostos são um mero desvio; e esse fato opõe um obstáculo à influência política de muitas teorias da justiça.

II. Justiça e interesse próprio

Mas existe uma maneira completamente diferente de se encarar a discussão política, uma maneira que pode ser ainda mais significativa. Até aqui, falamos somente sobre a justiça social e os diversos modos pelos quais ela pode ser concebida. Mas até mesmo os observadores mais desatentos do cenário norte-americano percebem de modo mais ou menos claro que a motivação principal que determina as escolhas políticas dos cidadãos é o interesse próprio individual. Além disso, é essa a motivação a que a retórica dos políticos mais faz apelo, especialmente quando falam de impostos. Talvez não haja nada de errado com isso do ponto de vista de certas teorias de legitimidade política, segundo as quais o processo democrático tem o objetivo de produzir decisões coletivas pela conglomeração de interesses individuais que são depois contrapostos e equilibrados uns com os outros. Mas, se é assim que as coisas são, por que seria necessário introduzir no debate certas considerações explícitas de justiça?

Na nossa opinião, essa concepção da política e da legitimidade política é simples demais. Em toda parte, na política e nas mentes dos indivíduos, os apelos à justiça se misturam com os apelos ao interesse próprio – mesmo que o interesse próprio predomine. A defesa política dos cortes fiscais que beneficiam desproporcionalmente os ricos, apresentada ao povo norte-americano no começo da segunda administração Bush, seria muito menos convincente se não tivesse sido apresentada como uma questão de justiça. Uma coisa é dizer: "Isto será bom para a maioria das pessoas, especialmente para os ricos, e é por isso que sou a favor"; mas é outra, muito diferente, dizer: "É justo que todos paguem menos impostos." Mesmo que essa alegação seja insincera, ela se vincula a antigas concepções de justiça fiscal que ainda têm uma força significativa[1]. Não é possível um progresso no nível político sem que essas concepções de justiça sejam levadas a sério, de tal modo que possam ser criticadas e possam-se propor alternativas. Não obstante, a questão bá-

---

1. Hite e Roberts (1992) fazem um estudo empírico que avalia a importância do sentimento de justiça na opinião das pessoas sobre a reforma tributária.

sica permanece, pois é possível que não haja afinidade entre as motivações da justiça e do interesse próprio, quer para os indivíduos, quer para os grupos; e o processo de chegar a um meio-termo entre elas constitui um dos problemas mais difíceis da ética, da teoria política e da política prática.

Numa economia capitalista, os indivíduos buscam realizar seu interesse próprio no mercado na qualidade de compradores e vendedores de trabalho e outros bens. É o interesse próprio econômico que determina, em grande medida, o modo pelo qual eles reagem às leis – tomando decisões, sempre que possível, para diminuir sua carga tributária e aumentar sua receita pós-tributária. Por que, então, não devemos partir do princípio de que cada um deles será favorável ao sistema tributário que mais o beneficiar individualmente do ponto de vista econômico? Nem sempre o sistema favorecido será o que cobrar menos impostos daquele cidadão em particular, uma vez que a maioria das pessoas sabe que se beneficia de certas atividades do governo que têm de ser financiadas pelos impostos. Mas isso provavelmente significaria que cada cidadão ou grupo de cidadãos seria a favor de um sistema que minimizasse o total de impostos pagos por ele; significaria também que os ricos resistiriam com toda a sua força a quaisquer transferências tributárias para os pobres, ao passo que estes clamariam para que os ricos pagassem mais impostos.

Em certa medida, é isso mesmo que acontece na política; os políticos se situam mais à direita ou mais à esquerda na mesma medida em que fazem apelo a um ou outro desses interesses. Mas se isso explicasse tudo, o debate sobre política tributária não faria menção alguma à questão da justiça. Seria simplesmente uma competição pelos votos dos cidadãos, baseada no interesse próprio destes. Nos Estados Unidos, tal competição seria dificultada pela influência direta do dinheiro sobre as campanhas políticas, pois os interesses daqueles que têm condições de oferecer mais contribuições aos políticos são mais atendidos do que os daqueles que não podem dar tais contribuições; além disso, eles levam, no contexto legislativo, uma vantagem desproporcional ao seu número – tanto o número de representantes eleitos quanto o número de pessoas favorecidas pelas reformas tributárias aí propostas. A política norte-americana recente, na qual a questão da redução dos impostos tem sido acaloradamente debatida, nos dá exemplos de todas essas coisas.

Mas, apesar da importância do dinheiro e do conflito direto entre interesses econômicos divergentes, achamos que seria excessivamente pessimista a conclusão de que tudo se resume a isso. A política norte-americana também está cheia de apelos ao justo e ao certo, e nem todos eles são hipócritas, embora muitos sejam. Há ricos que são a favor de políticas de redistribuição que os deixariam menos ricos do que de outro modo seriam[2]; outros afirmam que a diminuição dos impostos cobrados dos ricos é melhor para todos em virtude de um suposto "efeito-cascata" que atingiria também os pobres; e algumas pessoas mais pobres se opõem à imposição de grandes tributos sobre os ricos e defendem a abolição do imposto sobre o espólio. Em outras palavras, embora as escolhas políticas das pessoas sejam de fato motivadas pelo interesse próprio, pelo menos em parte, a maioria delas também atribui algum peso aos argumentos morais: querem ser capazes de representar suas preferências, para si mesmas e para os outros, como corretas ou justificadas – como aceitáveis de um ponto de vista que leve em consideração, de modo adequado, os interesses de todos os membros da sociedade.

Todo aquele que se interessa pela implementação de princípios normativos de justiça na tributação se defronta com uma grande questão: qual é a quantidade de tensão entre os motivos do interesse próprio econômico e da justiça que os eleitores são capazes de tolerar? Em outras palavras,

---

2. Temos um feliz exemplo disso na recente defesa do imposto sobre o espólio por parte de um grupo de magnatas comandado por Warren Buffett e William Gates, Sr.

CONCLUSÃO: A POLÍTICA

haverá realismo em propor, com base na justiça, um curso de ação que só poderá dar certo se for apoiado por um grande número de cidadãos que estariam em melhor situação se o curso de ação fosse outro? Essa questão ganha força quando se refere a medidas de redistribuição que dão especial atenção aos pobres, que, em nossa sociedade, são minoria; mas também poderia se propor a respeito de medidas antiredistributivas que, com uma justificativa libertária, favorecem os ricos à custa das classes média e baixa.

Nos Estados Unidos, onde vigora o voto individual e um presidencialismo bipartidarista no qual o vencedor leva tudo, os políticos já têm uma resposta pronta para essa questão: você pode usar argumentos morais, mas tem de apresentar suas propostas como algo que atende aos interesses individuais da maioria dos eleitores. E mesmo que sua meta seja combater a desigualdade, os programas mais viáveis, do ponto de vista político, são aqueles que podem ser apresentados como se atendessem aos interesses de *todos*. E embora de fato tenham efeitos de redistribuição em virtude do seu modo de financiamento, programas como a Previdência Social e o Medicare, nos quais esse aspecto está como que disfarçado, têm um número de beneficiários tão grande que passam a ser quase inatacáveis.

Pode ser, portanto, que até mesmo aqueles que têm um ideal utilitarista ou igualitário, e que seriam favoráveis a um sistema que desse prioridade à melhora do padrão de vida e das oportunidades dos que estão na rabeira da escala social, devam buscar cursos de ação concretos que forneçam benefícios a todos – mesmo que não sejam tão bons para os mais pobres quanto seriam as alternativas ideais, que exigiriam uma motivação moral muito maior por parte dos cidadãos. Em nossa sociedade, a solidariedade para com os mais pobres é muito fraca para ganhar eleições, embora possa ser invocada como suplemento à dieta política básica de interesse próprio coletivo.

Em outras palavras, pode ser limitada a capacidade das pessoas que vivem numa sociedade capitalista, ou em qualquer outra, de separar suas motivações políticas de suas motivações privadas. (Deixamos de lado a questão de saber se o limite é meramente psicológico ou se é moralmente justificado.) Algum grau de separação é possível e é, na verdade, essencial para a noção geral de legitimidade de um governo democrático. Os estadistas têm a responsabilidade de evocar a motivação coletiva, fazendo apelos não só à cobiça, mas também à decência. Porém, a experiência nos mostra que não devemos esperar demais. Os políticos sempre se sentem mais à vontade quando fazem coincidir os apelos ao interesse próprio e à retidão moral.

III. Sistemas tributários plausíveis

Tentamos apresentar imparcialmente as mais importantes correntes de pensamento sobre a justiça social e econômica, mas não ocultamos nossas próprias opiniões acerca de quais são as que estão mais próximas da verdade. Embora nós dois não tenhamos exatamente as mesmas idéias acerca de certas questões fundamentais de teoria moral e política[3], chegamos a um acordo preliminar acerca de quais devem ser os objetivos de um sistema tributário. Nesta seção, diremos algo acerca dos cursos de ação que nos parecem plausíveis enquanto meios para esses fins, levando em conta as questões de viabilidade política discutidas nas seções anteriores.

Falaremos a seguir sobre aquele que nos parece ser o principal problema da justiça socioeconômica. A economia capitalista de mercado é o melhor meio de que dispomos para gerar empregos, criar riquezas, empregar o capital na produção e distribuir bens e serviços. Por outro lado, ela inevitavelmente gera grandes desigualdades econômicas e sociais, que freqüentemente se tornam hereditárias e que, a menos que se tomem medidas especiais para combater es-

---

3. Ver Nagel (1991) e Murphy (2001).

ses efeitos, deixam um segmento significativo da sociedade em condições de privação não só relativa, mas absoluta. Ao nosso ver, embora todo governo tenha o dever fundamental de garantir a segurança contra a coerção e a violência dentro e fora de suas fronteiras, e de proporcionar a ordem legal e jurídica que torna possível a prosperidade, ele tem outro dever quase tão importante quanto esses: o dever de, sem prejudicar o poder produtivo do sistema, encontrar meios para limitar os danos inevitavelmente infligidos aos que saem perdendo na competição do mercado.

É impossível fazer com que todos tenham exatamente as mesmas oportunidades na vida. O objetivo mais realista é tentar garantir que todos os membros da sociedade tenham pelo menos uma qualidade de vida minimamente decente – que ninguém chegue à idade adulta tendo de se haver com uma baixa capacidade de ganho, uma infância e um ambiente familiar miseráveis, falta de alimento, abrigo e cuidados de saúde; e que nem as pessoas que não conseguem tirar vantagem de oportunidades iniciais relativamente favoráveis cheguem a cair na miséria absoluta. A prevenção ou compensação desses danos é muitíssimo mais importante do que a supressão das desigualdades na extremidade superior da distribuição. É a responsabilidade positiva fundamental que temos para com nossos concidadãos.

Toda e qualquer concepção que tenda mais do que essa para o *laissez-faire* depende da crença moral de que as únicas obrigações positivas do governo são: (a) proporcionar as instituições que tornam possível a economia de mercado; (b) proteger o povo da violência e da coerção; e (c) fornecer alguns bens públicos que atendem aos interesses de todos mas não podem ser fornecidos particularmente. Já explicamos por que somos contrários ao "libertarismo vulgar" que se esconde por trás de uma tal crença. Sem a justificativa desse libertarismo, ela parece arbitrariamente restritiva: por que existiriam somente essas obrigações e não a obrigação de garantir um padrão de vida decente para todos os cidadãos? É demasiado mesquinha a idéia de que a única função do governo é a de propiciar condições para a cooperação e a competição econômicas pacíficas sem atentar para a eqüidade dos resultados. Por outro lado, embora sejamos simpáticos a concepções igualitárias mais fortes, para as quais a responsabilidade social vai muito além do nível mínimo de decência, sabemos que as perspectivas políticas dessas concepções não são muito animadoras, pelo menos a curto prazo.

É desnecessário dizer que a isenção de impostos para uma faixa mínima de renda seria um dos elementos de um esquema institucional que visasse a garantir um mínimo social decente; mas o modo mais eficaz de melhorar a condição das pessoas que vivem abaixo da média da sociedade seria não somente a isenção, mas um aumento substancial de sua renda disponível. A dificuldade está em elaborar métodos que realmente funcionem e não tenham efeitos nocivos de outro tipo[4]. É exemplo disso o eterno debate sobre o aumento do salário mínimo; ao que parece, essa medida não poderia garantir senão uma pequena melhora na renda dos que têm menos habilidade no mercado, pois um aumento grande seria demasiado prejudicial do ponto de vista econômico.

Acreditamos que a transferência direta de dinheiro é um método melhor e que o problema está em como fazer isso sem tirar dos beneficiários o estímulo para ter um trabalho remunerado. Nunca será demais insistir na importância dessa questão. O trabalho remunerado e produtivo por parte de pelo menos um membro da família é uma das condições essenciais da dignidade, da estabilidade, da independência e da inserção social. Toda transferência de dinheiro que desestimula o trabalho é socialmente destrutiva.

Por outro lado, as transferências dirigidas aos que não podem trabalhar ou que já passaram da idade em que o trabalho é uma coisa normal não têm essa mesma desvantagem. É por isso que os benefícios da Previdência Social

---

4. Shaviro (1997) faz uma discussão esclarecedora das opções possíveis.

não são problemáticos. Eles protegem todos os membros da sociedade, impedindo-os de cair abaixo de um determinado mínimo na velhice; e, embora desestimulem as pessoas de trabalhar até morrer nesta época em que a aposentadoria não é compulsória, não desestimulam o trabalho de ninguém que a sociedade gostaria de ver empregado. O programa é evidentemente redistributivo, embora isso seja um pouco obscurecido pelos impostos de previdência social pagos por todos os trabalhadores e pelo fato de os benefícios serem proporcionais à contribuição: o pessoal de baixa renda recebe mais do que pagou, e o de renda alta recebe menos.

Mas um programa de transferências monetárias para as pessoas em idade produtiva, mesmo que seja direcionado em parte para as crianças novas demais para trabalhar, deve tomar uma forma que incentive o trabalho e não diminua os ganhos do trabalho remunerado nem facilite as rupturas familiares, como costumam fazer alguns programas de bem-estar. Um dos métodos aceitáveis seria um programa de complementação salarial fornecida pelos empregadores e apoiada por estímulos fiscais; não avaliaremos esse método aqui[5]. Na Europa, são comuns os benefícios diretos fornecidos sob a forma de um salário-família e dirigidos a todas as famílias com filhos. É evidente que um programa como esse, de caráter universal, tem muitas vantagens políticas; se pudesse ser financiado de maneira redistributiva, poderia corrigir em certa medida o excessivo favorecimento aos mais velhos que atualmente se verifica na Previdência Social e no Medicare.

Mas nos Estados Unidos foi posta em prática uma forma de complementação de renda mais direcionada e determinada pela necessidade real: o Crédito Tributário sobre a Renda (*Earned Income Tax Credit*), equivalente a 40% de uma renda de até 8.890 dólares por ano para uma família com

---

5. Phelps (1997) apresenta uma proposta detalhada.

dois filhos[6]. Esse tipo de benefício direto para os trabalhadores pobres – os que saem desfavorecidos num mercado de trabalho competitivo, cujas desigualdades intrínsecas são hoje largamente reconhecidas – parece ter conquistado a aceitação de todas as principais correntes políticas norte-americanas. Seu apelo se dirige tanto aos inimigos da desigualdade quanto aos que insistem na responsabilidade individual, mas reconhecem que nem sempre a baixa capacidade de remuneração deve ser considerada culpa do trabalhador que dela é vítima.

É difícil saber, de um ponto de vista realista, o quanto podemos esperar que esses programas de complementação direta de renda venham a aumentar tanto em quantidade de financiamento quanto na extensão dos beneficiários. Parece-nos que um programa direcionado de transferências monetárias perderia toda a viabilidade política caso fosse além dos 25% mais pobres da população, e que todo esforço sério para garantir um mínimo social decente provavelmente teria de tomar a forma de um benefício universal financiado de maneira redistributiva. É possível que um salário-família venha a se firmar nos Estados Unidos um dia. Nesse caso, até as sombrias perspectivas atuais para a aceitação geral de uma renda mínima universal poderiam melhorar.

Programas mais específicos, como um seguro-saúde universal e um financiamento adequado da educação pública em todas as comunidades, também são elementos fundamentais de qualquer rede de segurança social suficientemente ampla. Se algumas medidas desse tipo viessem somar-se à Previdência Social, ao Medicare e à atual rede de escolas públicas, configurar-se-ia um passo significativo em direção à justiça social tal como a compreendemos. Mas sabemos que, nos Estados Unidos, a resistência da população ao fornecimento público direto de benefícios

---

6. O benefício estaciona numa alíquota de 21,06% da renda acima de 11.610 dólares. Vide I.R.C. sec. 32.

sociais – o *"big government"* – é muito maior do que em outros países ricos; por isso, o que nos parece mais desejável é a expansão da redistribuição de dinheiro vivo através do sistema tributário, que não envolve a criação de programas administrados pelo governo.

Voltando-nos agora para a questão da receita, vamos declarar nossas opiniões finais acerca de alguns problemas discutidos extensivamente em três capítulos anteriores: a base tributária, a progressividade e a transmissão da riqueza por herança. Mais uma vez, afirmamos nossa crença de que o sistema tributário não deve ser determinado por um enfoque estreito, centrado na distribuição de cargas tributárias, mas sim por dois objetivos interligados: o adequado financiamento dos bens públicos e a promoção da justiça social. Esta última, ao nosso ver, pressupõe um esforço de proteção da vida e das oportunidades dos indivíduos e famílias que não conseguiram vencer na economia capitalista, esforço esse que, por outro lado, não pode destruir o poder criativo desta.

O primeiro desses dois objetivos, o financiamento dos bens públicos, foi discutido no capítulo 4. Lá afirmamos que, mesmo sem se fazer referência alguma a princípios que exigem a redução da desigualdade socioeconômica ou uma consideração especial pelos mais pobres, os bens públicos devem ser financiados por contribuições desiguais dadas por cidadãos de recursos desiguais. Isso ocorre por um motivo muito simples: porque é correto que o nível de fornecimento dos bens públicos reflita o valor que estes têm para os cidadãos em comparação com o hipotético uso privado dos mesmos recursos, e esse valor varia, em quantidade de dinheiro, segundo a quantidade de recursos que cada cidadão possui. Esse fato, por si mesmo, nada nos diz acerca de como a tributação em vista dos bens públicos deve variar segundo a variação da renda, mas deixa claro que essa função deve ser positiva. Nossa noção intuitiva da diminuição da utilidade marginal do dinheiro privado já nos deixa claro que esse fator, por si só, constitui um forte argumento preliminar em favor da progressividade, vindo somar-se assim às razões igualitárias que nós, de nossa parte, também aceitaríamos.

A equação e a forma da progressividade dependem não só de questões de justiça social como também de complexos fatores empíricos; por isso, não temos uma opinião firme sobre esse problema. A progressividade dos impostos líqüidos, gerada por uma substancial isenção pessoal, e associada talvez a alguma forma de imposto de renda negativo ou mesmo a uma renda mínima universal, parece estar claramente indicada como parte de qualquer sistema justo. O que não está claro é qual a progressividade apropriada das alíquotas.

Expressamos nossas dúvidas quanto ao fato de a teoria da otimização tributária vir algum dia a justificar a adoção de alíquotas declinantes. Para os arrimos de família, não temos indício algum de um efeito adverso das alíquotas crescentes sobre o número de horas de trabalho, pelo menos enquanto as alíquotas não se tornam extorsivas[7]. Do mesmo modo, a influência das alíquotas tributárias sobre a quantidade total de economias parece ser insignificante ou mesmo nula[8]. No que diz respeito à oferta de trabalho e ao nível total de investimento, a teoria de um "efeito-cascata" pelo qual as vantagens dos ricos chegariam por fim aos pobres não se confirma empiricamente. Como explicamos no capítulo 6, a quantidade de renda tributável parece variar de modo mais pronunciado de acordo com os retornos pós-tributários, mas a própria possibilidade de existência desse efeito comportamental depende das leis tributárias, não sendo, portanto, um fato bruto a ser levado em conta pela política econômica: o grau de importância que o efeito tem ou deve ter é algo a ser determinado em grande medida pelos que fazem a política, e o mesmo podemos dizer de coisas como a renda mínima universal ótima e a estrutura

---

7. Ver as referências dadas no capítulo 6, nota 18.
8. Ver as referências dadas no capítulo 5, nota 23.

de alíquotas[9]. Entretanto, parece que chegamos a um motivo sólido para não se imporem alíquotas pesadas demais às faixas superiores de renda: a saber, o fato de que a elevação demasiada das alíquotas parece desestimular os empresários de gastar com investimentos[10]. Aí, parece que tem algum peso do ponto de vista da oferta.

Por outro lado, no que diz respeito à escolha de base tributária, não pensamos que haja motivos firmes para se vir a isentar de impostos toda a renda de capital através da adoção de um imposto sobre o consumo. Quando damos o devido valor à redistribuição, a base tributária apropriada continua sendo a renda (ou o consumo mais a riqueza), principalmente porque é aí que está o dinheiro. Os aumentos de riqueza, inclusive da riqueza empresarial, representam uma parte importante da renda dos segmentos superiores da distribuição econômica; e, do ponto de vista político, o meio mais prático de tributar essa riqueza parece ser o imposto de renda, e não um imposto sobre a riqueza ou impostos de transmissão*. Se pensamos que toda a receita tributária que um imposto sobre o consumo simplesmente deixa passar poderia ser efetivamente recapturada por um imposto de transmissão politicamente viável, pecamos contra o realismo.

Duas questões práticas de política tributária – a progressividade e o imposto sobre a herança – têm ligação com uma outra questão de justiça. Trata-se de saber se as gigantescas desigualdades que definem o topo da pirâmide econômica são reprováveis em si, independentemente do valor

---

9. Ver as referências dadas no capítulo 6, nota 23.
10. Ver Carroll, Holtz-Eakin, Rider e Rosen (2000). Os autores observam que "as empresas fundadas por um empresário específico representam pelo menos 10% dos investimentos fixos e não-residentes da economia" (427).

* Deixamos de lado uma questão muito debatida: se os ganhos de capital devem ser tributados pelas mesmas alíquotas de outras formas de renda. Para resolver essa questão como se deve, é preciso dar atenção também ao papel do imposto de renda da pessoa jurídica, assunto de que não tratamos.

de melhorar o padrão de vida e as oportunidades dos que estão em baixo. Nos Estados Unidos, a atual atmosfera política e moral não é hostil aos salários imensos e à acumulação de fortunas colossais enquanto tais, e não se verifica nem mesmo uma grande preocupação com a transmissão dessas fortunas de uma geração para outra. A opinião pública parece ter abraçado a idéia de que o capitalismo bem-sucedido inevitavelmente há de gerar grandes distorções favoráveis aos que estão no topo, distorções essas que, em si mesmas, não são altamente nocivas. De qualquer modo, a tolerância para com as grandes fortunas privadas é uma função natural da idéia de que a existência dessas mesmas fortunas é inevitável.

Nós mesmos não temos opinião formada quanto a essa questão. Há algo de evidentemente injusto numa sociedade em que uma pequena minoria é muitíssimo mais rica do que seus concidadãos e na qual sucessivas gerações nascem numa tal posição de riqueza, mesmo que na sociedade não haja ninguém demasiado pobre por um critério absoluto. Não há dúvida de que uma parte significativa dessa sorte ou boa fortuna não é merecida. Mas não sabemos que importância isso tem – não sabemos o quanto é ruim, para os membros menos privilegiados da sociedade, a convivência com uma tal desigualdade. É provável que a comparação com as pessoas que estão somente um degrau acima na escala social seja mais dolorosa do que a contemplação dos deuses do Olimpo econômico. De qualquer modo, não há nenhuma objeção a fazer a uma boa sorte fantástica e imerecida em si mesma. E a diminuição das fortunas dos que estão no topo não é algo fácil de se defender politicamente, a menos que seja um meio para elevar a condição dos demais.

Mas também rejeitamos a idéia oposta, de que os vencedores na arena econômica têm, por mérito, o direito moral de conservar seus enormes ganhos e transmiti-los a seus filhos. É uma idéia como essa que parece estar por trás de toda a hostilidade contra a tributação dos legados e doações, mesmo para os muito ricos, hostilidade essa que é cada vez mais comum em nossa sociedade. O amplo apoio dado à abolição de todos os impostos sobre o espólio não pode ser expressão somente do interesse próprio das faixas econômicas superiores, uma vez que, no atual regime de combinação entre o imposto sobre o espólio e o imposto sobre as doações, é a minoria dos legados que está sujeita à tributação.

Com toda certeza, a tributação das grandes fortunas familiares quando da morte deve ser vista como uma fonte legítima de receita para a redistribuição e outros fins; e não pode haver obstáculos políticos à idéia de que essa tributação não viola de maneira alguma um direito moral ou um direito de propriedade natural baseado na justiça. Como dissemos no capítulo 7, a proposta mais forte é a da inclusão dos legados na base tributária daqueles que os recebem. Mas mesmo que a única opção politicamente viável seja a perpetuação da tributação do doador através de impostos sobre o espólio e sobre doações, a eliminação dessa fonte de receitas seria, sem dúvida, um passo rumo a uma injustiça maior.

Por fim, toda proposta de um curso de ação política que diminua a quantidade de recursos pós-tributários disponíveis para os ricos terá de se haver com a importância do dinheiro na política norte-americana. As pessoas, sempre que possível, gastam dinheiro para ganhar ou conservar ainda mais dinheiro. Se não se impuser um limite às contribuições oferecidas aos políticos, podemos ter certeza de que a busca da justiça socioeconômica será prejudicada pela influência desproporcional dos que têm mais a perder com ela do ponto de vista financeiro. Felizmente, esse fato já é extensamente reconhecido e já existe um movimento forte em favor da reforma do financiamento das campanhas eleitorais. As mesmas forças que tornam necessária uma tal reforma tornarão difícil a sua implementação. Porém, se a limitação dos gastos de campanha adquirir *status* de lei e for declarada constitucional, uma grande injustiça resultante da grande concentração de riquezas terá sido eliminada.

IV. Idéias morais eficazes

Não há nada de mais terra-a-terra do que os impostos, mas eles proporcionam um ambiente perfeito para o debate moral e para um possível progresso moral. O progresso do pensamento moral é lento e não pode ser empreendido exclusivamente pelos que se dedicam à teoria, como ocorre na matemática, por exemplo. Na matemática, todos se contentam em confiar nos especialistas; mas, no domínio da justiça, uma nova concepção ou argumento só adquire autoridade quando muitas pessoas a assimilam ao seu próprio pensamento e tomam-na como motivação de seus próprios juízos do que fazer e do que defender ou atacar.

Para saber o quanto as mudanças morais demoram para se efetuar, temos de olhar de novo para a abolição da escravatura, o crescimento da democracia e o reconhecimento público da plena igualdade racial e sexual. O que é óbvio para nós estava, no passado, longe de ser óbvio para a maioria das pessoas – embora sempre tenha havido homens e mulheres moralmente adiante do seu tempo (e sempre tenha havido também os retrógrados).

O desenvolvimento de uma concepção de justiça compatível com o capitalismo e realizável dentro da democracia é uma tarefa intelectual dificílima. Não basta deixar que as exigências da justiça cedam às pressões desses dois outros dados. Mas a disseminação de uma tal concepção a ponto de tornar-se um hábito de pensamento da maioria das pessoas que vivem nas democracias liberais capitalistas é um problema de outra espécie. As idéias morais que cumprem a obra de legitimação têm de ser compreensíveis e têm de ter um apelo intuitivo; não basta que sejam corretas.

Terminado o século em que a concepção marxista de igualdade foi posta em prática e esgotou-se, com trágicas conseqüências, o que nos importa é saber se um tipo diferente de ideal social igualitário, que não seja incompatível com as instituições econômicas capitalistas, pode arraigar-se nas democracias ocidentais, já firmemente comprometidas tanto com a democracia quanto com o capitalismo, o qual acarreta inevitáveis desigualdades na distribuição de renda e de riqueza. Um tal ideal viria substituir a antiga concepção capitalista da caridade como modo de responsabilidade pelo bem-estar humano, entendida a caridade aí como uma doação pessoal, de motivação moral, feita pelos privilegiados para os desprivilegiados – essa concepção seria substituída pela idéia de que são as instituições legais que definem quem é dono do quê, e que essas instituições devem atender a critérios independentes de justiça distributiva.

Acreditamos que a esperança de isso acontecer está numa disseminação cada vez maior da compreensão de como o capitalismo funciona – o paulatino aumento do conhecimento econômico entre o povo das sociedades democráticas. O público em geral compreende cada vez mais que as pessoas podem ser beneficiárias e vítimas do mercado e que este, sob diversos aspectos, fornece e não fornece oportunidades para que as pessoas se enriqueçam por meio de contribuições aos investimentos e à produção.

A atitude igualitária que mais tem possibilidade de firmar-se nesse contexto é a idéia de que, num mercado de trabalho puro, pode ser que a pobreza não seja culpa de ninguém e que, se os salários forem fixados num nível que o mercado é capaz de suportar, um número significativo de pessoas não ganhará o suficiente para manter um padrão de vida decente. Essas desigualdades, geradas por um sistema que beneficia a maioria das pessoas num grau substancial e uma minoria num grau espetacular, devem chegar a ser vistas como propriedades inaceitáveis do sistema, que precisam ser corrigidas por alguma forma de mínimo social financiado pela coisa pública – quer em dinheiro, quer sob a forma de ação pública direta. Aproximamo-nos assim do ideal social-democrata moderado que constitui um elemento significativo da opinião pública na Europa contemporânea; e não há motivo algum para que não passe a fazer parte do consenso moral comum da política ocidental como um todo. Se isso acontecesse, concepções mais fortemente igualitárias poderiam começar a fazer parte do âmbito razoável da opinião política, mesmo nos Estados Unidos. As igualdades anteriores tiveram de ser conquistadas em face de antigas tradições de exclusão – por classe hereditária, por religião, por raça ou por sexo. Essas vitórias consubstanciaram-se em direitos reconhecidos que dão o mesmo *status* legal e político a todos os membros da sociedade. Para a expressão de um ideal socioeconômico igualitário no contexto do capitalismo, a solução não será tão simples. Mas a aceitação da inevitabilidade da desigualdade socioeconômica pode coexistir com uma insistência em que os que saem perdendo em nosso sistema comum não sejam tão fortemente prejudicados, e com a idéia de que os vencedores não têm motivo algum para reclamar se a garantia universal de um mínimo social decente lhes deixa com menos recursos do que teriam se os mais pobres permanecessem na miséria.

É legítima a esperança de que, apesar do fracasso definitivo da propriedade coletiva dos meios de produção no decorrer do século XX, a maioria das pessoas venha a acreditar que, mesmo sob o sistema capitalista, a organização da economia e a distribuição dos produtos econômicos entre o controle público e o controle privado podem ser objetos legítimos de um debate político contínuo, e que a escolha procedente desse debate tenha de ser feita segundo critérios que a justifiquem não só do ponto de vista econômico, mas também do ponto de vista moral, por meio de um processo democrático que a legitime. Os valores que determinam essa escolha sempre poderão ser objeto de discordância. Mas essa perspectiva nos garante pelo menos um contexto favorável à aplicação de critérios de justiça à política tributária; garante também um lugar para a avaliação filosófica das divergências entre esses diferentes critérios.

Referências bibliográficas

Ackerman, Bruce e Anne Alstott. 1999. *The Stakeholder Society*. New Haven e Londres: Yale University Press.
Alstott, Anne L. 1996a. Tax Policy and Feminism: Competing Goals and Institutional Choices. *Columbia Law Review* 96: 2001-82.
———. 1996b. The Uneasy Liberal Case Against Income and Wealth Transfer Taxation. *Tax Law Review* 51: 363-402.
Andrews, William. 1974. A Consumption-Type or Cash Flow Personal Income Tax. *Harvard Law Review* 87: 1113-88.
———. 1975. Fairness and the Personal Income Tax: A Reply to Professor Warren. *Harvard Law Review* 88: 947-58.
Aristóteles. *A Política*. [Trad. bras. São Paulo, Martins Fontes, 2.ª ed., 1998.]
Ascher, Mark L. 1990. Curtailing Inherited Wealth. *Michigan Law Review* 89: 69-151.
Atkinson, Anthony B., e Joseph E. Stiglitz. 1980. *Lectures on Public Economics*. Nova York: McGraw-Hill.
Auerbach, Alan J., e Kevin A. Hassett. 1999. A New Measure of Horizontal Equity. NBER Working Paper N.º 7035.
Auten, Gerald, e Robert Carroll. 1999. The Effect of Income Taxes on Household Income. *The Review of Economics and Statistics* 81: 681-93.
Auten, Gerald, Charles T. Clotfelter e Richard L. Schmalbeck. 2000. Taxes and Philanthropy Among the Wealthy. Em Slemrod (2000), 392-424.
Bankman, Joseph. 2000. What Can We Say About a Wealth Tax? *Tax Law Review* 53: 477-87.
Bankman, Joseph, e Barbara H. Fried. 1998. Winners and Losers in the Shift to a Consumption Tax. *Georgetown Law Journal* 86: 539-68.
Bankman, Joseph, e Thomas Griffith. 1987. Social Welfare and the Rate Structure: A New Look at Progressive Taxation. *California Law Review* 75: 1905-67.

———. 1992. Is the Debate Between an Income Tax and a Consumption Tax a Debate about Risk? Does it Matter? *Tax Law Review* 47: 377-406.

Becker, Gary S. 1993. *Human Capital*. 3.ª edição. Chicago: University of Chicago Press.

Beitz, Charles. 1999. *Political Theory and International Relations*. Edição revista. Princeton: Princeton University Press.

Bernstein, Jared, Elizabeth C. McNichol, Lawrence Mishel e Robert Zahradnik. 2000. *Pulling Apart: A State-by-State Analysis of Income Trends*. Washington: Center on Budget and Policy Priorities and Economic Policy Institute.

Bittker, Boris I. 1975. Federal Income Taxation and the Family. *Stanford Law Review* 27: 1389-1463.

Blattmachr, Jonathan G., e Mitchell M. Gans. 2001. Wealth Transfer Tax Repeal: Some Thoughts on Policy and Planning. *Tax Notes* 90: 393-99.

Blum, Walter J., e Harry Kalven Jr. 1952. The Uneasy Case for Progressive Taxation. *University of Chicago Law Review* 19: 417-520.

Blumberg, Grace. 1972. Sexism in the Code: A Comparative Study of Income Taxation of Working Wives and Mothers. *Buffalo Law Review* 21: 49-98.

Boskin, Michael J., org. 1996. *Frontiers of Tax Reform*. Stanford, Califórnia: Hoover Institution Press.

Bradford, David F. 1980. The Case for a Personal Consumption Tax. Em *What Should Be Taxed: Income or Consumption?*, org. de Joseph A. Pechman, 75-125. Washington: Brookings Institution Press.

———. 1986. *Untangling the Income Tax*. Cambridge, Massachusetts: Harvard University Press.

———. 1988. What Are Consumption Taxes and Who Pays Them? *Tax Notes* 39: 383-91.

———, org. 1995. *Distributional Analysis of Tax Policy*. Washington: AEI Press.

———. 1997. What's in a Name? Income, Consumption, and the Sources of Tax Complexity. *North Carolina Law Review* 76: 223-31.

Brown, Karen B., e Mary Louise Fellows, orgs. 1996. *Taxing America*. Nova York e Londres: New York University Press.

Cain, Patricia A. 1991. Same-Sex Couples and the Federal Tax Laws. *Law & Sexuality* 1: 97-131.

Canadá. Royal Commission on Taxation. 1966. Report of the Royal Commission on Taxation. 7 vols. Ottawa: Queen's Printer.

Carnegie, Andrew. [1900] 1962. *The Gospel of Wealth*. Cambridge, Massachusetts: Harvard University Press.

Carroll, Christopher D. 2000. "Why Do the Rich Save So Much?" Em Slemrod (2000), 465-84.

Carroll, Robert, Douglas Holtz-Eakin, Mark Rider e Harvey S. Rosen. 2000. Entrepreneurs, Income Taxes, and Investment. Em Slemrod (2000), 427-55.

Chirelstein, Marvin. 1999. *Federal Income Taxation*. 8.ª edição revista. Nova York: Foundation Press.

Cohen, G. A. 2000. *If You're an Egalitarian, How Come You're So Rich?* Cambridge, Massachusetts: Harvard University Press.

Coleman, Jules L. 1988. Efficiency, Utility, and Wealth Maximization. Em Coleman, *Markets, Morals and the Law*, 95-132. Nova York: Cambridge University Press.

Cunningham, Noel B. 1996. The Taxation of Capital Income and the Choice of Tax Base. *Tax Law Review* 52: 17-44.

Davenport, Charles, e Jay A. Soled. 1999. Enlivening the Death-Tax Death-Talk. *Tax Notes* 84: 591-631.

Dodge, Joseph M. 1978. Beyond Estate and Gift Tax Reform: Including Gifts and Bequests in Income. *Harvard Law Review* 91: 1177-1211.

———. 1994. Further Thoughts on Realizing Gains and Losses at Death. *Vanderbilt Law Review* 47: 1827-61.

———. 1996. Taxing Gratuitous Transfers Under a Consumption Tax. *Tax Law Review* 51: 529-99.

Duff, David G. 2001. Charitable Contributions and the Personal Income Tax: Evaluating the Canadian Credit. Em *Between State and Market*, org. de Jim Phillips, Bruce Chapman e David Stephens, 407-56. Montreal e Kingston: McGill-Queens University Press.

Dworkin, Ronald. 2000. *Sovereign Virtue*. Cambridge, Massachusetts: Harvard University Press. [Trad. bras. *A virtude soberana*, São Paulo, Martins Fontes, 2005.]

Edgeworth, F. Y. 1897. The Pure Theory of Taxation. Reimpresso em Musgrave e Peacock (1958), 119-36.

Eissa, Nada. 1995. Taxation and Labor Supply of Married Women: The Tax Reform Act of 1986 as a Natural Experiment. NBER Working Paper N.º 5023.

Epstein, Richard. 1985. *Takings*. Cambridge, Massachusetts: Harvard University Press.

———. 1987. Taxation in a Lockean World. Em *Philosophy and Law*, org. de Jules Coleman e Ellen Franken Paul, 49-74. Oxford e Nova York: Basil Blackwell.

Feldstein, Martin. 1976. On the Theory of Tax Reform. *Journal of Public Economics* 6: 77-104.

———. 1995. The Effect of Marginal Tax Rates on Taxable Income. *Journal of Political economy* 103: 551-72.

———. 1997. How Big Should Government Be? *National Tax Journal* 50: 197-213.

Fleurbaey, Marc. 1995. Equal Opportunity or Equal Social Outcome? *Economics & Philosophy* 11: 25-55.

Frank, Robert H. 1999. *Luxury Fever*. Nova York: Free Press.

———. 2000. Progressive Taxation and the Incentive problem. Em Slemrod (2000), 490-507.

Fried, Barbara H. 1992. Fairness and the Consumption Tax. *Stanford Law Review* 44: 961-1017.

———. 1998. *The Progressive Assault on Laissez-Faire*. Cambridge, Massachusetts: Harvard University Press.

———. 1999a. The Puzzling Case for Proportionate Taxation. *Chapman Law Review* 2: 157-95.

———. 1999b. Who Gets Utility from Bequests? The Distributive and Welfare Implications for a Consumption Tax. *Stanford Law Review* 51: 641-81.

———. 2000. Compared to What? Taxing Brute Luck and Other Second-Best Problems. *Tax Law Review* 53: 377-95.

Fried, Charles. 1978. *Right and Wrong*. Cambridge, Massachusetts: Harvard University Press.

Gale, William G., James R. Hines Jr. e Joel Slemrod, orgs. 2001. *Rethinking Estate and Gift Taxation*. Washington: Brookings Institution Press.

Gale, William G., e Maria G. Perozek. 2001. Do Estate Taxes Reduce Saving? Em Gale, Hines e Slemrod (2001), 216-57.

Gale, William G., e Joel Slemrod. 2001. Overview. Em Gale, Hines e Slemrod (2001), 1-64.

Galvin, Charles O. 1991. To Bury the Estate Tax, Not to Praise It. *Tax Notes* 52: 1413-19.

———. 1999. Death-Tax, Death-Talk, A Reply. *Tax Notes* 84: 1325-6.

Gibbard, Allan. 1985. What's Morally Special About Free Exchange? *Social Philosophy and Policy* 2: 20-28.

———. 1991. Constructing Justice. *Philosophy & Public Affairs* 20: 264-79.

Goolsbee, Austan. 2000. What Happens When You Tax the Rich? *Journal of Political Economy* 108: 352-78.

Gordon, David M. 1972. Taxation of the Poor and the Normative Theory of Tax Incidence. *American Economic Review* 62: 319-28.

Graetz, Michael J. 1979. Implementing a progressive Consumption Tax. *Harvard Law Review* 92: 1575-1657.

———. 1983. To Praise the Estate Tax, Not to Bury It. *Yale Law Journal* 93: 259-86.

———. 1995. Distributional Tables, Tax Legislation, and the Illusion of Precision. Em Bradford (1995), 15-78.

Griffith, Thomas. 1993. Should "Tax Norms" Be Abandoned? Rethinking Tax Policy Analysis and the Taxation of Personal Injury Recoveries. *Wisconsin Law Review* 1993: 115-61.

Gruber, Jon, e Emmanuel Saez. 2000. The Elasticity of Taxable Income: Evidence and Implications. NBER Working Paper No. 7512.

Halbach, Edward C. Jr. 1988. An Accessions Tax. *Real Property, Probate and Trust Journal* 23: 211-74.

Hall, Robert E., e Alvin Rabushka. 1995. *The Flat Tax*. 2.ª edição. Stanford, Califórnia: Hoover Institution Press.

———. 1996. The Flat Tax: A Simple, Progressive Consumption Tax. Em Boskin (1996), 27-53.

Hart, H. L. A. 1994. *The Concept of Law*. 2.ª edição. Oxford: Clarendon Press.

Hassett, Kevin A., e Glenn Hubbard, orgs. *Inequality and Tax Policy*. Washington: AEI Press.

Hayek, F. A. 1960. *The Constitution of Liberty*. Chicago: University of Chicago Press.

Hegel, G. W. F. 1821. *A filosofia do direito*.

Hershkoff, Helen, e Stephen Loffredo. 1997. *The Rights of the Poor*. Carbondale e Edwardsville: Southern Illinois University Press.

Hite, Peggy A., e Michael L. Roberts. 1992. An Analysis of Tax Reform Based on Taxpayers' Perceptions of Fairness and Self-Interest. Em *Advances in Taxation*, vol. 4, org. de Jerrold J. Stern, 115-37. Greenwich, Connecticut: JAI Press.

Hobbes, Thomas. 1651. *Leviatã*. [Trad. bras., São Paulo, Martins Fontes, 2003.]

Holtz-Eakin, Douglas. 1996. The Uneasy Empirical Case for Abolishing the Estate Tax. *Tax Law Review* 51: 495-515.

Hubbard, R. Glenn, Jonathan Skinner e Stephen P. Zeldes. 1995. Precautionary Saving and Social Insurance. *Journal of Political Economy* 73: 360-99.

Hume, David. 1739. *Tratado sobre a natureza humana*.

Hurley, S. L. *Justice, Luck, and Knowledge*. Cambridge, Massachusetts e Londres: Harvard University Press.

Institute for Fiscal Studies. 1978. *The Structure and Reform of Direct Taxation* (The Meade Committee Report). Londres: Allen & Unwin.

Joint Committee on Taxation. 1993. *Methodology and Issues in Measuring Changes in Distribution of Tax Burdens*. Washington: Superintendent of Documents, JCS-7-93.

———. 2001. *Summary of Provisions Contained in the Conference Agreement for H. R. 1836, the Economic Growth and Tax Relief Recon-*

ciliation Act of 2001. Washington: Superintendent of Documents, JCX-50-01.

Kaldor, Nicholas. [1955] 1993. *An Expenditure Tax*. Aldershot: Gregg Revivals.

Kaplow, Louis. 1989. Horizontal Equity: Measures in Search of a Principle. *National Tax Journal* 42: 139-54.

———. 1995a. A Fundamental Objection to Tax Equity Norms: A Call for Utilitarianism. *National Tax Journal* 48: 497-514.

———. 1995b. A Note on Subsidizing Gifts. *Journal of Public Economics* 58: 469-77.

———. 1996. The Optimal Supply of Public Goods and the Distortionary Cost of Taxation. *National Tax Journal* 49: 513-33.

———. 2000. Horizontal Equity: New Measures, Unclear Principles. Em Hassett e Hubbard.

Kaplow, Louis, e Stephen Shavell. 1994. Why the Legal System is Less Efficient than the Income Tax in Redistributing Income. *Journal of Legal Studies* 23: 667-81.

———. 2001. Fairness versus Welfare. *Harvard Law Review* 114: 961-1388.

Kelman, Mark G. 1979. Personal Deductions Revisited. *Stanford Law Review* 31: 831-83.

Kiesling, Herbert. 1992. *Taxation and Public Goods*. Ann Arbor: University of Michigan Press.

Kornhauser, Lewis. 2000. On Justifying Cost-Benefit Analysis. *Journal of Legal Studies* 29: 1037-57.

Kornhauser, Marjorie E. 1993. Love, Money, and the IRS. *Hastings Law Journal* 45: 63-111.

———. 1996a. Equality, Liberty, and a Fair Income Tax. *Fordham Urban Law Journal* 23: 607-61.

———. 1996b. The Rise of Rhetoric in Tax Reform Debate: An Example. *Tulane Law Review* 70: 2345-71.

Kotlikoff, Laurence J. 1989. *What Determines Savings?* Cambridge, Massachusetts e Londres: MIT Press.

———. 1996. Saving and Consumption Taxation: The Federal Retail Sales Tax Example. Em Boskin (1996), 160-80.

Kymlicka, Will. 1990. *Contemporary Political Philosophy*. Oxford: Clarendon Press.

Lindahl, Erik. 1919. Just Taxation – a Positive Solution. Em Musgrave e Peacock (1958).

Locke, John. 1690. *Second Treatise of Government*. [Trad. bras. *in Dois tratados sobre o governo*, São Paulo, Martins Fontes, 1998.]

McCaffery, Edward J. 1994a. The Political Liberal Case Against the Estate Tax. *Philosophy & Public Affairs* 23: 281-312.

———. 1994b. The Uneasy Case for Wealth Transfer Taxation. *Yale Law Journal* 104: 283-365.

———. 1997. *Taxing Women*. Chicago e Londres: University of Chicago Press.

McDabiel, Paul R. 1972. Federal Matching Grants for Charitable Deductions: A Substitute for the Income Tax Deduction. *Tax Law Review* 27: 377-413.

McDaniel, Paul R., e Stanley S. Surrey. 1985. *Tax Expenditures*. Cambridge, Massachusetts: Harvard University Press.

Manning, Robert F., e David F. Windish. 2001. Tax Analysts' Guide to the Economic Growth and Tax Relief Reconciliation Act of 2001. *Tax Notex* 91: 1773-1811.

Messere, Ken C. 1993. *Tax Policy in OECD Countries*. Amsterdam: IBDF Publications.

———. 1998. *The Tax System in Industrialized Countries*. Oxford: Oxford University Press.

Mill, John Stuart. 1871. *Princípios de economia política*.

Mirrlees, J. A. 1971. An Exploration in the Theory of Optimum Income Taxation. *Review of Economic Studies* 38: 175-208.

———. 1986. The Theory of Optimal Taxation. Em *Handbook of Mathematical Economics*, vol. 3, org. de Kenneth J. Arrow e Michael D. Intriligator, 1197-1249. Amsterdam: North-Holland.

Moffitt, Robert A., e Mark O. Wilhelm. 2000. Taxation and the Labor Supply Decisions of the Affluent. Em Slemrod (2000), 193-234.

Moran, Beverly I., e William Whitford. 1996. A Black Critique of the Internal Revenue Code. *Wisconsin Law Review* 1996: 751-820.

Murphy, Liam. 1996. Liberty, Equality, Well-Being: Rakowski on Wealth-Transfer Taxation. *Tax Law Review* 51: 473-94.

———. 1998. Institutions and the Demands of Justice. *Philosophy & Public Affairs* 27: 251-91.

———. 2000. *Moral Demands in Nonideal Theory*. Nova York: Oxford University Press.

———. 2001. Beneficence, Law, and Liberty. *Georgetown Law Journal* 89: 605-65.

Musgrave, Richard A. 1959. *The Theory of Public Finance*. Nova York: McGraw-Hill.

———. 1996. Clarifying Tax Reform. *Tax Notes* 70: 731-6.

Musgrave, Richard A., e Peggy B. Musgrave. 1989. *Public Finance in Theory and Practice*. 5.ª Edição. Nova York: McGraw-Hill.

Musgrave, Richard A., e Alan T. Peacock, orgs. 1958. *Classics in the Theory of Public Finance*. Londres e Nova York: Macmillan.

Nagel, Thomas. 1986. *The View From Nowhere*. Nova York: Oxford University Press. [Trad. bras. *Visão a partir de lugar nenhum*, São Paulo, Martins Fontes, 2004.]

———. 1991. *Equality and Partiality*. Nova York: Oxford University Press.

Nozick, Robert. 1974. *Anarchy, State, and Utopia*. Nova York: Basic Books.

Parfit, Derek. 1991. Equality or Priority? The Lindley Lecture. Lawrence: University of Kansas.

Paul, Deborah L. 1997. The Sources of Tax Complexity: How Much Simplicity Can Fundamental Tax Reform Achieve? *North Carolina Law Review* 76: 151-221.

Pechman, Joseph A. 1987. *Federal Tax Policy*. 5.ª edição. Washington: Brookings Institution Press.

Phelps, E. M. 1997. *Rewarding Work*. Cambridge, Massachusetts: Harvard University Press.

Pigou, A. C. 1947. *A Study in Public Finance*. 3.ª edição. Londres: Macmillan.

Pogge, Thomas. 1992. Cosmopolitanism and Sovereignty. *Ethics* 103: 48-75.

Poterba, James M. 2000. The Estate Tax and After-Tax Investment Returns. Em Slemrod (2000), 329-49.

Rakowski, Eric. 1991. *Equal Justice*. Oxford: Clarendon Press.

———. 1996. Transferring Wealth Liberally. *Tax Law Review* 51: 419-72.

———. 2000. Can Wealth Taxes Be Justified? *Tax Law Review* 53: 263-376.

Rawls, John. 1999a. *The Law of Peoples*. Cambridge, Massachusetts, e Londres: Harvard University Press.

———. 1999b. *A Theory of Justice*. Edição revista. Cambridge, Massachusetts: Harvard University Press. [Trad. bras. *Uma teoria da justiça*, São Paulo, Martins Fontes, 2.ª ed., 2002.]

Repetti, James R. 2000. The Case for the Estate and Gift Tax. *Tax Notes* 86: 1493-1510.

Rosen, Harvey S. 1995. *Public Finance*. Nova York: McGraw-Hill.

Samuelson, Paul A. 1954. The Pure Theory of Public Expenditure. *Review of Economics and Statistics* 36: 387-9.

Sandford, C. T., J. R. M. Willis e D. J. Ironside. 1973. *An Accessions Tax*. Londres: Institute for Fiscal Studies.

Scanlon, T. M. 1975. Preference and Urgency. *Journal of Philosophy* 72: 655-69.

———. 1991. The Moral Basis of Interpersonal Comparisons. Em *Interpersonal Comparisons of Well-Being*, org. de Jon Elster e John E. Roemer, 17-44. Cambridge: Cambridge University Press.

———. 1998. *What We Owe to Each Other*. Cambridge, Massachusetts, e Londres: Harvard University Press.

Scheffler, Samuel. 1982. *The Rejection of Consequentialism*. Oxford: Oxford University Press.

Schelling, Thomas. 1984. The Life You Save May Be Your Own. Em Schelling, *Choice and Consequence*, 113-46. Cambridge, Massachusetts: Harvard University Press.

Schenk, Deborah H. 2000. Saving the Income Tax with a Wealth Tax. *Tax Law Review* 53: 423-75.

Schoenblum, Jeffrey A. 1995. Tax Fairness or Unfairness? A Consideration of the Philosophical Bases for Unequal Taxation of Individuals. *American Journal of Tax Policy* 12: 221-71.

Seligman, E. R. 1908. *Progressive Taxation in Theory and Practice*. 2.ª edição. American Economical Association Quarterly, 3d series 9, n.º 4.

Sen, Amartya K. 1977. Rational Fools: A Critique of the Behavioral Foundations of Welfare Economics. *Philosophy & Public Affairs* 6:317-44.

———. 1985. The Moral Standing of the Market. *Social Philosophy and Policy* 2:1-19.

———. 1997. *On Economic Inequality*. Edição ampliada, com James E. Foster. Oxford: Clarendon Press.

Shakow, David, e Reed Shuldiner. 2000. A Comprehensive Wealth Tax. *Tax Law Review* 53: 499-584.

Shaviro, Daniel N. 1997. The Minimum Wage, the Earned Income Tax Credit, and Optimal Subsidy Policy. *University of Chicago Law Review* 64: 405-81.

———. 2000a. Inequality, Wealth, and Endowment. *Tax Law Review* 53: 397-421.

———. 2000b. *When Rules Change*. Chicago: University of Chicago Press.

Sidgwick, Henry. 1907. *The Methods of Ethics*. 7.ª edição. Londres: Macmillan.

Simons, Henry C. 1938. *Personal Income Taxation*. Chicago: University of Chicago Press.

Slemrod, Joel. 1990. Optimal Taxation and Optimal Tax Systems. *Journal of Economic Perspectives* 4: 157-78.

———. 1998. Methodological Issues in Measuring and Interpreting Taxable Economic Elasticities. *National Tax Journal* 51: 773-88.

———, org. 2000. *Does Atlas Shrug?* Nova York e Cambridge, Massachusetts: Russell Sage Foundation and Harvard University Press.

Slemrod, Joel, e Jon Bakija. 2000. *Taxing Ourselves*. 2.ª edição. Cambridge, Massachusetts, e Londres: MIT Press.

———. (2000). Does Growing Inequality Reduce Tax Progressivity? Should It? Em Hassett e Hubbard.

Slemrod, Joel, e Wojciech Kopczuk. The Optimal Elasticity of Taxable Income. *Journal of Public Economics*.

Slemrod, Joel, e Shlomo Yitzhaki. 2001. Integrating Expenditure and Tax Decisions: The Marginal Cost of Funds and the Marginal Benefit of Projects. *National Tax Journal* 54: 189-201.

Smith, Adam. 1789. *A riqueza das nações*. [Trad. bras. São Paulo, Martins Fontes, 2 vols. 2003.]

Stiglitz, Joseph E. 1987. Pareto Efficient and Optimal Taxation and the New New Welfare Economics. Em *Handbook of Public Economics*, vol. 2, org. de Alan Auerbach e Martin Feldstein, 991-1042. Amsterdam: North-Holland.

———. 2000. *Economics of the Public Sector*. 3.ª edição. Nova York: W. W. Norton.

Temkin, Larry S. 1993. *Inequality*. Nova York: Oxford University Press.

Tuomala, Matti. 1990. *Optimal Income Tax and Redistribution*. Oxford: Clarendon Press.

Vanistendael, Frans. 1996. Legal Framework for Taxation. Em *Tax Law Design and Drafting*, vol. 1, org. de Victor Thuronyi, 15-70. Washington: International Monetary Fund.

Van Parijs, Philippe. 1995. *Real Freedom For All*. Oxford: Clarendon Press.

Veblen, Thorstein. 1899. *The Theory of the Leisure Class*. Nova York: Macmillan.

Walker, Francis A. 1888. The Bases for Taxation. *Political Science Quarterly* 3:1-16.

Warren, Alvin. 1980. Would a Consumption Tax Be Fairer Than an Income Tax? *Yale Law Journal* 89: 1081-1124.

Weisbach, David A. 2000. Ironing Out the Flat Tax. *Stanford Law Review* 52: 599-664.

Wicksell, Knut. 1896. A New Principle of Just Taxation. Reimpresso em Musgrave and Peacock (1958), 72-118.

Wiggins, David. 1985. Claims of Need. Em *Morality and Objectivity*, org. de Ted Honderich, 149-202. Londres: Routledge & Kegan Paul.

Witte, John F. 1981. Tax Philosophy and Income Equality. Em *Value Judgement and Income Distribution*, org. de Robert A. Solo e Charles W. Anderson, 340-78. Nova York: Praeger.

Wolff, Edward N. 1996. *Top Heavy: The Increasing Inequality of Wealth in America and What Can Be Done about It*. Nova York: The New Press.

———. 2000. Recent Trends in Wealth Ownership, 1983-1998. Jerome Levy Economics Institute, Working Paper N.º 300.

Woodman, Faye. 1988. The Tax Treatment of Charities and Charitable Donations Since the Carter Commission. *Osgoode Hall Law Journal* 26: 537-76.

Zelenak, Lawrence. 1993. Taxing Gains at Death. *Vanderbilt Law Review* 46: 361-441.

———. 1994. Marriage and the Income Tax. *Southern California Law Review* 67: 339-405.

———. 1999. The Selling of the Flat Tax: The Dubious Link Between Rate and Base. *Chapman Law Review* 2: 197-232.

Zelenak, Lawrence, e Kemper Moreland. 1999. Can the Graduated Income Tax Survive Optimal Tax Analysis? *Tax Law Review* 53: 51-93.

Índice remissivo

acessão, imposto sobre a, 214-9, 255
Ackerman, Bruce, 161n.66
agregação, 71
ajuda ao estrangeiro, 122-3
alíquotas tributárias, 176-9, 184-9
   declinantes, 185
   efeito sobre a oferta de trabalho, 184-8, 254-5
Alstott, Anne L., 161n.66, 209nn.26, 28, 229n.4, 234n.12
Andrews, William, 133, 134n.21, 136n.26, 138n.29, 146n.40, 151n.47
Aristóteles, 13 e n.1, 153
Armey, Dick, 132 e n.10, 176-7
Ascher, Mark L., 207n.22, 219n.47
Atkinson, Anthony B., 29n.20, 32n.25, 69n.6
Auerbach, Alan J., 53 e n.38
aumento do sacrifício, princípio do, 42-3
Auten, Gerald, 171n.81, 187n.20

Bakija, Jon, 17n.3, 53n.37, 68n.6, 128n.6, 129n.7, 132n.11, 135n.23, 171n.80, 173n.84, 178n.7, 184n.15, 185n.17, 186n.18, 189n.26
Bankman, Joseph, 17n.3, 134n.22, 136n.25, 145n.38, 154n.53, 156n.57, 157n.59, 158 e n.62, 159n.63, 185n.16
base tributária, 7, 126-75, 255
   consumo, 126, 134-7, 146-9, 235, 255
   deduções da, 65, 127, 168-73
   fluxo monetário, 133
   ganhos de risco, 156-7
   gastos, 133
   isenções, 65, 127-8, 177, 206-7, 227
   renda, 126, 149-62
   riqueza, 126, 149-62
   talento pessoal, 28-33, 127, 141, 162-8
Becker, Gary S., 218n.45
Beitz, Charles, 123n.7
bem-estar, economia de, 32n.25, 68-9n.6
bem-estar, individual
   medida do, 69-70, 151-2
   níveis relativos e tributação, 42n.33
bem-estar social, ação pública como um bem público, 115

direta em favor do, 25-7, 44-5, 50
benefício, princípio do, 22-8, 38
  restrito, 112
bens públicos, 9, 62-5, 105-14, 252-3
  definição, 62
bens sociais primários, 152
Bernstein, Jared, 189n.27
Bittker, Boris, 230n.7
Blattmachr, Jonathan G., 221n.50
Blum, Walter J., 25n.15, 36n.28, 40n.30, 178, 179n.9
Blumberg, Grace, 229n.4, 235n.13
Bradford, David F., 17n.3, 20 e nn.8, 10, 30n.22, 126n.2, 128nn.3-5, 129n.8, 133 e nn. 14, 16, 134n.20, 138nn.29-30, 141nn.34-5, 150n.46, 157n.61, 170n.78, 178n.8, 200n.18, 202n.19
Brown, Karen B., 229n.4
Buffett, Warren, 246n.2
Bush, George W., 17, 49, 178, 195-6, 244

Cain, Patricia A., 229n.4
Canadian Royal Commission on Taxation, 199n.16
capacidade contributiva, 28-41
capital, ganhos de. *Ver* tributação
capital humano, 30, 218
capitalismo, 5, 8-11, 21, 47-52, 244-7, 258-60. *Cf.* mercado, economia de
caridade, 259-60
Carnegie, Andrew, 205 e n.21
Carroll, Christopher D., 160n.65
Carroll, Robert, 187n.20

casamento, tratamento tributário do, 226, 229-34
Chirelstein, Marvin, 169nn.76, 171n.80, 176n.2
cigarros, impostos sobre, 227
Citizens for Tax Justice, 193n.29
clandestinos ("passe livre"), 62
classe, 154, 218-9
Clotfelter, Charles T., 171n.81
Cohen, G. A., 95n.19
Cohen-Stuart, A. J., 40n.30, 42n.33
Coleman, Jules, 69n.6
conseqüencialismo, 69
  definição, 58
consumo, imposto sobre o. *Ver* base tributária
consumo atribuído (ou implícito), 167-9
conta de aposentadoria individual (*individual retirement account* ou IRA), 127
continuidade, doutrina da, 95
convenção, 11-2, 99-100
Craig, Larry, 132n.10
crédito tributário sobre a renda (*earned income tax credit* ou EITC), 20n.9, 65, 120-1, 231n.10, 251
créditos tributários, 65, 168-72
Cunningham, Noel B., 157nn.59-60

Davenport, Charles, 194n.3, 196n.9, 208n.25
declaração em conjunto. *Ver* casamento, tratamento tributário do
dedução relativa à caridade, 227
democracia, 258-9
depreciação acelerada, 226
descontinuidade, doutrina da, 94

ÍNDICE REMISSIVO 275

desigualdade racial, 228, 258. *Cf.* discriminação tributária
desigualdade sexual, 228, 234-5, 258. *Ver também* discriminação tributária
despesas médicas, 170, 252-3
deveres públicos, 107, 122-4
direitos, 60, 86
discriminação tributária, 36, 54, 223-37
  racial, 228, 236n.
  religiosa, 228
  sexual, 228-9, 234-6
  sexualidade, 232
distorções, 128-9
distribuição pelo mercado. *Ver* renda pré-tributária.
doações e legados, 155, 159, 194-222, 256-7
  como consumo do doador, 204-5
  na base tributária do recebedor, 199-204, 256-7
Dodge, Joseph, 196n.8, 202n.19, 207n.22, 208nn.24-5, 210 e n.33, 212nn.35-6, 220n.49
Domenici, Pete, 134
Duff, David G., 172n.82
Dworkin, Ronald, 91n.15, 139-40 e nn.31-2, 142n.36, 181n.14

Edgeworth, F. Y., 40nn.30-1, 42n.33
educação, 218-9, 252
efeito de renda, 31, 92, 208
efeito de substituição, 32, 92, 128, 135, 163, 209
efeito sobre a renda tributável, 185-9, 254-5
efeito-cascata, 246
eficiência, 16, 67-9, 110-1, 127-9
Eissa, Nada, 234n.12

empresários, 255
Epstein, Richard, 45n.36, 106n.2, 139
eqüidade horizontal, 18, 38-41, 130, 134-40, 225, 236-7
eqüidade vertical, 17-43
escravidão, 258
espólio, imposto sobre o, 192-8, 257
  e a agricultura familiar, 208-9
estado de natureza, 23, 35
Estado e indivíduo, 56
Europa, 251, 259
excedente, 109-12
expectativas legítimas, 49, 51

Feldman, Noah, 27
Feldstein, Martin, 173 e n.83, 186-7 e nn.19-20
Fellows, Mary Louise, 229n.4
filhos, tratamento tributário dos, 199, 206, 226-7, 235-6
Fleurbaey, Marc, 140n.33
fluxo monetário, imposto sobre o. *Ver* base tributária
Forbes, Steve, 132
Fowler, Tillie, 230
Frank, Robert H., 154n.52
Fried, Barbara, 17n.3, 24nn.14-5, 40n.30, 91n.14, 134n.22, 136nn.24-5, 137n.28, 144 e n.37, 145n.38, 154n.53, 155nn.54-5, 156n.58, 157n.59, 177n.6, 179n.9, 205n.20, 210n.32
Fried, Charles, 146n.40
fundo comum, argumento do, 146-9

Gale, William G., 197n.10, 208n.25, 209n.27
Galvin, Charles O., 216n.43
Gans, Mitchell M., 221n.50

gastos, imposto sobre os. *Ver* base tributária
Gates, William Sr., 246n.2
Gibbard, Alan, 23n.13, 91n.14
Goolsbee, Austan, 187n.20
Gordon, David M., 17n.3
Graetz, Michael J., 20nn.7, 9, 21n.11, 134n.21, 197n.12
Griffith, Thomas, 17n.3, 136n.25, 145n.38, 157n.59, 158 e n.62, 159n.63, 185n.16
Grócio, Hugo, 22n.12
Gruber, Jon, 187nn.20-1, 189n.25

habitação, tratamento tributário da, 53-4, 224-8, 236
Halbach, Edward C., Jr., 215n.40
Hall, Robert, 17n.3, 132 e nn.12-3, 195n.7
Hart, H. L. A., 19n.6
Hassett, Kevin A., 53 e n.38
Hayek, F. A., 22n.12, 24n.14
Hegel, G. W. F., 61 e n.4, 88
Helms, Jesse, 132n.10
herança. *Ver* doações e legados
Hershkoff, Helen, 26n.17, 189n.26
Hite, Peggy A., 244n.1
Hobbes, Thomas, 22n.12, 23-4, 59, 67 e n.5, 148-9n.44
Holtz-Eakin, Douglas, 197n.13, 209nn.29-30, 255n.10
Hubbard, R. Glenn, 150n.45
Hume, David, 59 e n.2
Hurley, S. L., 140n.33

igualdade de oportunidades, 76-7, 160-2, 180, 214-9, 243
igualdade de sacrifícios, princípio de, 28, 34-9, 43-6
igualdade do sacrifício marginal, princípio de, 39-41

igualdade do sacrifício proporcional, princípio de, 39-41
imparcialidade, 69, 95
imposto de renda. *Ver* base tributária
imposto de renda negativo, 65, 121, 185
imposto de valor fixo, 33, 229
imposto fixo individual, 18-9, 38
imposto USA, 134
imposto X, 133-4
incentivos, 83, 92, 185-8, 211, 229, 233-5
incentivos fiscais, 226, 236
incidência tributária, 178, 212
Institute for Fiscal Studies. *Ver* Relatório do Comitê Meade
interesse próprio, 63, 67, 93, 243-8
Ironside, D. J., 215n.40

Joint Committee on Taxation, 20n.7, 193n.29, 195n.5, 231n.9-10
justiça, 16-22, 73-6, 223-8, 230-3, 238-41
justiça distributiva, 10, 21, 42-4, 52, 72-6, 243-60
e a ação pública direta, 116-8
justiça internacional, 56, 122, 239

Kaldor, Nicholas, 133 e n.18, 146-9 e nn.39, 42
Kalven, Harry, Jr., 25n.15, 36n.28, 40n.30, 178-9 e n.9
Kaplow, Louis, 18n.3, 54n.39, 105n.1, 156n.56, 210 e n.31
Kelman, Mark G., 164n.68
Kiesling, Herbert, 30n.21
Kopczuk, Wojciech, 188n.23
Kornhauser, Lewis, 69n.6

ÍNDICE REMISSIVO

Kornhauser, Marjorie E., 17n.3, 177n.5, 235n.13
Kotlikoff, Laurence, 133 e n.15, 155nn.54-5
Kymlicka, Will, 45n.34

laissez-faire. *Ver* libertarismo
legitimidade política, 56
Lei de Reconciliação do Crescimento Econômico e do Alívio Fiscal, 176n.1, 193n.29, 194-5, 197n.10, 199n.15, 231nn.9-10
Lei de Responsabilidade Pessoal e Oportunidades de Trabalho, 26n.17
liberalismo, 86-7, 93-6
liberdade, 85-9, 163-8
libertarismo, 27, 37-41, 44-7, 79, 85-9, 105, 247
  vulgar, 21, 38, 44-53, 87, 200, 242-3, 249
libertarismo igualitário, 140-5, 160-2, 214-9
Lindahl, Erik, 105 e n.1
Linder, John, 131
Locke, John, 22n.12, 59 e n.1, 61, 79
Loffredo, Stephen, 26n.17, 189n.26

Manning, Robert F., 176n.1, 193n.29, 195n.5, 197n.10, 199n.15, 231nn.9-10
Marx, Karl, 33, 258
maximini, 73
McCaffery, Edward J., 209n.26, 229n.4, 235n.13
McDaniel, Paul R., 172n.82, 226n.2
Medicare, 14, 20, 240, 247, 251-2
membro de menor renda do casal, 186, 233-4

mercado, economia de, 89-93, 139-45, 248-54
merecimento, 45, 47-51, 74-5, 79-84, 140, 147-8, 256
Messere, Ken C., 126n.1, 168n.75, 171n.79, 200n.17
Mill, John Stuart, 34 e n.27, 85, 164
mínimo sacrifício, princípio do, 40n.31
mínimo social, 248-51
Mirrlees, James, 29n.20, 184n.20
Moffitt, Robert A.,186n.18
monopólio com discriminação de preços, 109-10
Moran, Beverly I., 229n.5, 236
Moreland, Kemper, 185n.17, 188n.24
multas criminais, 36
Murphy, Liam, 95n.18, 140n.33, 163n.67, 164n.69, 248n.3
Musgrave, Peggy, 40n.30
Musgrave, Richard A., 18n.4, 22-3n.12, 26n.16, 40n.30, 42n.33, 53 e n. 38, 105n.1, 136n.27, 151n.47

Nagel, Thomas, 60n.3, 74n.12, 93n.17, 219n.46, 248n.3
neutralidade tributária, 136-9, 198, 212
nível de renda pré-tributário, 39, 52, 65
nível de saturação, 111
Nozick, Robert, 23n.13, 59n.1, 45n.35, 165 e nn.70-1
Nunn, Sam, 134

ônus fiscais, distribuição dos. *Ver* sistema tributário, análise tradicional

Pareto, melhora segundo, 67-8

Parfit, Derek, 10n.10, 180n.12
paternalismo, 120
Paul, Deborah L., 128n.3
PAWAT, 216
Peacock, Alan T., 105n.1
Pechman, Joseph A., 194n.3, 197n.11
Perozek, Maria G., 209n.27
Peterson, Collin, 131n.9
Phelps, E. M., 115n.5, 251n.5
Pigou, A. C., 37 e n.29
pobreza, 184, 243, 247, 259-60
Pogge, Thomas, 123n.7
política, 10, 238-60
  retórica, 49, 176-8, 193, 241-7
Poterba, James M., 197nn.10-1
poupança e investimentos
  modelo do ciclo de vida, 154-5
  tributação da, 133-45, 251-2
preço de reserva, 109-12
Previdência Social, 14, 20, 23, 226-7, 240, 247, 250-1
princípio da diferença, 73-4, 115, 121-2, 179, 217
prioridade pura, doutrina da, 72
propriedade
  caráter convencional da, 11-2, 61, 99-100, 238-43
  pessoal, 61
  privada, 11-4, 20-1, 45, 47-2, 78-80. *Ver também* libertarismo
propriedade, direitos de, 58-62, 256
  e os impostos, 60
Pufendorf, Samuel von, 22n.12

Rabushka, Alvin, 17n.3, 132nn.12-3, 134, 195n.7
Rakowski, Eric, 139n.31, 156n.58, 164n.68, 181n.14, 209n.26, 214n.38, 215n.39, 216n.42

Rawls, John, 6, 72n.9, 73-6 e n.11, 115, 117, 122, 123n.7, 133n.18, 142, 146n.40, 152, 153n.50, 179, 181 e nn.13, 14, 217
Receita Federal Norte-Americana, 242
redistribuição em espécie, 119-20
Relatório do Comitê Meade, 153n.49, 199n.16, 213n.37, 215-6 e n.41, 219
renda mínima universal, 121, 184-90, 250-5
renda pré-tributária, 13, 37, 43-52, 54
  nada tem a ver com a justiça, 45-9, 129-30, 241-2
repartição entre o público e o privado, 101-2
Repetti, James R., 197n.13
responsabilidade, 83-5, 217-8, 243, 252
Rider, Mark, 255n.10
riqueza. *Ver também* base tributária
  e a igualdade de oportunidades, 160-2
  e o bem-estar, 150-4, 205-6
  e o poder político, 153, 236-7
  herdada, 194, 255
Roberts, Michael L., 244n.1
Rosen, Harvey S., 209nn.27, 29, 255n.10
Rousseau, Jean-Jacques, 22n.12

Saez, Emmanuel, 187nn.20-1, 189n.25
salário mínimo, 250
salário-família, 251-2
Samuelson, Paul A., 112n.3
Sandford, C. T., 215n.40
Scanlon, T. M., 119 e n.6, 84n.13, 119n.6
Scheffler, Samuel, 60n.3
Schelling, Thomas, 13n.4

ÍNDICE REMISSIVO

Schenk, Deborah H., 153n.49, 156n.57, 160n.64
Schmalbeck, Richard L., 171n.81
Schoenblum, Jeffrey A., 19n.5
Seligman, E. R., 16n.1, 22n.12, 30n.21
Sen, Amartya, 35, 68n.6, 91n.14, 179n.10, 211n.34
Shakow, David, 156n.57
Shavell, Stephen, 18n.3, 156n.56
Shaviro, Daniel, 163n.67, 166n.72, 167 e n.73, 168n.74, 174n.85, 212n.35, 250n.4
Shelby, Richard, 132n.10, 177
Shuldiner, Reed, 156n.57
Sidgwick, Henry, 69n.7
Simons, Henry, 153 e n.48, 178-9 e n.9, 190 e n. 28, 199, 221
simplicidade, 16n.2
sistema tributário, análise tradicional, 10-2, 16-54. *Ver também* justiça
  miopia no, 20, 26, 36
  níveis básicos no, 12-5, 21-2, 36-7, 43-51, 53-4, 129-30, 225, 241-2. *Ver também* renda pré-tributária; estado de natureza
Skinner, Jonathan, 150n.45
Slemrod, Joel, 17n.3, 53n.37, 105n.1, 128n.6, 129n.7, 173n.84, 178n.7, 184n.15, 185nn.16-7, 186n.18, 187n.22, 188n.23, 189nn.25-6, 197n.10, 208nn.23-25
Smith, Adam, 22n.12, 147-8 e n.43
social-democracia, 259
Soled, Jay A., 194n.3, 196n.9, 208n.25

Stiglitz, Joseph, 17n.3, 29n.20, 32n.25, 33n.26, 69n.6, 146n.40, 189 e n.25
Surrey, Stanley S., 226n.2

tabelas de distribuição, 20
talento pessoal. *Ver* base tributária
Tauzin, Billy, 131n.9
taxa fixa, 131-3, 176-9. *Cf.* tributação proporcional
Temkin, Larry S., 180n.12
teorias deontológicas, definição, 57
Thatcher, Margaret, 19n.5
títulos isentos de impostos, 53, 233
trabalho, 251
tratamento diferenciado, 230-7. *Cf.* eqüidade horizontal; discriminação tributária
  justificativa instrumental do, 224-6, 236
tributação. *Ver também* base tributária
  ganhos de capital, 225, 256
  aumento da base com a morte, 199, 220-1
  definição, 24-5
  dupla, 195
  empresarial, 14, 129, 255
  estadual e municipal, 14
  exigência de realização, 199
  federal, 14
  mudanças na, 173-5
  ótima, 184-9, 254
  progressiva, 126, 148, 179, 190-1, 197, 254-7
  proporcional, 25-6
Tuomala, Matti, 33n.26
Urban Institute, 27n.17

utilitarismo, 33, 69-72, 75-6, 180, 247

valor agregado, imposto sobre o, 126, 131-2
Van Parijs, Philippe, 161n.66, 181n.14
Vanistendael, Frans, 28n.19, 225n.1, 229n.5
Veblen, Thorstein, 153n.51
vendas, imposto sobre as, 126-7, 131-2

Walker, Francis A., 30n.22, 31
Warren, Alvin, 146n.41
Weisbach, David A., 128n.3
Whitford, William, 229n.4, 236
Wicksell, Knut, 17n.3, 105, 221-2, e n.51
Wiggins, David, 71n.8
Wilhelm, Mark O., 186n.18
Willis, J. R. M., 215n.40
Windish, David F., 176n.1, 193n.29, 195n.5, 197n.10, 231nn.9-10
Witte, John F., 42n.33
Wolff, Edward N., 189n.27, 194nn.1, 4
Woodman, Faye, 172n.82

Yitzhaki, Shlomo, 105n.1

Zeldes, Stephen P., 150n.45
Zelenak, hawrence, 133n.17, 185n.17, 188n.24, 220n.49, 235n.13